幼稚園教育要領解説

平成30年3月

文部科学省

まえがき

　文部科学省では，平成29年３月31日に幼稚園教育要領の改訂を行った。新幼稚園教育要領は平成30年度から実施することとしている。
　今回の改訂は，平成28年12月の中央教育審議会答申を踏まえ，幼稚園教育において育みたい資質・能力を明確化すること，「幼児期の終わりまでに育ってほしい姿」を明確にし，小学校の教師と共有するなど連携を図り，小学校教育との円滑な接続を図ることを基本的なねらいとして行ったものである。
　本書は，幼稚園教育要領について解説するとともに，各幼稚園が適切な教育課程を編成・実施する上での参考資料として編集したものである。
　各幼稚園においては，本書によって幼稚園教育の基本などについて理解を深め，創意工夫を加えた教育課程を編成・実施されるようお願いしたい。
　むすびに，幼稚園教育要領解説の作成に御協力くださった各位に対し，心から感謝の意を表する次第である。

平成30年３月

　　　　　　　　　　　　　　　　　　　　　文部科学省初等中等教育局長
　　　　　　　　　　　　　　　　　　　　　　　髙 橋 道 和

目　次

序　章 　　　　　　　　　　　　　　　　　　　　　　1

- 第1節　改訂の基本的な考え方 …………………………… 2
  - 1　改訂の経緯及び基本方針 ……………………… 2
  - 2　改訂の要点 ……………………………………… 5
- 第2節　幼児期の特性と幼稚園教育の役割 …………… 10
  - 1　幼児期の特性 …………………………………… 10
  - 2　幼稚園の生活 …………………………………… 17
  - 3　幼稚園の役割 …………………………………… 19

第1章　総説 　　　　　　　　　　　　　　　　　　　23

- 第1節　幼稚園教育の基本 ………………………………… 26
  - 1　人格形成の基礎を培うこと …………………… 27
  - 2　環境を通して行う教育 ………………………… 28
  - 3　幼稚園教育の基本に関連して重視する事項 …… 33
    - (1) 幼児期にふさわしい生活の展開 …………… 33
    - (2) 遊びを通しての総合的な指導 ……………… 34
    - (3) 一人一人の発達の特性に応じた指導 ……… 36
  - 4　計画的な環境の構成 …………………………… 41
  - 5　教師の役割 ……………………………………… 45
- 第2節　幼稚園教育において育みたい資質・能力及び
  「幼児期の終わりまでに育ってほしい姿」 ……… 50
- 第3節　教育課程の役割と編成等 ……………………… 74
  - 1　教育課程の役割 ………………………………… 74
  - 2　各幼稚園の教育目標と教育課程の編成 ……… 78
  - 3　教育課程の編成上の基本的事項 ……………… 79
    - (1) 教育課程の編成 …………………………… 79
    - (2) 教育週数 …………………………………… 83
    - (3) 教育時間 …………………………………… 83

    4　教育課程の編成上の留意事項 …………………………… 84
     (1)　入園から修了までの生活 ……………………………… 84
     (2)　入園当初の配慮 ………………………………………… 86
     (3)　安全上の配慮 …………………………………………… 88
    5　小学校教育との接続に当たっての留意事項 …………… 90
     (1)　小学校以降の生活や学習の基盤の育成 ……………… 90
     (2)　小学校教育との接続 …………………………………… 92
    6　全体的な計画の作成 ……………………………………… 94
第4節　指導計画の作成と幼児理解に基づいた評価 ………… 96
  1　指導計画の考え方 …………………………………………… 96
  2　指導計画の作成上の基本的事項 ………………………… 100
   (1)　発達の理解 ……………………………………………… 100
   (2)　具体的なねらいや内容の設定 ………………………… 101
   (3)　環境の構成 ……………………………………………… 102
   (4)　活動の展開と教師の援助 ……………………………… 103
   (5)　評価を生かした指導計画の改善 ……………………… 104
  3　指導計画の作成上の留意事項 …………………………… 105
   (1)　長期の指導計画と短期の指導計画 …………………… 105
   (2)　体験の多様性と関連性 ………………………………… 107
   (3)　言語活動の充実 ………………………………………… 110
   (4)　見通しや振り返りの工夫 ……………………………… 112
   (5)　行事の指導 ……………………………………………… 114
   (6)　情報機器の活用 ………………………………………… 115
   (7)　教師の役割 ……………………………………………… 116
   (8)　幼稚園全体の教師による協力体制 …………………… 119
  4　幼児理解に基づいた評価の実施 ………………………… 121
   (1)　評価の実施 ……………………………………………… 121
   (2)　評価の妥当性や信頼性の確保 ………………………… 123
第5節　特別な配慮を必要とする幼児への指導 ……………… 124
  1　障害のある幼児などへの指導 …………………………… 124
  2　海外から帰国した幼児等の幼稚園生活への適応 ……… 129

第6節　幼稚園運営上の留意事項 …………………………… 131
　1　教育課程の改善と学校評価等 ……………………… 131
　2　家庭や地域社会との連携 …………………………… 133
　3　学校間の交流や障害のある幼児との活動を共にする機会 … 136
第7節　教育課程に係る教育時間の終了後等に行う
　　　　教育活動など ………………………………………… 138
　1　教育課程に係る教育時間の終了後等に行う教育活動 … 138
　2　子育ての支援 ………………………………………… 139

第2章　ねらい及び内容　　　　　　　　　　　　　141

第1節　ねらい及び内容の考え方と領域の編成 ……………… 142
第2節　各領域に示す事項 ……………………………………… 145
　1　心身の健康に関する領域「健康」………………… 145
　2　人との関わりに関する領域「人間関係」………… 167
　3　身近な環境との関わりに関する領域「環境」…… 193
　4　言葉の獲得に関する領域「言葉」………………… 213
　5　感性と表現に関する領域「表現」………………… 233
第3節　環境の構成と保育の展開 ……………………………… 248
　1　環境の構成の意味 …………………………………… 248
　2　保育の展開 …………………………………………… 252
　3　留意事項 ……………………………………………… 254

第3章　教育課程に係る教育時間の終了後等に行う
　　　　教育活動などの留意事項　　　　　　　　261

　1　教育課程に係る教育時間の終了後等に行う教育活動 … 262
　2　子育ての支援 ………………………………………… 268

（資料）　教育課程の基準の改訂の経過　……………………………… 272

付　録

1. 教育基本法 ………………………………………… 278
2. 学校教育法（抄） ………………………………… 282
3. 学校教育法施行規則（抄） ……………………… 284
4. 幼稚園教育要領 …………………………………… 285
5. 小学校学習指導要領（抄） ……………………… 305
6. 就学前の子どもに関する教育，保育等の総合的な提供の推進に関する法律（抄） ……………… 319
7. 幼保連携型認定こども園教育・保育要領 ……… 321
8. 保育所保育指針 …………………………………… 347

序 章

第1節　改訂の基本的な考え方

1　改訂の経緯及び基本方針

(1) 改訂の経緯

　変化が急速で予測が困難な時代にあって，学校教育には，子供たちが様々な変化に積極的に向き合い，他者と協働して課題を解決していくことや，様々な情報を見極め知識の概念的な理解を実現し情報を再構成するなどして新たな価値につなげていくこと，複雑な状況変化の中で目的を再構築することができるようにすることが求められている。

　このことは，本来，我が国の学校教育が大切にしてきたことであるものの，子供たちを取り巻く環境の変化により学校が抱える課題も複雑化・困難化する中で，これまでどおり学校の工夫だけにその実現を委ねることは困難になってきている。

　こうした状況を踏まえ，平成26年11月には，文部科学大臣から新しい時代にふさわしい学習指導要領等の在り方について中央教育審議会に諮問を行った。中央教育審議会においては，2年1か月にわたる審議の末，平成28年12月21日に「幼稚園，小学校，中学校，高等学校及び特別支援学校の学習指導要領等の改善及び必要な方策等について（答申）」（以下「中央教育審議会答申」という。）を示した。

　中央教育審議会答申においては，"よりよい学校教育を通じてよりよい社会を創る"という目標を学校と社会が共有し，連携・協働しながら，新しい時代に求められる資質・能力を子供たちに育む「社会に開かれた教育課程」の実現を目指し，学習指導要領等が，学校，家庭，地域の関係者が幅広く共有し活用できる「学びの地図」としての役割を果たすことができるよう，次の6点にわたってその枠組みを改善するとともに，各学校において教育課程を軸に学校教育の改善・充実の好循環を生み出

す「カリキュラム・マネジメント」の実現を目指すことなどが求められた。
① 「何ができるようになるか」(育成を目指す資質・能力)
② 「何を学ぶか」(教科等を学ぶ意義と，教科等間・学校段階間のつながりを踏まえた教育課程の編成)
③ 「どのように学ぶか」(各教科等の指導計画の作成と実施，学習・指導の改善・充実)
④ 「子供一人一人の発達をどのように支援するか」(子供の発達を踏まえた指導)
⑤ 「何が身に付いたか」(学習評価の充実)
⑥ 「実施するために何が必要か」(学習指導要領等の理念を実現するために必要な方策)

これを踏まえ，平成29年3月31日に学校教育法施行規則を改正するとともに，幼稚園教育要領，小学校学習指導要領及び中学校学習指導要領を公示した。幼稚園教育要領は，平成30年4月1日から実施することとしている。

(2) 改訂の基本方針

今回の改訂は中央教育審議会答申を踏まえ，次の基本方針に基づき行った。

① **今回の改訂の基本的な考え方**
ア 子供たちが未来社会を切り拓くための資質・能力の一層確実な育成と，子供たちに求められる資質・能力とは何かを社会と共有し，連携する「社会に開かれた教育課程」の重視
イ 知識の理解の質を更に高めた確かな学力の育成
ウ 道徳教育の充実や体験活動の重視，体育・健康に関する指導の充実による豊かな心や健やかな体の育成

② 育成を目指す資質・能力の明確化
③ 「主体的・対話的で深い学び」の実現に向けた授業改善の推進
④ 各学校におけるカリキュラム・マネジメントの推進
⑤ 言語能力の確実な育成，伝統や文化に関する教育の充実，体験活動の充実などについて教育内容の充実

　特に，幼稚園教育要領の改訂については，中央教育審議会答申を踏まえ，次の基本方針に基づき行った。

①幼稚園教育において育みたい資質・能力の明確化
　幼稚園教育において育みたい資質・能力として，「知識及び技能の基礎」，「思考力・判断力・表現力等の基礎」，「学びに向かう力，人間性等」の三つを示し，幼稚園教育要領の第2章に示すねらい及び内容に基づく活動全体によって育むことを示した。
②小学校教育との円滑な接続
　「幼児期の終わりまでに育ってほしい姿」(「健康な心と体」「自立心」「協同性」「道徳性・規範意識の芽生え」「社会生活との関わり」「思考力の芽生え」「自然との関わり・生命尊重」「数量・図形，標識や文字などへの関心・感覚」「言葉による伝え合い」「豊かな感性と表現」)を明確にし，これを小学校の教師と共有するなど連携を図り，幼稚園教育と小学校教育との円滑な接続を図るよう努めるものとすることを示した。
③現代的な諸課題を踏まえた教育内容の見直し
　現代的な課題を踏まえた教育内容の見直しを図るとともに，教育課程に係る教育時間の終了後等に行う教育活動や子育ての支援の充実を図った。

▶2　改訂の要点
(1)　前文の趣旨及び要点

　今回の改訂は，前述1(2)で述べた基本方針の下に改訂を行っているが，その理念を明確にし，社会で広く共有されるよう新たに前文を設け，次の事項を示した。

① 教育基本法に規定する教育の目的や目標の明記とこれからの学校に求められること

　幼稚園教育要領は，教育基本法に定める教育の目的や目標の達成のため，学校教育法に基づき国が定める教育課程の基準であり，平成18年に改正された教育基本法における教育の目的及び目標を明記した。

　また，これからの学校に求められることを明記した。

② 「社会に開かれた教育課程」の実現を目指すこと

　教育課程を通して，これからの時代に求められる教育を実現していくためには，よりよい学校教育を通してよりよい社会を創るという理念を学校と社会とが共有することが求められる。

　そのため，それぞれの幼稚園において，幼児期にふさわしい生活をどのように展開し，どのような資質・能力を育むようにするのかを教育課程において明確にしながら，社会との連携及び協働によりその実現を図っていく，「社会に開かれた教育課程」の実現が重要となることを示した。

③ 幼稚園教育要領を踏まえた創意工夫に基づく教育活動の充実

　幼稚園教育要領は，公の性質を有する幼稚園における教育水準を全国的に確保することを目的に，教育課程の基準を大綱的に定めるものであり，それぞれの幼稚園は，幼稚園教育要領を踏まえ，各幼稚園の特色を生かして創意工夫を重ね，長年にわたり積み重ねられてきた教育実践や学術研究の蓄積を生かしながら，幼児や地域の現状や課題を捉え，家庭や地域社会と協力して，教育活動の更なる充実を図っていくことが重要であることを示した。

(2) 「総則」の改訂の要点

　第1章総則については，幼稚園，家庭，地域の関係者で幅広く共有し活用できる「学びの地図」としての役割を果たすことができるよう，構成を抜本的に改善するとともに，以下のような改訂を行った。

①幼稚園教育の基本
　幼児期の教育における見方・考え方を新たに示すとともに，計画的な環境の構成に関連して教材を工夫することを新たに示した。
②幼稚園教育において育みたい資質・能力及び「幼児期の終わりまでに育ってほしい姿」
　幼稚園教育において育みたい資質・能力と「幼児期の終わりまでに育ってほしい姿」を新たに示すとともに，これらと第2章の「ねらい及び内容」との関係について新たに示した。
③教育課程の役割と編成等
　次のことを新たに示した。
　・各幼稚園においてカリキュラム・マネジメントの充実に努めること
　・各幼稚園の教育目標を明確にし，教育課程の編成についての基本的な方針が家庭や地域とも共有されるよう努めること
　・満3歳児が学年の途中から入園することを考慮し，安心して幼稚園生活を過ごすことができるよう配慮すること
　・幼稚園生活が安全なものとなるよう，教職員による協力体制の下，園庭や園舎などの環境の配慮や指導の工夫を行うこと
　・「幼児期の終わりまでに育ってほしい姿」を共有するなど連携を図り，幼稚園教育と小学校教育との円滑な接続を図るよう努めること
　・教育課程を中心に，幼稚園の様々な計画を関連させ，一体的に教育活動が展開されるよう全体的な計画を作成すること
④指導計画の作成と幼児理解に基づいた評価

次のことを新たに示した。
- 多様な体験に関連して，幼児の発達に即して主体的・対話的で深い学びが実現するようにすること
- 幼児の発達を踏まえた言語環境を整え，言語活動の充実を図ること
- 幼児の実態を踏まえながら，教師や他の幼児と共に遊びや生活の中で見通しをもったり，振り返ったりするよう工夫すること
- 幼児期は直接的な体験が重要であることを踏まえ，視聴覚教材やコンピュータなど情報機器を活用する際には，幼稚園生活では得難い体験を補完するなど，幼児の体験との関連を考慮すること
- 幼児理解に基づいた評価の実施に当たっては，指導の過程を振り返りながら幼児の理解を進め，幼児一人一人のよさや可能性などを把握し，指導の改善に生かすようにすることに留意すること，また，評価の妥当性や信頼性が高められるよう創意工夫を行うこと

⑤特別な配慮を必要とする幼児への指導

次のことを新たに示した。
- 障害のある幼児などへの指導に当たっては，長期的な視点で幼児への教育的支援を行うための個別の教育支援計画と，個別の指導計画を作成し活用することに努めること
- 海外から帰国した幼児や生活に必要な日本語の習得に困難のある幼児については，個々の幼児の実態に応じ，指導内容等の工夫を組織的かつ計画的に行うこと

⑥幼稚園運営上の留意事項

次のことを新たに示した。
- 園長の方針の下に，教職員が適切に役割を分担，連携しつつ，教育課程や指導の改善を図るとともに，学校評価については，カリキュラム・マネジメントと関連付けながら実施するよう留意すること
- 幼稚園間に加え，小学校等との間の連携や交流を図るとともに，障

害のある幼児児童生徒との交流及び共同学習の機会を設け，協働して生活していく態度を育むよう努めること

(3) 「ねらい及び内容」の改訂の要点

　第2章では，「ねらい」を幼稚園教育において育みたい資質・能力を幼児の生活する姿から捉えたもの，「内容の取扱い」を幼児の発達を踏まえた指導を行うに当たって留意すべき事項として新たに示すとともに，指導を行う際に「幼児期の終わりまでに育ってほしい姿」を考慮することを新たに示した。

①領域「健康」
　見通しをもって行動することを「ねらい」に新たに示した。また，食べ物への興味や関心をもつことを「内容」に示すとともに，「幼児期運動指針」（平成24年3月文部科学省）などを踏まえ，多様な動きを経験する中で，体の動きを調整するようにすることを「内容の取扱い」に新たに示した。さらに，これまで指導計画の作成に当たっての留意事項に示されていた安全に関する記述を，安全に関する指導の重要性の観点等から「内容の取扱い」に位置付けた。

②領域「人間関係」
　工夫したり，協力したりして一緒に活動する楽しさを味わうことを「ねらい」に新たに示した。また，諦めずにやり遂げることの達成感や，前向きな見通しをもつことなどを「内容の取扱い」に新たに示した。

③領域「環境」
　日常生活の中で，我が国や地域社会における様々な文化や伝統に親しむことなどを「内容」に新たに示した。また，文化や伝統に親しむ際には，正月や節句など我が国の伝統的な行事，国歌，唱歌，わらべうたや伝統的な遊びに親しんだり，異なる文化に触れる活動に親しんだりする

ことを通じて，社会とのつながりの意識や国際理解の意識の芽生えなどが養われるようにすることなどを「内容の取扱い」に新たに示した。
④領域「言葉」

言葉に対する感覚を豊かにすることを「ねらい」に新たに示した。また，生活の中で，言葉の響きやリズム，新しい言葉や表現などに触れ，これらを使う楽しさを味わえるようにすることを「内容の取扱い」に新たに示した。
⑤領域「表現」

豊かな感性を養う際に，風の音や雨の音，身近にある草や花の形や色など自然の中にある音，形，色などに気付くようにすることを「内容の取扱い」に新たに示した。

(4)　「教育課程に係る教育時間の終了後等に行う教育活動などの留意事項」の改訂の要点

第3章では，以下のような改訂を行った。
①教育課程に係る教育時間の終了後等に行う教育活動などの留意事項

教育課程に係る教育時間終了後等に行う教育活動の計画を作成する際に，地域の人々と連携するなど，地域の様々な資源を活用しつつ，多様な体験ができるようにすることを新たに示した。
②子育ての支援

幼稚園が地域における幼児期の教育のセンターとしての役割を果たす際に，心理や保健の専門家，地域の子育て経験者等と連携・協働しながら取り組むことを新たに示した。

第2節　幼児期の特性と幼稚園教育の役割

▶1　幼児期の特性
（1）　幼児期の生活
　幼児期には，幼児は家庭において親しい人間関係を軸にして営まれていた生活からより広い世界に目を向け始め，生活の場，他者との関係，興味や関心などが急激に広がり，依存から自立に向かう。

①　生活の場
　幼児期は，運動機能が急速に発達し，いろいろなことをやってみようとする活動意欲も高まる時期である。保護者や周囲の大人との愛情ある関わりの中で見守られているという安心感に支えられて幼児の行動範囲は家庭の外へと広がりを見せ始める。そして，いろいろな場所に出掛けて行き，そこにある様々なものに心を動かされたり，それを用いて遊んだりすることにより，興味や関心が広がり，それにつれて幼児の生活の場も次第に広がっていく。特に，幼児の生活の場が最も大きく広がるのは幼稚園生活などにおける集団生活が始まってからである。
　多くの幼児にとって幼稚園生活は，家庭から離れて同年代の幼児と日々一緒に過ごす初めての集団生活である。幼稚園においては，教師や他の幼児たちと生活を共にしながら感動を共有し，イメージを伝え合うなど互いに影響を及ぼし合い，興味や関心の幅を広げ，言葉を獲得し，表現する喜びを味わう。また，大勢の友達と活動を展開する充実感や満足感をもつことによって，更に自分の生活を広げていこうとする意欲が育てられていくことになる。しかし，このような集団での生活の中では，親しい人間関係の下で営まれる家庭生活とは異なり，自分一人でやり遂げなければならないことや解決しなければならないことに出会ったり，その場におけるきまりを守ったり，他の人の思いを大切にしなければな

らないなど，今までのように自分の意志が通せるとは限らない状況になったりもする。このような場面で大人の手を借りながら，他の幼児と話し合ったりなどして，その幼児なりに解決し，危機を乗り越える経験を重ねることにより，次第に幼児の自立的な生活態度が培われていく。

　また，幼稚園における生活の流れが把握できていないと，幼児は，今目の前で起きていることにとらわれ，やりたいことができないと泣く，怒るなどの情緒的な反応を示すことがある。幼稚園生活の中で，活動の区切りに教師や友達と共に振り返りの経験を積むことや教師が適切な言葉掛けをすることなどにより，幼児は徐々に過去と今，今と未来の関係に気付くようになり，活動の見通しや，期待がもてるようになっていく。

　幼児は，それぞれの家庭や地域で得た生活経験を基にして幼稚園生活で様々な活動を展開し，また，幼稚園生活で得た経験を家庭や地域での生活に生かしている。生活の場の広がりの中で，様々な出来事や暮らしの中の文化的な事物や事象，多様な人々との出会いや関わり合いを通して，幼児が必要な体験を積み重ねていく。

　このような新たな生活の広がりに対して，幼児は期待と同時に不安感や緊張感を抱いていることが多い。家庭や地域での生活において幼児が安心して依存できる保護者や身近な大人の存在が必要であるのと同様に，幼稚園生活が幼児にとって安心して過ごすことができる生活の場となるためには，幼児の行動を温かく見守り，適切な援助を行う教師の存在が不可欠である。

② 他者との関係

　幼児期は，家庭における保護者などとの関係だけでなく，他の幼児や家族以外の人々の存在に気付き始め，次第に関わりを求めるようになってくる。初めは，同年代の幼児がいると，別々の活動をしながらも同じ場所で過ごすことで満足する様子が見られるが，やがて一緒に遊んだりして，次第に，言葉を交わしたり，物のやり取りをしたりするなどの関

わりをもつようになっていく。そして、ときには自己主張のぶつかり合いや友達と折り合いを付ける体験を重ねながら友達関係が生まれ、深まっていく。やがて、幼稚園などの集団生活の場で共通の興味や関心をもって生活を展開する楽しさを味わうことができるようになると、更に友達関係は広がりを見せるようになっていく。このような対人関係の広がりの中で幼児は互いに見たり、聞いたりしたことなどを言葉や他の様々な方法で伝え合うことによって、今までの自分のイメージにない世界に出会うことになる。

　幼児はこのようにして、一人で活動するよりも、何人かの友達と一緒に活動することで、生活がより豊かに楽しく展開できることを体験し、友達がいることの楽しさと大切さに気付いていくことになる。

　それと同時に、幼児は、友達との関わりを通して様々な感情を体験していくことになる。友達と一緒に活動する楽しさや喜び、また、自己主張のぶつかり合いなどによる怒り、悲しさ、寂しさなどを味わう体験を積み重ねることによって、次第に、相手も自分も互いに違う主張や感情をもった存在であることにも気付き、その相手も一緒に楽しく遊んだり生活したりできるよう、自分の気持ちを調整していく。

　このような他者との関係の広がりは、同時に自我の形成の過程でもある。幼児期には、自我が芽生え、自己を表出することが中心の生活から、他者と関わり合う生活を通して、他者の存在を意識し、自己を抑制しようとする気持ちも生まれるようになり、自我の発達の基礎が築かれていく。

③　興味や関心

　生活の場の広がりや対人関係の広がりに伴って、幼児の興味や関心は生活の中で様々な対象に向けられて広がっていく。

　生活の場が家庭から地域、幼稚園へと広がるにつれて、幼児は、興味や関心を抱き、好奇心や探究心を呼び起こされるような様々な事物や現

象に出会うことになる。そのようなものに対する興味や関心は，他の幼児や教師などと感動を共有したり，共にその対象に関わって活動を展開したりすることによって広げられ，高められていく。また，一人では興味や関心をもたなかった対象に対しても他の幼児に接することによって，あるいは，教師の援助などによって，自分もそれに興味や関心をもつようになる。このような興味や関心は，その対象と十分に関わり合い，好奇心や探究心を満足させながら，自分でよく見たり，取り扱ったりすることにより，更に高まり，思考力の基礎を培っていくので，幼児が様々な対象と十分に関わり合えるようにすることが大切である。また，他の幼児や教師と言葉により対話することがその過程を更に深めていくことにもなる。

幼児は，同年代の幼児の行動に影響されて行動を起こしたり，保護者や教師などの親しみをもっている大人の行動を模倣し，同じようなことをやってみようとしたりすることが多い。したがって，自然や出来事などの様々な対象へ幼児の興味や関心を広げるためには，他の幼児の存在や教師の言動が重要な意味をもつことになる。

(2) 幼児期の発達
① 発達の捉え方

人は生まれながらにして，自然に成長していく力と同時に，周囲の環境に対して自分から能動的に働き掛けようとする力をもっている。自然な心身の成長に伴い，人がこのように能動性を発揮して環境と関わり合う中で，生活に必要な能力や態度などを獲得していく過程を発達と考えることができよう。

生活に必要な能力や態度などの獲得については，どちらかというと大人に教えられた通りに幼児が覚えていくという側面が強調されることもあった。しかし，幼児期には，幼児自身が自発的・能動的に環境と関わ

りながら，生活の中で状況と関連付けて身に付けていくことが重要である。したがって，生活に必要な能力や態度などの獲得のためには，遊びを中心とした生活の中で，幼児自身が自らの生活と関連付けながら，好奇心を抱くこと，あるいは必要感をもつことが重要である。

幼児の心身の諸側面は，それぞれが独立して発達するものではなく，幼児が友達と体を動かして遊びを展開するなどの中で，それぞれの側面が相互に関連し合うことにより，発達が成し遂げられていくものである。

幼児の発達は連続的ではあるが常に滑らかに進行するものではなく，ときには，同じ状態が続いて停滞しているように見えたり，あるときには，飛躍的に進んだりすることも見られる。

さらに，このような発達の過程は，ある時期には身に付けやすいが，その時期を逃すと，身に付けにくくなることもある。したがって，どの時期に何をどのような方法で身に付けていくかという適時性を考えることは，幼児の望ましい発達を促す上で，大切なことになる。ここでの適時性とは，長期的な見通しに立った緩やかなものを指しているのであり，人間は生涯を通して発達し続ける存在であることから，その時期を過ぎたら，発達の可能性がないというような狭い意味のものではない。

② **発達を促すもの**

幼児期の発達を促すために必要なこととして次のようなものが考えられる。

ア　能動性の発揮

幼児は，興味や関心をもったものに対して自分から関わろうとする。したがって，このような能動性が十分に発揮されるような対象や時間，場などが用意されることが必要である。特に，そのような幼児の行動や心の動きを受け止め，認めたり，励ましたりする保護者や教師などの大人の存在が大切である。

また，幼児が積極的に周囲に目を向け，関わるようになるには，幼児

の心が安定していなければならない。心の安定は，周囲の大人との信頼関係が築かれることによって，つくり出されるものである。

イ　発達に応じた環境からの刺激

幼児は，環境との相互作用によって発達に必要な経験を積み重ねていく。したがって，幼児期の発達は生活している環境の影響を大きく受けると考えられる。ここでの環境とは自然環境に限らず，人も含めた幼児を取り巻く環境の全てを指している。

例えば，ある運動機能が育とうとしている時期に，一緒に運動して楽しむ友達がいるなど体を動かしたくなるような環境が整っていなければ，その機能は十分に育つことはできないであろう。また，言葉を交わす楽しさは，話したり，聞いたりすることが十分にできる環境がなければ経験できないこともあろう。したがって，発達を促すためには，活動の展開によって柔軟に変化し，幼児の興味や関心に応じて必要な刺激が得られるような応答性のある環境が必要である。

③　発達の特性

幼児が生活する姿の中には，幼児期特有の状態が見られる。そこで，幼稚園においては，幼児期の発達の特性を十分に理解して，幼児の発達の実情に即応した教育を行うことが大切である。幼児期の発達の特性のうち，特に留意しなければならない主なものは次のようなことである。

○幼児期は，身体が著しく発育するとともに，運動機能が急速に発達する時期である。そのために自分の力で取り組むことができることが多くなり，幼児の活動性は著しく高まる。そして，ときには，全身で物事に取り組み，我を忘れて活動に没頭することもある。こうした取組は運動機能だけでなく，他の心身の諸側面の発達をも促すことにもなる。

○幼児期は，次第に自分でやりたいという意識が強くなる一方で，信頼できる保護者や教師などの大人にまだ依存していたいという気持ちも

強く残っている時期である。幼児はいつでも適切な援助が受けられる，あるいは周囲から自分の存在を認められ，受け入れられているという安心感などを基盤にして，初めて自分の力で様々な活動に取り組むことができるのである。すなわち，この時期は，大人への依存を基盤としつつ自立へ向かう時期であるといえる。また，幼児期において依存と自立の関係を十分に体験することは，将来にわたって人と関わり，充実した生活を営むために大切なことである。

○幼児期は，幼児が自分の生活経験によって親しんだ具体的なものを手掛かりにして，自分自身のイメージを形成し，それに基づいて物事を受け止めている時期である。幼児は，このような自分なりのイメージをもって友達と遊ぶ中で，物事に対する他の幼児との受け止め方の違いに気付くようになる。また，それを自分のものと交流させたりしながら，次第に一緒に活動を展開できるようになっていく。

○幼児期は，信頼や憧れをもって見ている周囲の対象の言動や態度などを模倣したり，自分の行動にそのまま取り入れたりすることが多い時期である。この対象は，初めは，保護者や教師などの大人であることが多い。やがて，幼児の生活が広がるにつれて，友達や物語の登場人物などにも広がっていく。このような幼児における同一化は，幼児の人格的な発達，生活習慣や態度の形成などにとって重要なものである。

○幼児期は，環境と能動的に関わることを通して，周りの物事に対処し，人々と交渉する際の基本的な枠組みとなる事柄についての概念を形成する時期である。例えば，命あるものとそうでないものの区別，生きているものとその生命の終わり，人と他の動物の区別，心の内面と表情など外側に表れたものの区別などを理解するようになる。

○幼児期は，他者との関わり合いの中で，様々な葛藤やつまずきなどを体験することを通して，将来の善悪の判断につながる，やってよいことや悪いことの基本的な区別ができるようになる時期である。また，

幼児同士が互いに自分の思いを主張し合い，折り合いを付ける体験を重ねることを通して，きまりの必要性などに気付き，自己抑制ができるようになる時期でもある。特に，幼児は，大人の諾否により，受け入れられる行動と望ましくない行動を理解し，より適切な振る舞いを学ぶようになる。

▶2　幼稚園の生活

　幼児期は，自然な生活の流れの中で直接的・具体的な体験を通して，人格形成の基礎を培う時期である。したがって，幼稚園においては，学校教育法第23条における幼稚園教育の目標を達成するために必要な様々な体験が豊富に得られるような環境を構成し，その中で幼児が幼児期にふさわしい生活を営むようにすることが大切である。

　幼児の生活は，本来，明確に区分することは難しいものであるが，具体的な生活行動に着目して，強いて分けてみるならば，食事，衣服の着脱や片付けなどのような生活習慣に関わる部分と遊びを中心とする部分とに分けられる。幼稚園生活は，このような活動が幼児の意識や必要感，あるいは興味や関心と関連して，連続性をもちながら生活のリズムに沿って展開される，生活の自然な流れを大切にして，幼児が幼稚園生活を充実したものとして感じるようにしていくことが大切である。

　このような配慮に基づく幼稚園生活は，幼児にとって，家庭や地域での生活と相互に循環するような密接な関連をもちつつ幼児をより広い世界に導き，幼稚園が豊かな体験を得られる場となる。

　幼稚園生活には，以下のような特徴があり，その中で一人一人の幼児が十分に自己を発揮することによってその心身の発達が促されていくのである。

(1)　同年代の幼児との集団生活を営む場であること

　幼稚園において，幼児は多数の同年代の幼児と関わり，気持ちを伝え合い，ときには協力して活動に取り組むなどの多様な体験をする。そのような体験をする過程で，幼児は他の幼児と支え合って生活する楽しさを味わいながら，主体性や社会的態度を身に付けていくのである。

　特に近年，家庭や地域において幼児が兄弟姉妹や近隣の幼児と関わる機会が減少していることを踏まえると，幼稚園において，同年齢や異年齢の幼児同士が相互に関わり合い，生活することの意義は大きい。このような集団生活を通して，幼児は，物事の受け止め方などいろいろな点で自分と他の幼児とが異なることに気付くとともに，他の幼児の存在が大切であることを知る。また，他の幼児と共に活動することの楽しさを味わいながら，快い生活を営む上での約束事やきまりがあることを知り，更にはそれらが必要なことを理解する。こうして，幼児は様々な人間関係の調整の仕方について体験的な学びを重ねていくのである。

(2)　幼児を理解し，適切な援助を行う教師と共に生活する場であること

　幼稚園生活において，一人一人の幼児が発達に必要な体験を得られることが大切である。そのためには，幼児の発達の実情や生活の流れなどに即して，教師が幼児の活動にとって適切な環境を構成し，幼児同士のコミュニケーションを図るなど，適切な援助をしていくことが最も大切である。（第1章　第1節　5　教師の役割　45頁，第1章　第4節　3　指導計画の作成上の留意事項　（7）　教師の役割　116頁を参照）

　幼稚園生活に慣れるまでの幼児は，新たな生活の広がりに対して期待と同時に，不安感や緊張感を抱いていることが多い。そのような幼児にとって，自分の行動を温かく見守り，必要な援助の手を差し伸べてくれる教師の配慮により，幼稚園が遊ぶ喜びを味わうことのできる場となる

ことが大切である。その喜びこそが生きる力の基礎を培うのである。

（3） 適切な環境があること

　家庭や地域とは異なり，幼稚園においては，教育的な配慮の下に幼児が友達と関わって活動を展開するのに必要な遊具や用具，素材，十分に活動するための時間や空間はもとより，幼児が生活の中で触れ合うことができる自然や動植物などの様々な環境が用意されている。このような環境の下で，直接的・具体的な体験を通して一人一人の幼児の発達を促していくことが重要である。

　さらに，幼児の発達を促すための環境は，必ずしも幼稚園の中だけにあるのではない。例えば，近くにある自然の多い場所や高齢者のための施設への訪問，地域の行事への参加や地域の人々の幼稚園訪問などの機会も，幼児が豊かな人間性の基礎を培う上で貴重な体験を得るための重要な環境である。

　しかし，これらの環境が単に存在しているだけでは，必ずしも幼児の発達を促すものになるとは限らない。まず教師は，幼児が環境と出会うことでそれにどのような意味があるのかを見いだし，どのような興味や関心を抱き，どのように関わろうとしているのかを理解する必要がある。それらを踏まえた上で環境を構成することにより，環境が幼児にとって意味あるものとなるのである。すなわち，発達に必要な体験が得られる適切な環境となるのである。

▶3　幼稚園の役割

　幼児期の教育は，大きくは家庭と幼稚園で行われ，両者は連携し，連動して一人一人の育ちを促すことが大切である。幼稚園と家庭とでは，環境や人間関係の有り様に応じてそれぞれの果たすべき役割は異なる。家庭は，愛情としつけを通して幼児の成長の最も基礎となる心の基盤を

形成する場である。幼稚園は、これらを基盤にしながら家庭では体験できない社会・文化・自然などに触れ、教師に支えられながら、幼児期なりの世界の豊かさに出会う場である。さらに、地域は様々な人々との交流の機会を通して豊かな体験が得られる場である。

　幼稚園には、このような家庭や地域とは異なる独自の働きがあり、ここに教育内容を豊かにするに当たっての視点がある。

　すなわち、幼稚園では、幼児の自発的な活動としての遊びを十分に確保することが何よりも必要である。それは、遊びにおいて幼児の主体的な力が発揮され、生きる力の基礎ともいうべき生きる喜びを味わうことが大切だからである。幼児は遊びの中で能動的に対象に関わり、自己を表出する。そこから、外の世界に対する好奇心が育まれ、探索し、物事について思考し、知識を蓄えるための基礎が形成される。また、ものや人との関わりにおける自己表出を通して自我を形成するとともに、自分を取り巻く社会への感覚を養う。このようなことが幼稚園教育の広い意味での役割ということができる。

　幼稚園教育は、その後の学校教育全体の生活や学習の基盤を培う役割も担っている。この基盤を培うとは、小学校以降の子供の発達を見通した上で、幼稚園教育において育みたい資質・能力である「知識及び技能の基礎」「思考力、判断力、表現力等の基礎」そして「学びに向かう力、人間性等」を幼児期にふさわしい生活を通してしっかり育むことである。そのことが小学校以降の生活や学習においても重要な自ら学ぶ意欲や自ら学ぶ力を養い、一人一人の資質・能力を育成することにつながっていくのである。

　また、地域の人々が幼児の成長に関心を抱くことは、家庭と幼稚園以外の場が幼児の成長に関与することとなり、幼児の発達を促す機会を増やすことになる。さらに、幼稚園が家庭と協力して教育を進めることにより、保護者が家庭教育とは異なる視点から幼児への関わりを幼稚園に

おいて見ることができ，視野を広げるようになるなど保護者の変容も期待できる。

　このようなことから，幼稚園は，幼児期の教育のセンターとしての役割を家庭や地域との関係において果たすことも期待される。

第 1 章

総　説

幼稚園教育要領前文に示されているとおり，我が国においては，教育基本法によって示されている目的及び目標に基づいて幼稚園，小学校，中学校などの学校段階に分かれて教育が行われている。それぞれの段階の学校においては，学校教育法を踏まえ，それぞれの学校の特性に応じた目的や目標をもってそれを実現しようとするものである。幼稚園についても，学校教育法第22条及び第23条によって幼稚園教育の目的及び目標が示されており，幼稚園教育要領は，学校教育法第25条及び学校教育法施行規則第38条に基づき，これら目的及び目標の実現に向けて幼稚園の教育課程その他の保育内容の基準を示すものである。

各幼稚園においては，この幼稚園教育要領に述べられていることを基として，一人一人の資質・能力を育んでいくよう，幼児期にふさわしい教育の展開を目指す幼稚園教育の在り方を理解し，幼児の心身の発達，幼稚園や地域の実態に即し，組織的かつ計画的に教育課程を編成するとともに，家庭や地域社会と協力して，教育活動の更なる充実を図っていくことや，小学校以降の教育や生涯にわたる学習とのつながりを見通しながら，幼児の自発的な活動としての遊びを通しての総合的な指導を行うことが大切である。

（参考）教育基本法

第1条　教育は，人格の完成を目指し，平和で民主的な国家及び社会の形成者として必要な資質を備えた心身ともに健康な国民の育成を期して行われなければならない。

第2条　教育は，その目的を実現するため，学問の自由を尊重しつつ，次に掲げる目標を達成するよう行われるものとする。

一　幅広い知識と教養を身に付け，真理を求める態度を養い，豊かな情操と道徳心を培うとともに，健やかな身体を養うこと。

二　個人の価値を尊重して，その能力を伸ばし，創造性を培い，自主及び自律の精神を養うとともに，職業及び生活との関連を重視し，勤労を重んずる態度を養うこと。

三　正義と責任，男女の平等，自他の敬愛と協力を重んずるとともに，公共の精神に基づき，主体的に社会の形成に参画し，その発展に寄与する態度を養うこと。

四　生命を尊び，自然を大切にし，環境の保全に寄与する態度を養うこと。
五　伝統と文化を尊重し，それらをはぐくんできた我が国と郷土を愛するとともに，他国を尊重し，国際社会の平和と発展に寄与する態度を養うこと。

第11条　幼児期の教育は，生涯にわたる人格形成の基礎を培う重要なものであることにかんがみ，国及び地方公共団体は，幼児の健やかな成長に資する良好な環境の整備その他適当な方法によって，その振興に努めなければならない。

（参考）学校教育法
第22条　幼稚園は，義務教育及びその後の教育の基礎を培うものとして，幼児を保育し，幼児の健やかな成長のために適当な環境を与えて，その心身の発達を助長することを目的とする。
第23条　幼稚園における教育は，前条に規定する目的を実現するため，次に掲げる目標を達成するよう行われるものとする。
一　健康，安全で幸福な生活のために必要な基本的な習慣を養い，身体諸機能の調和的発達を図ること。
二　集団生活を通じて，喜んでこれに参加する態度を養うとともに家族や身近な人への信頼感を深め，自主，自律及び協同の精神並びに規範意識の芽生えを養うこと。
三　身近な社会生活，生命及び自然に対する興味を養い，それらに対する正しい理解と態度及び思考力の芽生えを養うこと。
四　日常の会話や，絵本，童話等に親しむことを通じて，言葉の使い方を正しく導くとともに，相手の話を理解しようとする態度を養うこと。
五　音楽，身体による表現，造形等に親しむことを通じて，豊かな感性と表現力の芽生えを養うこと。

第1節　幼稚園教育の基本

　幼児期の教育は，生涯にわたる人格形成の基礎を培う重要なものであり，幼稚園教育は，学校教育法に規定する目的及び目標を達成するため，幼児期の特性を踏まえ，環境を通して行うものであることを基本とする。
　このため教師は，幼児との信頼関係を十分に築き，幼児が身近な環境に主体的に関わり，環境との関わり方や意味に気付き，これらを取り込もうとして，試行錯誤したり，考えたりするようになる幼児期の教育における見方・考え方を生かし，幼児と共によりよい教育環境を創造するように努めるものとする。これらを踏まえ，次に示す事項を重視して教育を行わなければならない。
　1　幼児は安定した情緒の下で自己を十分に発揮することにより発達に必要な体験を得ていくものであることを考慮して，幼児の主体的な活動を促し，幼児期にふさわしい生活が展開されるようにすること。
　2　幼児の自発的な活動としての遊びは，心身の調和のとれた発達の基礎を培う重要な学習であることを考慮して，遊びを通しての指導を中心として第2章に示すねらいが総合的に達成されるようにすること。
　3　幼児の発達は，心身の諸側面が相互に関連し合い，多様な経過をたどって成し遂げられていくものであること，また，幼児の生活経験がそれぞれ異なることなどを考慮して，幼児一人一人の特性に応じ，発達の課題に即した指導を行うようにすること。

　その際，教師は，幼児の主体的な活動が確保されるよう幼児一人一人の行動の理解と予想に基づき，計画的に環境を構成しなければならない。この場合において，教師は，幼児と人やものとの関わりが重要であることを踏まえ，教材を工夫し，物的・空間的環境を構成しなければならない。また，幼児一人一人の活動の場面に応じて，様々な役割を果たし，その活動を豊かにしなければならない。

1　人格形成の基礎を培うこと

　教育は，子供の望ましい発達を期待し，子供のもつ潜在的な可能性に働き掛け，その人格の形成を図る営みである。特に，幼児期の教育は，生涯にわたる人格形成の基礎を培う重要な役割を担っている。

　幼児一人一人の潜在的な可能性は，日々の生活の中で出会う環境によって開かれ，環境との相互作用を通して具現化されていく。幼児は，環境との相互作用の中で，体験を深め，そのことが幼児の心を揺り動かし，次の活動を引き起こす。そうした体験の連なりが幾筋も生まれ，幼児の将来へとつながっていく。

　そのため，幼稚園では，幼児期にふさわしい生活を展開する中で，幼児の遊びや生活といった直接的・具体的な体験を通して，人と関わる力や思考力，感性や表現する力などを育み，人間として，社会と関わる人として生きていくための基礎を培うことが大切である。

▶2 環境を通して行う教育
(1) 環境を通して行う教育の意義

　一般に，幼児期は自分の生活を離れて知識や技能を一方向的に教えられて身に付けていく時期ではなく，生活の中で自分の興味や欲求に基づいた直接的・具体的な体験を通して，この時期にふさわしい生活を営むために必要なことが培われる時期であることが知られている。

　幼稚園では，小学校以降の子供の発達を見通した上で，幼稚園教育において育みたい資質・能力を幼児期にふさわしい生活を通して育むことが大切である。

　幼児期の教育においては，幼児が生活を通して身近なあらゆる環境からの刺激を受け止め，自分から興味をもって環境に主体的に関わりながら，様々な活動を展開し，充実感や満足感を味わうという体験を重ねていくことが重視されなければならない。その際，幼児が環境との関わり方や意味に気付き，これらを取り込もうとして，試行錯誤したり，考えたりするようになることが大切である。

　教師は，このような幼児期の教育における見方・考え方を生かし，幼児と共によりよい教育環境を創造するように努めることが重要である。

　こうしたことにより，幼児は，環境とのよりよいまたはより面白い関わり方を見いだしたり，関連性に気付き意味付けたり，それを取り込もうとして更に試行錯誤したり，考えたりして，捉えなおし，環境との関わり方を深めるようになっていく。（**第1章　第1節　5　教師の役割45頁**を参照）

　本来，人間の生活や発達は，周囲の環境との相互関係によって行われるものであり，それを切り離して考えることはできない。特に，幼児期は心身の発達が著しく，環境からの影響を大きく受ける時期である。したがって，この時期にどのような環境の下で生活し，その環境にどのように関わったかが将来にわたる発達や人間としての生き方に重要な意味をもつことになる。

　幼稚園は，幼児期にふさわしい幼児の生活を実現することを通して，その発達を可能にする場である。そのためには，家庭や地域と連携を図りながら，幼稚園でこそ得られる経験が実現できるようにする必要がある。

　したがって，幼稚園教育においては，学校教育法に規定された目的や

目標が達成されるよう，幼児期の発達の特性を踏まえ，幼児の生活の実情に即した教育内容を明らかにして，それらが生活を通して幼児の中に育てられるように計画性をもった適切な教育が行われなければならない。つまり，幼稚園教育においては，教育内容に基づいた計画的な環境をつくり出し，幼児期の教育における見方・考え方を十分に生かしながら，その環境に関わって幼児が主体性を十分に発揮して展開する生活を通して，望ましい方向に向かって幼児の発達を促すようにすること，すなわち「環境を通して行う教育」が基本となるのである。

(2) 幼児の主体性と教師の意図

　このような環境を通して行う教育は，幼児の主体性と教師の意図がバランスよく絡み合って成り立つものである。

　幼稚園教育が目指しているものは，幼児が一つ一つの活動を効率よく進めるようになることではなく，幼児が自ら周囲に働き掛けてその幼児なりに試行錯誤を繰り返し，自ら発達に必要なものを獲得しようとするようになることである。このような幼児の姿は，いろいろな活動を教師が計画したとおりに，全てを行わせることにより育てられるものではない。幼児が自ら周囲の環境に働き掛けて様々な活動を生み出し，それが幼児の意識や必要感，あるいは興味などによって連続性を保ちながら展開されることを通して育てられていくものである。

　つまり，教師主導の一方的な保育の展開ではなく，一人一人の幼児が教師の援助の下で主体性を発揮して活動を展開していくことができるような幼児の立場に立った保育の展開である。活動の主体は幼児であり，教師は活動が生まれやすく，展開しやすいように意図をもって環境を構成していく。もとより，ここでいう環境とは物的な環境だけでなく，教師や友達との関わりを含めた状況全てである。幼児は，このような状況が確保されて初めて十分に自己を発揮し，健やかに発達していくことができるのである。

　その際，教師には，常に日々の幼児の生活する姿を捉えることが求められる。教師は，幼児が何に関心を抱いているのか，何に意欲的に取り組んでいるのか，あるいは取り組もうとしているのか，何に行き詰まっているのかなどを捉える必要があり，その捉えた姿から，幼児の生活や発達を見通して指導の計画を立てることになる。すなわち，今幼児が取

り組んでいることはその幼児にとって十分できることなのか，新たな活動を生み出すことができることなのかなど，これまでの生活の流れや幼児の意識の流れを考慮して指導の計画を立てることになる。しかし，どんなに幼児の願いを受け止め，工夫して計画しても，その中で幼児が何を体験するかは幼児の活動にゆだねるほかはない場合もある。しかし，「幼児をただ遊ばせている」だけでは教育は成り立たない。幼児をただ遊ばせているだけでは，幼児の主体的な活動を促すことにはならないからである。(**第1章　第4節　3　指導計画の作成上の留意事項　(7)教師の役割**　116頁を参照) 一人一人の幼児に今どのような体験が必要なのだろうかと考え，そのためにはどうしたらよいかを常に工夫し，日々の保育に取り組んでいかなければならない。

(3) 環境を通して行う教育の特質

　教育は，子供のもつ潜在的な可能性に働き掛け，その人格の形成を図る営みであり，それは，同時に，人間の文化の継承であるといわれている。環境を通して行う教育は，幼児との生活を大切にした教育である。幼児が，教師と共に生活する中で，ものや人などの様々な環境と出会い，それらとのふさわしい関わり方を身に付けていくこと，すなわち，教師の支えを得ながら文化を獲得し，自己の可能性を開いていくことを大切にした教育なのである。幼児一人一人の潜在的な可能性は，幼児が教師と共にする生活の中で出会う環境によって開かれ，環境との相互作用を通して具現化されていく。それゆえに，幼児を取り巻く環境がどのようなものであるかが重要になってくる。

　したがって，環境を通して行う教育は，遊具や用具，素材だけを配置して，後は幼児の動くままに任せるといったものとは本質的に異なるものである。もとより，環境に含まれている教育的価値を教師が取り出して直接幼児に押し付けたり，詰め込んだりするものでもない。環境の中に教育的価値を含ませながら，幼児が自ら興味や関心をもって環境に取り組み，試行錯誤を経て，環境へのふさわしい関わり方を身に付けていくことを意図した教育である。それは同時に，幼児の環境との主体的な関わりを大切にした教育であるから，幼児の視点から見ると，自由感あふれる教育であるといえる。

　例えば，木工の素材とかなづちを用意したとしよう。しかし，それら

が置いてあるだけでは，初めて見る幼児は興味をもたないだろう。くぎをうまく打っている幼児を見ることにより，あるいは，教師が打ってみるという働き掛けにより，誘われてかなづちを手にするようになる。しかし，そのような姿を見て，やり始めた幼児も，初めのうちは，その幼児なりのやり方しかできないだろう。いろいろ試行錯誤を繰り返すうちに，くぎをうまく打ちつけるにはどうすればよいかを，上手に打っている友達や教師の動きをモデルにしてその動きをまねたり，考えたりしながら，身に付けたり，気付いたりしていく。このような環境との関わりを通して幼児は，自らの手で用具の使い方を獲得し，自らの世界を広げていくことの充実感を味わっていく。

　このような環境を通して行う教育の特質についてまとめてみると，次のとおりである。
○環境を通して行う教育において，幼児が自ら心身を用いて対象に関わっていくことで，対象，対象との関わり方，さらに，対象と関わる自分自身について学んでいく。幼児の関わりたいという意欲から発してこそ，環境との深い関わりが成り立つ。この意味では，幼児の主体性が何よりも大切にされなければならない。
○そのためには，幼児が自分から興味をもって，遊具や用具，素材についてふさわしい関わりができるように，遊具や用具，素材の種類，数量及び配置を考えることが必要である。このような環境の構成への取組により，幼児は積極性をもつようになり，活動の充実感や満足感が得られるようになる。幼児の周りに意味のある体験ができるような対象を配置することにより，幼児の関わりを通して，その対象の潜在的な学びの価値を引き出すことができる。その意味においては，テーブルや整理棚など生活に必要なものや遊具，自然環境，教師間の協力体制など幼稚園全体の教育環境が，幼児にふさわしいものとなっているかどうかも検討されなければならない。
○環境との関わりを深め，幼児の学びを可能にするものが，教師の幼児との関わりである。教師の関わりは，基本的には間接的なものとしつつ，長い目では幼児期に幼児が学ぶべきことを学ぶことができるように援助していくことが重要である。また，幼児の意欲を大事にするには，幼児の遊びを大切にして，やってみたいと思えるようにするとともに，試行錯誤を認め，時間を掛けて取り組めるように

することも大切である。
○教師自身も環境の一部である。教師の動きや態度は幼児の安心感の源であり、幼児の視線は、教師の意図する、しないに関わらず、教師の姿に注がれていることが少なくない。物的環境の構成に取り組んでいる教師の姿や同じ仲間の姿があってこそ、その物的環境への幼児の興味や関心が生み出される。教師がモデルとして物的環境への関わりを示すことで、充実した環境との関わりが生まれてくる。

▶3 幼稚園教育の基本に関連して重視する事項

　環境を通して教育することは幼児の生活を大切にすることである。幼児期には特有の心性や生活の仕方がある。それゆえ，幼稚園で展開される生活や指導の在り方は幼児期の特性にかなったものでなければならない。このようなことから，特に重視しなければならないこととして，「幼児期にふさわしい生活が展開されるようにすること」，「遊びを通しての総合的な指導が行われるようにすること」，「一人一人の特性に応じた指導が行われるようにすること」の3点が挙げられる。

　これらの事項を重視して教育を行わなければならないが，その際には，同時に，教師が幼児一人一人の行動の理解と予想に基づき，計画的に環境を構成すべきこと及び教師が幼児の活動の場面に応じて様々な役割を果たし，幼児の活動を豊かにすべきことを踏まえなければならない。

　幼児期の教育は，次の段階の教育に直結することを主たる目標とするものではなく，後伸びする力を養うことを念頭に置いて，将来への見通しをもって，生涯にわたる人格形成の基礎を培う重要なものである。

(1) 幼児期にふさわしい生活の展開
① 教師との信頼関係に支えられた生活

　幼児期は，自分の存在が周囲の大人に認められ，守られているという安心感から生じる安定した情緒が支えとなって，次第に自分の世界を拡大し，自立した生活へと向かっていく。同時に，幼児は自分を守り，受け入れてくれる大人を信頼する。すなわち大人を信頼するという確かな気持ちが幼児の発達を支えているのである。

　この時期，幼児は自ら世界を拡大していくために，あらゆることに挑戦し，自分でやりたいという気持ちが強まる。その一方で，信頼する大人に自分の存在を認めてもらいたい，愛されたい，支えられたいという気持ちをもっている。したがって，幼稚園生活では，幼児は教師を信頼し，その信頼する教師によって受け入れられ，見守られているという安心感をもつことが必要である。その意識の下に，必要なときに教師から適切な援助を受けながら，幼児が自分の力でいろいろな活動に取り組む体験を積み重ねることが大切にされなければならない。それが自立へ向かうことを支えるのである。

② 興味や関心に基づいた直接的な体験が得られる生活

　幼児の生活は，そのほとんどは興味や関心に基づいた自発的な活動からなっている。この興味や関心から発した直接的で具体的な体験は，幼児が発達する上で豊かな栄養となり，幼児はそこから自分の生きる世界や環境について多くのことを学び，様々な力を獲得していく。興味や関心から発した活動を十分に行うことは，幼児に充実感や満足感を与え，それらが興味や関心を更に高めていく。それゆえ，幼稚園生活では，幼児が主体的に環境と関わり，十分に活動し，充実感や満足感を味わうことができるようにすることが大切である。

③ 友達と十分に関わって展開する生活

　幼児期には，幼児は自分以外の幼児の存在に気付き，友達と遊びたいという気持ちが高まり，友達との関わりが盛んになる。相互に関わることを通して，幼児は自己の存在感を確認し，自己と他者の違いに気付き，他者への思いやりを深め，集団への参加意識を高め，自律性を身に付けていく。このように，幼児期には社会性が著しく発達していく時期であり，友達との関わりの中で，幼児は相互に刺激し合い，様々なものや事柄に対する興味や関心を深め，それらに関わる意欲を高めていく。それゆえ，幼稚園生活では，幼児が友達と十分に関わって展開する生活を大切にすることが重要である。

(2) 遊びを通しての総合的な指導

① 幼児期における遊び

　幼児期の生活のほとんどは，遊びによって占められている。遊びの本質は，人が周囲の事物や他の人たちと思うがままに多様な仕方で応答し合うことに夢中になり，時の経つのも忘れ，その関わり合いそのものを楽しむことにある。すなわち遊びは遊ぶこと自体が目的であり，人の役に立つ何らかの成果を生み出すことが目的ではない。しかし，幼児の遊びには幼児の成長や発達にとって重要な体験が多く含まれている。

　遊びにおいて，幼児が周囲の環境に思うがままに多様な仕方で関わるということは，幼児が周囲の環境に様々な意味を発見し，様々な関わり方を発見するということである。例えば，木の葉を木の葉として見るだけではなく，器として，お金として，切符として見たりする。また，砂が水を含むと固形状になり，さらには，液状になることを発見し，その

状態の変化とともに，異なった関わり方を発見する。これらの意味や関わり方の発見を，幼児は，思考を巡らし，想像力を発揮して行うだけでなく，自分の体を使って，また，友達と共有したり，協力したりすることによって行っていく。さらに，遊びを通じて友達との関わりが深まってくるにつれて，ときには自分の思いや考えを意識して表現し，相手に伝えたり，互いの考えを出し合ったりするようになっていく。

そして，このような発見の過程で，幼児は，達成感，充実感，満足感，挫折感，葛藤などを味わい，精神的にも成長する。

このように，自発的な活動としての遊びにおいて，幼児は心身全体を働かせ，様々な体験を通して心身の調和のとれた全体的な発達の基礎を築いていくのである。その意味で，自発的な活動としての遊びは，幼児期特有の学習なのである。したがって，幼稚園における教育は，遊びを通しての指導を中心に行うことが重要である。

② 総合的な指導

遊びを展開する過程においては，幼児は心身全体を働かせて活動するので，心身の様々な側面の発達にとって必要な経験が相互に関連し合い積み重ねられていく。つまり，幼児期には諸能力が個別に発達していくのではなく，相互に関連し合い，総合的に発達していくのである。

例えば，幼児の言語を使った表現は，幼児が実際にいる状況に依存しているため，その状況を共有していない者にとって，幼児の説明は要領を得ないことが多い。しかし，友達と一緒に遊ぶ中で，コミュニケーションを取ろうとする意識が高まり，次第に状況に依存しない言語で表現する力が獲得されていく。

言語能力が伸びるにつれて，言語により自分の行動を計画し，制御するようになるとともに，自己中心的な思考から相手の立場に立った思考もできるようになる。こうして社会性，道徳性が培われる。そのことは，ますます友達と積極的に関わろうとする意欲を生み，さらに，友達と遊ぶことを通して運動能力が高まる。そして，より高度で複雑な遊びを展開することで，思考力が伸び，言語能力が高まる。象徴機能である言語能力の発達は，見立てやごっこ遊びという活動の中で想像力を豊かにし，それを表現することを通して促される。このように，遊びを通して幼児の総合的な発達が実現していく。

遊びを通して総合的に発達を遂げていくのは，幼児の様々な能力が一

つの活動の中で関連して同時に発揮されており，また，様々な側面の発達が促されていくための諸体験が一つの活動の中で同時に得られているからである。例えば，幼児が何人かで段ボールの家を作っているとする。そのとき幼児たちは大まかではあるが，作ろうとする家のイメージを描く。そのことで幼児は作業の段取りを立て，手順を考えるというように，思考力を働かせる。一緒に作業をするために，幼児たちは自分のイメージを言葉や身体の仕草などを用いて伝え合うことをする。相互に伝え合う中で，相手に分かってもらえるように自分を表現し，相手を理解しようとする。このようなコミュニケーションを取りながら一緒に作業を進める中で，相手に即して自分の行動を規制し，役割を実行していく。また，用具を使うことで身体の運動機能を発揮し，用具の使い方を知り，素材の特質を知っていく。そして，家が完成すれば，達成感とともに，友達への親密感を覚える。

　このように，一つの遊びを展開する中で，幼児たちはいろいろな経験をし，様々な能力や態度を身に付ける。したがって，具体的な指導の場面では，遊びの中で幼児が発達していく姿を様々な側面から総合的に捉え，発達にとって必要な経験が得られるような状況をつくることを大切にしなければならない。そして，幼稚園教育のねらいが総合的に実現するように，常に幼児の遊びの展開に留意し，適切な指導をしなければならない。幼児の生活そのものともいえる遊びを中心に，幼児の主体性を大切にする指導を行おうとするならば，それはおのずから総合的なものとなるのである。

(3)　一人一人の発達の特性に応じた指導
①　一人一人の発達の特性

　幼児の発達の姿は，大筋で見れば，どの幼児も共通した過程をたどると考えられる。幼児を指導する際に，教師はその年齢の多くの幼児が示す発達の姿について心得ておくことは，指導の仕方を大きく誤らないためには必要である。しかし，それぞれ独自の存在としての幼児一人一人に目を向けると，その発達の姿は必ずしも一様ではないことが分かる。

　幼児は，一人一人の家庭環境や生活経験も異なっている。それゆえ，一人一人の人や事物への関わり方，環境からの刺激の受け止め方が異なってくる。例えば，同じ年齢の幼児であっても，大胆で無秩序な世界を

好む幼児もいれば、逆に、自制的で整然とした世界を好む幼児もいる。そういう二人が、幼稚園生活を送る過程で、前者の幼児が秩序を受け入れるようになっていったり、後者の幼児が大胆さを受け入れるようになっていったりする。

このように、幼児一人一人の環境の受け止め方や見方、環境への関わり方が異なっているのである。すなわち、幼児はその幼児らしい仕方で環境に興味や関心をもち、環境に関わり、何らかの思いを実現し、発達するために必要ないろいろな体験をしているのである。幼児のしようとしている行動が、多くの幼児が示す発達の姿から見ると好ましくないと思えることもある。しかし、その行動をし、その行動を通して実現しようとしていることがその幼児の発達にとって大事である場合がしばしばある。それゆえ、教師は、幼児が自ら主体的に環境と関わり、自分の世界を広げていく過程そのものを発達と捉え、幼児一人一人の発達の特性（その幼児らしい見方、考え方、感じ方、関わり方など）を理解し、その特性やその幼児が抱えている発達の課題に応じた指導をすることが大切である。

ここでいう「発達の課題」とは、その時期の多くの幼児が示す発達の姿に合わせて設定されている課題のことではない。発達の課題は幼児一人一人の発達の姿を見つめることにより見いだされるそれぞれの課題である。その幼児が今、興味や関心をもち、行おうとしている活動の中で実現しようとしていることが、その幼児の発達にとっては意味がある。したがって、発達の課題は幼児の生活の中で形を変え、いろいろな活動の中に表現されることもある。例えば、内気で消極的な幼児が、鉄棒をしていた友達がいなくなってから一人で鉄棒にぶら下がってみたり、あるいは皆が縄跳びに興じているのをすぐそばで楽しそうに掛け声を発したりしながら見ている場合、その幼児はそれまで苦手にしていたことに挑戦しようとしていると理解することができるだろう。そして、挑戦した結果、成功すれば、その幼児は自信をもつと考えられる。そうであれば、今この幼児の発達の課題は自信をもつことであるといえる。

このように、教師は幼児一人一人の発達の特性と発達の課題を把握し、その幼児らしさを損なわないように指導することが大切である。

② 一人一人に応じることの意味

①に述べたように、幼児は一人一人が異なった発達の姿を示す。それ

ゆえ，教師は幼児の発達に即して，一人一人に応じた指導をしなければならない。幼児は，自分の要求を満たしてくれる教師に親しみや自分に対する愛情を感じて信頼を寄せるものである。しかし，幼児一人一人に応じるというとき，ただ単にそれぞれの要求にこたえればよいというわけではない。このような要求や主張を表面的に受け止めてこたえようとすれば，教師は幼児の要求ばかりに振り回されて応じきれなくなり，逆に幼児に不信感や不安を抱かせてしまう。また，応じ方の度が過ぎれば幼児の依頼心やわがままを助長するなど，自立を妨げることにもなる。教師の応答は，幼稚園教育において育みたい資質・能力を育むために，幼児一人一人の何に応じればよいのか考えたものでなければならない。

　教師は，あるときは幼児の要求に即座にこたえるのではなく，自分で考えさせたり，幼児同士で教え合うように促したりする必要がある。また，同じような要求であっても，幼児に応じてこたえ方を変える必要がある。そのような応答のためには，教師が，幼児の具体的な要求や行動の背後に，意欲や意志の強さの程度，心情の状態（明るい気分，不満に満ちた状態，気落ちした気分など）など幼児の内面の動きを察知することが大切である。そして，その幼児がそれらの要求や行動を通して本当に求めていることは何かを推し量り，その幼児の発達にとってどのような経験が必要かをそれぞれの場面で可能な範囲で把握していることが大切である。

　例えば，幼児数人と教師とで鬼遊びをしているとする。ほとんどの幼児が逃げたり追いかけたり，つかまえたりつかまえられたりすることを楽しんでいる中で，ある幼児は教師の仲立ちなしには他の幼児と遊ぶことができないことがある。その幼児はやっと泣かずに登園できるようになり，教師を親のように慕っている。教師と一緒に行動することで，その幼児にとって教師を仲立ちに他の幼児と遊ぶ楽しさを味わうという体験にしたいと教師は考える。そう考えた教師は，鬼遊びのルールを守って遊ぶということにならなくても，その幼児の要求にこたえ，手をつないで一緒に行動しようとするだろう。

　このように，ある意味で一人一人に応じることは，一人一人が過ごしてきた生活を受容し，それに応じるということなのである。それはまず，幼児の思い，気持ちを受け止め，幼児が周囲の環境をどう受け止めているのかを理解すること，すなわち，幼児の内面を理解しようとすること

から始まるのである。そして、その幼児が真に求めていることに即して必要な経験を得られるように援助していくのである。このことは、幼児一人一人をかけがえのない存在として見て、それぞれ独自の生き方（行動の仕方、表現の仕方など）をしていると考え、その独自性を大切にすることなのである。

ただし、幼児一人一人に応じるとはいっても、いつでも活動形態を個々ばらばらにするということではない。幼稚園は集団の教育力を生かす場である。集団の生活の中で、幼児たちが互いに影響し合うことを通して、一人一人の発達が促されていく。それゆえ、一人一人の発達の特性を生かした集団をつくり出すことを常に考えることが大切である。

③ 一人一人に応じるための教師の基本姿勢

②に述べたように、幼児一人一人に応じた指導をするには、教師が幼児の行動に温かい関心を寄せる、心の動きに応答する、共に考えるなどの基本的な姿勢で保育に臨むことが重要である。（**第2章　第2節　2　人との関わりに関する領域「人間関係」［内容の取扱い］(1)　182頁を参照**）

また、一人一人の教師がこのような基本的姿勢を身に付けるためには、自分自身を見つめることが大切である。

一人一人に応じた適切な指導をするために、教師は幼児一人一人の発達の姿や内面を理解する必要があるが、教師の目の前に現れる幼児の姿は教師との関わりの下に現れている姿でもある。ところが、幼児たちの中に入っているとき、教師は自分はいったいどういう在り方をしているのか十分意識しているわけではない。例えば、泥遊びの場面を見るとつい幼児から身を引いてしまっているかもしれない。

このように、教師には、必ずしも自覚していない仕方で幼児に関わっている部分がある。それが幼児の姿に影響を及ぼしていることが十分考えられるのである。それゆえ、幼児の姿を理解しようとするならば、教師は幼児と関わっているときの自分自身の在り方や関わり方に、少しでも気付いていく必要がある。実際に行った幼児との関わりを振り返り、自分自身を見つめることを通して、自分自身に気付いていくことができるのであり、繰り返し、そのように努めることで、幼児一人一人に応じたより適切な関わりができるようになるのである。

また、教師は自分の心の状態を認識し、安定した落ち着いた状態でい

られるように努めることも大切である。いらいらしたり，落ち込んだりしているときには，幼児の心の動きに寄り添い，幼児と同じように感じていくことが困難になる。それゆえ，時々自分の心の状態を冷静に見つめ，不安定にしている要因があれば，それを取り除くように努め，心の安定を図ることが大切である。

▶4　計画的な環境の構成

2で述べているように，幼稚園教育は，幼児自らが積極的に事物や他者，自然事象，社会事象など周囲の環境と関わり，体験することを通して，生きる力の基礎を育て，発達を促すものである。

幼児は遊ぶことが好きであるからといって，教師は幼児が遊ぶのをただ放っておいてよいわけではない。なぜなら，幼児は常に積極的に環境に関わって遊び，望ましい方向に向かって発達していくとは限らないからである。幼児が望ましい方向に向かって発達していくということは，幼稚園教育のねらいに示された方向に向かって発達していくことである。どのような環境にいかに関わるかを，全て幼児自身にゆだねていたのでは，偶然の出来事に頼ることとなり，発達に必要な体験を保障することが困難な場合も生じてくる。また，幼児は一人一人興味や関心を向けるものが異なる。一人一人の幼児に幼稚園教育のねらいが着実に実現されていくためには，幼児が必要な体験を積み重ねていくことができるように，発達の道筋を見通して，教育的に価値のある環境を計画的に構成していかなければならない。一人一人の幼児が関わっている活動の各々の展開を見通すとともに，学期，年間，さらに，入園から修了までの幼稚園生活，修了後の生活という長期的な視点に立って幼児一人一人の発達の道筋を見通して現在の活動を位置付け，幼児の経験の深まりを見通すことが大切である。そして，望ましい方向へ向かうために必要な経験ができるよう環境を構成していく必要がある。

見通しをもち，計画を立てることによって初めて，幼児が今行っている経験の意味を理解し，発達を促す関わりや環境の構成を考えることができる。しかし，幼児の活動の展開は多様な方向に躍動的に変化するものであり，常に見通しと一致するわけではない。したがって，計画を立てて環境を構成すればそれでよいというわけではない。常に活動に沿って環境を構成し直し，その状況での幼児の活動から次の見通しや計画をもち，再構成し続けていくことが必要となるのである。

① 幼児の主体的な活動と環境の構成

幼児が意欲をもって積極的に周囲の環境に関わっていくこと，すなわち，主体的に活動を展開することが幼児期の教育の前提である。幼児が主体的に活動を行うことができるか否かは環境がどのように構成されているかによって大きく左右される。幼児が興味や関心をもち，思わず，

関わりたくなるようなものや人，事柄があり，さらに，興味や関心が深まり，意欲が引き出され，意味のある体験をすることができるように適切に構成された環境の下で，幼児の主体的な活動が生じる。そして，その基礎には安心感や安定感がある。例えば，ジャングルジムの1番上まで登ってみたいと興味を示しても，恐怖心や自分にできるだろうかという不安から取り組むことをためらっている幼児がいる。このときに自分を守ってくれていると感じられる教師のまなざしや励ましの言葉，楽しそうにジャングルジムに登り始めた友達の姿や友達からの誘いがあることなどによって，幼児は活動を始める。
　幼児が主体的に活動できる環境を構成するためには，幼児の周りにある様々な事物，生き物，他者，自然事象・社会事象などがそれぞれの幼児にどのように受け止められ，いかなる意味をもつのかを教師自身がよく理解する必要がある。環境を構成するためには，遊具や用具，素材など様々な要素が，遊びを通して幼児の発達にどう影響するかを考える必要もある。また，遊びの中での事物や事象との関わりが，発達の過程でどのような違いとなって表れるかを知らなければならない。例えば，砂と土では，それぞれ固有の性質があり，そこから引き出される遊びの展開には違いが見られる。また，砂で遊ぶときにも発達の過程によって関わりは異なってくる。同じ事物でも幼児の発達によって関わり方は異なるし，同じ場であっても，幼児のそのときの状況によって異なる。砂場が一人で安心していられることを求める場であったり，いろいろな型に詰めて形を作れるという砂のもつ面白さにひかれる場であったり，また，友達と一緒にトンネルを掘ることを楽しむ場であったりする。幼児の行動や心情によって，同じ場や素材でもそこで幼児が経験するものは違っている。したがって，教師の援助もそれぞれにふさわしいものに変えなければならない。幼児の興味や関心に即しながらも，その時期にその幼児の中にどのような育ちを期待したいか，そのために必要な経験は何かを考え，その経験が可能となるように環境を構成していくことが大切である。
　このように，幼児の主体的な活動のための環境を構成することは，一言でいえば，幼児を理解することにより可能となる。その時期の幼児の環境の受け止め方や環境への関わり方，興味や関心の在り方や方向，1日の生活の送り方などを理解し，そこから幼児一人一人にとって必要な

経験を考え，適切な環境を構成するのである。ここで念頭に置かなければならないことは，教師自身が重要な環境の一つであることである。幼児期には，一緒に生活している大人の影響を特に強く受ける。先に述べたように，教師の存在（身の置き方や行動，言葉，心情，態度など）が幼児の行動や心情に大きな影響を与えている。したがって，教師は自分も幼児にとって環境の非常に重要な一部となっていることを認識して環境の構成を考える必要がある。

　このようにしてあらかじめ構成された環境の下で，幼児は主体的に環境と関わり，活動を展開する。主体的に関わるとは，幼児なりに思いや願いをもち続け，関わっていくことである。幼児の興味や関心は次々と変化し，あるいは深まり，発展していく。それに伴って環境条件も変わらざるを得ない。それゆえ，環境が最初に構成されたまま固定されていては，幼児の主体的な活動が十分に展開されなくなり，経験も豊かなものとはならない。したがって，構成された環境はこのような意味では暫定的な環境と考えるべきであり，教師は幼児の活動の流れや心の動きに即して，常に適切なものとなるように，環境を再構成していかなければならないのである。

② 幼児の活動が精選されるような環境の構成

　幼児が積極的に環境に関わり，活動を展開する場合，その活動は多様な仕方で展開される。この多様な仕方でということは，様々な形態の活動が行われることも意味するし，一つの活動が変容し，新たな発展をしていくことも意味する。幼児一人一人の興味や関心を大切にして指導するためには，様々な形態の活動が行われることも重要である。しかし，幼稚園教育のねらいを達成していくためには，幼児が活動に没頭し，遊び，充実感や満足感を味わっていくことが重視されなければならない。活動を豊かにすることは，いろいろなことをできるようにすることと同じではない。重要なのは，活動の過程で幼児自身がどれだけ遊び，充実感や満足感を得ているかであり，活動の結果どれだけのことができるようになったか，何ができたかだけを捉えてはならない。なぜなら，活動の過程が意欲や態度を育み，生きる力の基礎を培っていくからである。

　そのためには，一つの活動に没頭して取り組むことができることも大切である。いろいろな活動を次から次へと行っているのでは，多少の楽しさはあったとしても充実感や満足感を覚えることはできない。それゆ

え，教師は幼児が本当にやりたいと思い，専念できる活動を見付けていくことができるように，つまり，いろいろあり得る活動の中から興味や関心のある活動を選び取っていくことができるように，しかも，その活動の中で発達にとって大切な体験が豊かに得られるように環境を構成することが必要である。このような環境の構成は，教師の行動としてみれば，新しい事物を出したり，関わりを増やしたりしていくことだけではない。反対に，その活動にとって不要なものや関わりを整理し，取り去ったり，しばらくはそのままにして見守ったりしていくことも必要となる。

　幼児の活動が精選される環境を構成するには，幼児の興味や関心の在り方，環境への関わり方，発達の実情などを理解することが前提である。その上で幼児が興味や関心のある活動にじっくり取り組むことができるだけの時間，空間，遊具などの確保が重要である。さらに，教師自身が活動に参加するなど，興味や関心を共有して活動への取組を深める指導が重要になる。

　このように，活動を充実することは，いろいろな活動を行うことと同じではない。まして幼児が取り組もうとしている活動を早く完了させることではない。幼児が活動に没頭する中で思考を巡らし，心を動かしながら豊かな体験をしていくことである。そして，教師は，このような活動がより豊かに行われるように，幼児と活動を共にしながら環境の構成を工夫する必要がある。

▶5　教師の役割

　幼稚園における人的環境が果たす役割は極めて大きい。幼稚園の中の人的環境とは，担任の教師だけでなく，周りの教師や友達全てを指し，それぞれが重要な環境となる。特に，幼稚園教育が環境を通して行う教育であるという点において，教師の担う役割は大きい。一人一人の幼児に対する理解に基づき，環境を計画的に構成し，幼児の主体的な活動を直接援助すると同時に，教師自らも幼児にとって重要な環境の一つであることをまず念頭に置く必要がある。

　また，幼稚園は，多数の同年代の幼児が集団生活を営む場であり，幼児一人一人が集団生活の中で主体的に活動に取り組むことができるよう，教師全員が協力して指導にあたることが必要である。

① 幼児の主体的な活動と教師の役割

　幼稚園教育においては，幼児の自発的な活動としての遊びを中心とした教育を実践することが何よりも大切である。教師が遊びにどう関わるのか，教師の役割の基本を理解することが必要であり，そのために教師には，幼児の自発的な活動としての遊びを生み出すために必要な教育環境を整えることが求められる。さらに，教師には，幼児との信頼関係を十分に築き，幼児と共によりよい教育環境をつくり出していくことも求められている。そのための教師の役割は，教材を工夫し，物的・空間的環境を構成する役割と，その環境の下で幼児と適切な関わりをする役割とがある。

　教材を工夫し，物的・空間的環境を構成する際には，様々な遊具や用具，素材などを多く用意すれば遊びが豊かになるとは限らないことをまず自覚することである。重要なのは，幼児が遊びに没頭し充実感を味わうことである。そのためには，特に幼児とものとの関わりが重要であることを認識し，幼児の関わり方を予想して物の質や量をどう選択し，空間をどう設定するか考えていくことが重要である。また，ときには幼児自身が興味をもって関わることで教師の予想をこえて教材としての意味が見いだされていくこともあることに留意が必要である。

　教材を精選していく過程では，幼児理解に基づき，幼児の興味や関心がどこにあるのか，幼児同士の関わり合いの状況はどうなのか，教師の願いや指導のねらいは何かなどを考慮することが必要である。

　また，教師が幼児と適切な関わりをするためには，幼児一人一人の特

性を的確に把握し，理解することが基本となる。教師には，幼児を理解する者としての役割，共同作業を行う者としての役割など，様々な役割を果たすことが求められるのである。(第1章　第4節　3　指導計画の作成上の留意事項　(7)　教師の役割　116頁を参照)

　このような教師の役割を果たすために必要なことは，幼稚園教育の専門性を磨くことである。その専門性とは，幼稚園教育の内容を理解し，これらの役割を教師自らが責任をもって日々主体的に果たすことである。

　つまり，幼児一人一人の行動と内面を理解し，心の動きに沿って保育を展開することによって心身の発達を促すよう援助することにある。そのためには専門家としての自覚と資質の向上に教師が努めることが求められる。

　幼児の行動と内面の理解を一層深めるためには，幼児の活動を教師自らの関わり方との関係で振り返ることが必要である。幼児と共に行動しながら考え，さらに，幼児が帰った後に1日の生活や行動を振り返る。このことが，翌日からの指導の視点を明確にし，更に充実した教育活動を展開することにつながるのである。これらのことを日々繰り返すことにより，幼稚園教育に対する専門性を高め，自らの能力を向上させていくことができるのである。

　各幼稚園では，教材研究を通して，幼児と教材との関わりについて理解を深め，遊びが展開し充実していくような豊かな教育環境の創造に努めることが必要である。

②　集団生活と教師の役割

　教師が幼児一人一人を理解し，心の動きに応じることとは，一人一人の幼児の活動を援助することや幼児と一対一で関わるようにすることだけを意味するものではない。幼児の主体的な活動は，友達との関わりを通してより充実し，豊かなものとなる。そこで，一人一人の思いや活動をつなぐよう環境を構成し，集団の中で個人のよさが生かされるように，幼児同士が関わり合うことのできる環境を構成していくことが必要である。

　集団には，同じものへの興味や関心，あるいは同じ場所にいたことから関わりが生まれる集団や同じ目的をもって活動するために集まる集団もあれば，学級のようにあらかじめ教師が組織した集団もあり，それぞ

れの集団の中で幼児は多様な経験をする。幼児の発達の特性を踏まえ，それぞれの集団の中で，幼児が主体的に活動し多様な体験ができるように援助していくことが必要である。

　幼児期は自我が芽生える時期であり，友達との間で物をめぐる対立や思いの相違による葛藤が起こりやすい。幼児は，それらの経験を通して，相手の気持ちに気付いたり自分の思いを相手に分かってもらうために伝えることの大切さを学んだりしていく。また，自分の感情を抑え，相手のことを思いやる気持ちも学んでいく。この意味で，友達との葛藤が起こることは，幼児の発達にとって大切な学びの機会であるといえる。

　ここで教師は，幼児一人一人の発達に応じて，相手がどのような気持ちなのか，あるいは自分がどのようにすればよいのかを体験を通して考えたり，人として絶対にしてはならないことや言ってはならないことがあることに気付いたりするように援助することが大切である。また，集団の生活にはきまりがあることに気付き，そのきまりをなぜ守らなければならないかを体験を通して考える機会を与えていくことが重要である。

　集団における個々の幼児への指導で大切なことは，幼児が単に集団の中で友達と関わっていればそれでよいということではない。重要なのは，幼児一人一人が主体的に取り組んでいるかどうかを見極めることである。例えば，集団に入らずに一人でいる幼児については，その幼児の日々の様子をよく見て，心の動きを理解することが大切である。何かに興味をそそられ，一人での活動に没頭していて加わっていないのか，教師から離れるのが不安で参加していないのか，集団に入ろうとしながらも入れないでいるのかなど，状況を判断し，適切な関わりをその時々にしていくことが必要である。また，一見集団で遊んでいるように見えても，主体的に取り組んでいない幼児がいることから，皆で楽しく遊べないこともある。このようなときには，目的をもって充実した活動が展開できるよう環境を再構成し，援助していくことが必要なのである。

　また，様々な集団がある中で，学級は幼児にとって仲間意識を培う基本となる集団である。教師は一年間を見通して，幼児の様子をよく見ながら，時期に応じた学級での集団づくりへの援助を行っていかなければならない。

　例えば，入園当初や学年の始めには，新しい友達や先生の中で不安を

抱き，打ち解けられずに緊張しているため，主体的に活動ができないことが多い。そこで，教師が幼児の心情をよく理解し，受け止め，一人一人のよさを認め，学級として打ち解けた温かい雰囲気づくりを心掛け，幼児が安心して自己を発揮できるようにしていくことが必要である。

　また，友達関係がある程度できてくると，決まった友達とだけ遊ぶことも起こってくる。時期を見て，いろいろな友達と関わり合うきっかけとなる環境の構成や援助をしていくことも教師の役割である。

　幼児は，様々な友達との関わりの中で多様な経験をし，よさを相互に認め合い，友達とは違う自分のよさに気付き，自己を形成していく。集団で一つのものを作ったり，それぞれが役割を分担して一つのことを成し遂げたりすることを通して，仲間意識が更に深まる。皆で協力し合うことの楽しさや責任感，達成感を感じるようになり，友達にも分かるよう明確に自分の思いを主張したり，ときには自分のやりたいことを我慢して譲ったりすることを学んでいくのである。このような集団での活動を通して，自分たちのもの，自分たちの作品，そして，自分たちの学級という意識が生まれ，幼稚園の中の友達やもの，場所などに愛着をもち，大切にしようとする意識が生まれる。

　また，幼稚園は，異なる年齢の幼児が共に生活する場である。年齢の異なる幼児間の関わりは，年下の者への思いやりや責任感を培い，また，年上の者の行動への憧れを生み，自分もやってみようとする意欲も生まれてくる。このことからも，年齢の異なる幼児が交流できるような環境の構成をしていくことも大切である。

③ 教師間の協力体制

　幼児一人一人を育てていくためには，教師が協力して一人一人の実情を捉えていくことが大切である。幼児の興味や関心は多様であるため，並行して様々な活動をしている幼児を同時に見ていかなければならない。このためには，教師同士が日頃から連絡を密にすることが必要であり，その結果，幼稚園全体として適切な環境を構成し，援助していくことができるのである。

　連絡を密にすることのよさは，教師が相互に様々な幼児に関わり，互いの見方を話し合うことで，幼児理解を深められることである。教師は自分と幼児との関係の中で一人一人の幼児を理解している。しかし，同じ幼児について別の教師は違う場面を見ていたり，同じ場でも異なって

捉えていたりすることもある。また，幼児自身がそれぞれの教師によって違った関わりの姿を見せていることもある。したがって，日々の保育を共に振り返ることで，教師が一人では気付かなかったことや自分とは違う捉え方に触れながら，幼稚園の教職員全員で一人一人の幼児を育てるという視点に立つことが重要である。

　このような教師間の日常の協力と話し合いを更に深め，専門性を高め合う場が園内研修である。園内研修では，日々の保育実践記録を基に多様な視点から振り返り，これからの在り方を話し合っていくことを通して，教師間の共通理解と協力体制を築き，教育の充実を図ることができる。教師一人一人のよさを互いに認め合い，教師としての専門性を高めていく機会とすることができる。

　そのためには，園長が広い視野と幼稚園教育に対する識見に基づいてリーダーシップを発揮し，一人一人の教師が生き生きと日々の教育活動に取り組めるような雰囲気をもった幼稚園づくりをすることが求められる。つまり，教師同士が各々の違いを尊重しながら協力し合える開かれた関係をつくり出していくことが，教師の専門性を高め，幼稚園教育を充実するために大切である。（**第1章　第4節　3　指導計画の作成上の留意事項　（7）　教師の役割　116頁**を参照）

第2節　幼稚園教育において育みたい資質・能力及び「幼児期の終わりまでに育ってほしい姿」

1　幼稚園においては，生きる力の基礎を育むため，この章の第1に示す幼稚園教育の基本を踏まえ，次に掲げる資質・能力を一体的に育むよう努めるものとする。
　(1)　豊かな体験を通じて，感じたり，気付いたり，分かったり，できるようになったりする「知識及び技能の基礎」
　(2)　気付いたことや，できるようになったことなどを使い，考えたり，試したり，工夫したり，表現したりする「思考力，判断力，表現力等の基礎」
　(3)　心情，意欲，態度が育つ中で，よりよい生活を営もうとする「学びに向かう力，人間性等」
2　1に示す資質・能力は，第2章に示すねらい及び内容に基づく活動全体によって育むものである。

　幼稚園においては，幼稚園生活の全体を通して，幼児に生きる力の基礎を育むことが求められている。そのため，幼稚園教育要領第1章総則の第1に示す幼稚園教育の基本を踏まえ，小学校以降の子供の発達を見通しながら教育活動を展開し，幼稚園教育において育みたい資質・能力を育むことが大切である。
　幼稚園教育において育みたい資質・能力とは，「知識及び技能の基礎」「思考力，判断力，表現力等の基礎」「学びに向かう力，人間性等」である。
　「知識及び技能の基礎」とは，具体的には，豊かな体験を通じて，幼児が自ら感じたり，気付いたり，分かったり，できるようになったりすること，「思考力，判断力，表現力等の基礎」とは，具体的には，気付いたことや，できるようになったことなどを使い，考えたり，試したり，工夫したり，表現したりすること，「学びに向かう力，人間性等」とは，具体的には，心情，意欲，態度が育つ中で，よりよい生活を営もうとすることである。
　これらの資質・能力は，第2章に示すねらい及び内容に基づき，各幼

稚園が幼児の発達の実情や幼児の興味や関心等を踏まえながら展開する活動全体によって育むものである。

　実際の指導場面においては，「知識及び技能の基礎」「思考力，判断力，表現力等の基礎」「学びに向かう力，人間性等」を個別に取り出して指導するのではなく，遊びを通した総合的な指導の中で一体的に育むよう努めることが重要である。これらの資質・能力はこれまでも幼稚園で育んできたものではあるが，各幼稚園においては，実践における幼児の具体的な姿から改めて捉え，教育の充実を図ることが求められている。

　小学校以降の教育は，各教科等の目標や内容を，資質・能力の観点から整理して示し，各教科等の指導のねらいを明確にしながら教育活動の充実を図っている。

　一方，幼稚園教育では，遊びを展開する過程において，幼児は心身全体を働かせて活動するため，心身の様々な側面の発達にとって必要な経験が相互に関連し合い積み重ねられていく。つまり，幼児期は諸能力が個別に発達していくのではなく，相互に関連し合い，総合的に発達していくのである。

　幼稚園教育において育みたい資質・能力は，こうした幼稚園教育の特質を踏まえて一体的に育んでいくものである。

> 3 次に示す「幼児期の終わりまでに育ってほしい姿」は，第2章に示すねらい及び内容に基づく活動全体を通して資質・能力が育まれている幼児の幼稚園修了時の具体的な姿であり，教師が指導を行う際に考慮するものである。

「幼児期の終わりまでに育ってほしい姿」は，第2章に示すねらい及び内容に基づいて，各幼稚園で，幼児期にふさわしい遊びや生活を積み重ねることにより，幼稚園教育において育みたい資質・能力が育まれている幼児の具体的な姿であり，特に5歳児後半に見られるようになる姿である。

幼稚園の教師は，遊びの中で幼児が発達していく姿を，「幼児期の終わりまでに育ってほしい姿」を念頭に置いて捉え，一人一人の発達に必要な体験が得られるような状況をつくったり必要な援助を行ったりするなど，指導を行う際に考慮することが求められる。

実際の指導では，「幼児期の終わりまでに育ってほしい姿」が到達すべき目標ではないことや，個別に取り出されて指導されるものではないことに十分留意する必要がある。もとより，幼稚園教育は環境を通して行うものであり，とりわけ幼児の自発的な活動としての遊びを通して，一人一人の発達の特性に応じて，これらの姿が育っていくものであり，全ての幼児に同じように見られるものではないことに留意する必要がある。また，「幼児期の終わりまでに育ってほしい姿」は5歳児に突然見られるようになるものではないため，5歳児だけでなく，3歳児，4歳児の時期から，幼児が発達していく方向を意識して，それぞれの時期にふさわしい指導を積み重ねていくことに留意する必要がある。

さらに，小学校の教師と「幼児期の終わりまでに育ってほしい姿」を手掛かりに子供の姿を共有するなど，幼稚園教育と小学校教育の円滑な接続を図ることが大切である。その際，「幼児期の終わりまでに育ってほしい姿」は幼稚園の教師が適切に関わることで，特に幼稚園生活の中で見られるようになる幼児の姿であることに留意が必要である。幼稚園と小学校では，子供の生活や教育方法が異なっているため，「幼児期の終わりまでに育ってほしい姿」からイメージする子供の姿にも違いが生じることがあるが，教師同士で話し合いながら，子供の姿を共有できる

ようにすることが大切である。(**第1章　第3節　5　小学校教育との接続に当たっての留意事項　（2）　小学校教育との接続　92頁**を参照)

　「幼児期の終わりまでに育ってほしい姿」は，幼稚園教育を通した幼児の成長を幼稚園教育関係者以外にも，分かりやすく伝えることにも資するものであり，各幼稚園での工夫が期待される。

(1) 健康な心と体
　幼稚園生活の中で，充実感をもって自分のやりたいことに向かって心と体を十分に働かせ，見通しをもって行動し，自ら健康で安全な生活をつくり出すようになる。

　健康な心と体は，領域「健康」などで示されているように，他者との信頼関係の下で，自分のやりたいことに向かって伸び伸びと取り組む中で育まれていく。なお，健康な心と体は，領域「健康」のみで育まれるのではなく，第2章に示すねらい及び内容に基づく活動全体を通して育まれることに留意する必要がある。
　幼児は，幼稚園生活において，安定感をもって環境に関わり，自己を十分に発揮して遊びや生活を楽しむ中で，体を動かす気持ちよさを感じたり，生活に必要な習慣や態度を身に付けたりしていく。5歳児の後半には，こうした積み重ねを通して，充実感をもって自分のやりたいことに向かって，繰り返し挑戦したり諸感覚を働かせ体を思い切り使って活動したりするなど，心と体を十分に働かせ，遊びや生活に見通しをもって自立的に行動し，自ら健康で安全な生活をつくり出す姿が見られるようになる。
　この頃の幼児は，幼稚園生活の中で，ある程度時間の流れを意識したり，状況の変化を予測したりして，見通しをもって行動するようになる。例えば，「今日の片付けの時間までに，全部の段ボール箱の色を塗っておけば，明日の遊園地づくりに間に合う」とか，「ここは，小さい組の子が通るので，ぶつかると危ないから場所を変えよう」など，遊びの目的に沿って，時間をうまく使ったり，場所を選んだりして，自分たちで遊びを進めていく。ときには，夢中になって，あらかじめ決めたことを忘れたりすることもあるが，そのようなことを重ねながら，声を掛け合ったり自分で気を付けたりして見通しをもって行動しようとするようになる。幼稚園内の様々な場所で遊具等を活用しながら，思い切り体を動かしたり様々な動きを楽しんだりするとともに，必要なときに休息をとるようにもなる。また，衣服の着脱，食事，排泄などの生活行動を自分で行うことの必要性や，いつどのように行うかなどが分かり，病気にならないように手洗いやうがいを丁寧にしたり，健康のために大切だと

感じて，食べ物などのことにも関心をもちつつ，友達と楽しく食事をしたりするなど，体を大切にする活動を進んで行うようになる。さらに，避難訓練を行う中で，災害などの緊急時の適切な行動が分かり，状況に応じて安全な方法で行動をとろうともする。

　教師は，幼稚園生活の流れ，幼稚園内の様々な場所や遊具，教師や友達など，それぞれが幼児にどのように受け止められ，いかなる意味をもつのかについて捉え，幼児の主体的な活動を促す環境をつくり出すことが必要である。その上で，幼児が自ら体を動かし多様な動きを楽しむことや，よりよい生活のために必要な行動を幼児の必要感に基づいて身に付けていくことなど，発達に即して幼児の必要な体験が得られるよう工夫していくことが求められる。その際，健康で安全な生活のために必要なことを，学級で話題にして一緒に考えてやってみたり，自分たちでできたことを十分に認めたりするなど，自分たちで生活をつくり出している実感をもてるようにすることが大切である。また，交通安全を含む安全に関する指導については，日常的な指導を積み重ねることによって，自ら行動できるようにしていくことが重要である。

　こうした幼児期の経験は，小学校生活において，時間割を含めた生活の流れが分かるようになると，次の活動を考えて準備をしたりするなどの見通しをもって行動したり，安全に気を付けて登下校しようとしたりする姿につながる。また，自ら体を動かして遊ぶ楽しさは，小学校の学習における運動遊びや，休み時間などに他の児童と一緒に楽しく過ごすことにつながり，様々な活動を十分に楽しんだ経験は，小学校生活の様々な場面において伸び伸びと行動する力を育んでいく。

> (2) 自立心
> 　身近な環境に主体的に関わり様々な活動を楽しむ中で，しなければならないことを自覚し，自分の力で行うために考えたり，工夫したりしながら，諦めずにやり遂げることで達成感を味わい，自信をもって行動するようになる。

　自立心は，領域「人間関係」などで示されているように，幼稚園生活において，教師との信頼関係を基盤に自己を発揮し，身近な環境に主体的に関わり自分の力で様々な活動に取り組む中で育まれる。なお，自立心は，領域「人間関係」のみで育まれるのではなく，第2章に示すねらい及び内容に基づく活動全体を通して育まれることに留意する必要がある。

　幼児は，身近な環境に主体的に関わり様々な活動を楽しむ中で，信頼する教師に支えられながら，物事を最後まで行う体験を重ね，自分の力でやろうとする気持ちをもったり，やり遂げた満足感を味わったりするようになる。5歳児の後半には，遊びや生活の中で様々なことに挑戦し，失敗も繰り返す中で，自分でしなければならないことを自覚するようになる。教師や友達の力を借りたり励まされたりしながら，難しいことでも自分の力でやってみようとして，考えたり，工夫したりしながら，諦めずにやり遂げる体験を通して達成感を味わい，自信をもって行動するようになる。

　例えば，生き物の世話などの当番の日は，片付けを早めに済ませて当番活動をするなど，自分がしなければならないことを自覚して行動するようになる。また，「自分もこまをうまく回したい」と思うと，始めはうまくいかなくても諦めずに繰り返し挑戦するようになる。その過程では，友達がこまにひもを巻く様子を見たりうまく回すやり方を聞いたりして，考え工夫して何度も取り組んだり，教師や友達からの応援や頑張りを認められることを支えにしたりして，できるまで続けることにより達成感を味わう。幼児はそこで得た自信を基に，大きな板で坂道をつくって回しながら滑らせたりするなど，更に自分で課題を設定しもっと難しいことに挑戦していく。こうしたことを教師や友達から認められることで意欲をもち，自信を確かなものにしていく。なお，こうした姿は5

歳児の後半に急に現れるものではなく，いろいろな遊びから自分がやりたいことを自分で選んで行動し，少し難しいと思うこともやってできた満足感を味わうなどの体験の積み重ねの中で育まれることに留意する必要がある。

　教師は，幼児一人一人が，自分で活動を選びながら幼稚園生活を主体的に送ることができるように，その日に必要なことなどをどの幼児も分かりやすいように視覚的に提示するなどの工夫が必要である。その際，幼児が自分で考えて行動できるよう，ゆとりをもった幼稚園生活の流れに配慮するとともに，幼児一人一人の発達の実情に応じて，その日の流れを意識できるように個別に援助していくことも必要である。また，5歳児の後半には，友達から認められることで更に自信をもつようになることを踏まえ，一人一人の幼児のよさが友達に伝わるように認めたり，学級全体の中で認め合える機会をつくったりするなどの工夫が重要になる。

　幼児期に育まれた自立心は，小学校生活において，自分でできることは自分でしようと積極的に取り組む姿や，生活や学習での課題を自分のこととして受け止めて意欲的に取り組む姿，自分なりに考えて意見を言ったり，分からないことや難しいことは，教師や友達に聞きながら粘り強く取り組んだりする姿など，日々の生活が楽しく充実することにつながっていく。

> (3) 協同性
> 　友達と関わる中で，互いの思いや考えなどを共有し，共通の目的の実現に向けて，考えたり，工夫したり，協力したりし，充実感をもってやり遂げるようになる。

　協同性は，領域「人間関係」などで示されているように，教師との信頼関係を基盤に他の幼児との関わりを深め，思いを伝え合ったり試行錯誤したりしながら一緒に活動を展開する楽しさや，共通の目的が実現する喜びを味わう中で育まれていく。なお，協同性は，領域「人間関係」のみで育まれるのではなく，第2章に示すねらい及び内容に基づく活動全体を通して育まれることに留意する必要がある。

　幼児は，友達と関わる中で，様々な出来事を通して，嬉しい，悔しい，悲しい，楽しいなどの多様な感情体験を味わい，友達との関わりを深めていく。その中で互いの思いや考えなどを共有し，次第に共通の目的をもつようになる。5歳児の後半には，その目的の実現に向けて，考えたことを相手に分かるように伝えながら，工夫したり，協力したりし，充実感をもって幼児同士でやり遂げるようになる。

　例えば，修了式が間近になり，幼児から年下の幼児やお世話になった人を招いて楽しい会をしたいという意見が出されると，学級の皆で活動するよい機会なので教師も積極的に参加して，どんな会にするか皆で相談したりする。幼児は，それまでの誕生会などの体験を思い出しながら，いつどこで何をしようか，来てくれた人が喜んでくれるために飾り付けやお土産はどうするか，会のお知らせをどうするか，会の進行はどう分担するかなど，必要なことを教師や友達と話し合い，互いの得意なことを生かすなど工夫して楽しみながら進め，やり遂げた充実感を味わうことができるだろう。

　協同性が育まれるためには，単に他の幼児と一緒に活動できることを優先するのではない。他の幼児と一緒に活動する中で，それぞれの持ち味が発揮され，互いのよさを認め合う関係ができてくることが大切である。教師は，幼児たちの願いや考えを受け止め，共通の目的の実現のために必要なことや，困難が生じそうな状況などを想定しつつ，幼児同士で試行錯誤しながらも一緒に実現に向かおうとする過程を丁寧に捉え，

一人一人の自己発揮や友達との関わりの状況に応じて，適時に援助することが求められる。相手を意識しながら活動していても，実際にはうまくいかない場面において，幼児は，援助する教師の姿勢や言葉掛けなどを通して，相手のよさに気付いたり，協同して活動することの大切さを学んだりしていく。

　幼児期に育まれた協同性は，小学校における学級での集団生活の中で，目的に向かって自分の力を発揮しながら友達と協力し，様々な意見を交わす中で新しい考えを生み出しながら工夫して取り組んだりするなど，教師や友達と協力して生活したり学び合ったりする姿につながっていく。

> **(4) 道徳性・規範意識の芽生え**
> 　友達と様々な体験を重ねる中で、してよいことや悪いことが分かり、自分の行動を振り返ったり、友達の気持ちに共感したりし、相手の立場に立って行動するようになる。また、きまりを守る必要性が分かり、自分の気持ちを調整し、友達と折り合いを付けながら、きまりをつくったり、守ったりするようになる。

　道徳性・規範意識の芽生えは、領域「人間関係」などで示されているように、幼稚園生活における他の幼児との関わりにおいて、自分の感情や意志を表現しながら、ときには自己主張のぶつかり合いによる葛藤などを通して互いに理解し合う体験を重ねる中で育まれていく。なお、道徳性・規範意識の芽生えは、領域「人間関係」のみで育まれるのではなく、第2章に示すねらい及び内容に基づく活動全体を通して育まれることに留意する必要がある。

　幼児は、他の幼児と様々な体験を重ねる中で、してよいことや悪いことがあることを分かり、考えながら行動するようになっていく。5歳児の後半には、いざこざなどうまくいかないことを乗り越える体験を重ねることを通して人間関係が深まり、友達や周囲の人の気持ちに触れて、相手の気持ちに共感したり、相手の視点から自分の行動を振り返ったりして、考えながら行動する姿が見られるようになる。また、友達と様々な体験を重ねることを通して人間関係が深まる中で、きまりを守る必要性が分かり、友達と一緒に心地よく生活したり、より遊びを楽しくしたりするために、自分の気持ちを調整し、友達と折り合いを付けながら、きまりをつくったり、守ったりするようにもなる。

　この頃の幼児は、遊びの中で起きるいざこざなどの場面において、友達の気持ちに共感したり、より楽しく遊べるように提案したりなどして、自分たちで解決したり遊びを継続したりするようになる。

　例えば、大勢でルールのある遊びを楽しんでいる中で、ルールを守っていても負け続けることに不満を感じた幼児が、気持ちが高じて相手を叩いたことからけんかになり、ゲームが中断する。参加している幼児が集まってきて、それぞれの言い分を聞いている。「負けてばっかりだといやだよね」「だけど、たたいたらだめだよ。今のは痛かったと思うよ」

「そっちのチームに強い人が多いから，負けてばっかりだと思う」「じゃあ，3回やったらチームを変えるのはどう」などと，それぞれの幼児が自分の体験を基に，友達の気持ちに共感したり，状況を解決するために提案したりすることにより続ける遊びは，今までよりも楽しくなっていく。その過程では，自分の行動が正しいと思っていても，話し合いの中で友達の納得できない思いを受け止めたり，友達に気持ちを受け止めてもらったことで，自分の行動を振り返って相手に謝ったり，気持ちを切り替えたりするなどの姿が見られる。このような出来事を交えながら更に遊び込む中で，より面白くなるようにルールをつくり替えたり，年下の幼児が加われば，仲間として一緒に楽しめるように特例をつくったりするようになる。

　教師はそれまでの幼児の経験を念頭に置き，相手の気持ちを分かろうとしたり，遊びや生活をよりよくしていこうとしたりする姿を丁寧に捉え，認め，励まし，その状況などを学級の幼児にも伝えていくことが大切である。同時に幼児が自分の言動を振り返り納得して折り合いを付けられるように，問い掛けたり共に考えたりし，幼児が自分たちで思いを伝え合おうとする姿を十分に認め，支えていく援助も必要である。遊びや生活の中で，幼児同士の気持ちのぶつかり合いや楽しく遊びたいのにうまくいかないといった思いが生じた場面を捉えて適切な援助を行うことが，幼児の道徳性・規範意識の芽生えを育んでいくのである。

　こうした幼児期の経験は，小学校生活において，初めて出会う人の中で，幼児期の経験を土台にして，相手の気持ちを考えたり，自分の振る舞いを振り返ったりなどしながら，気持ちや行動を自律的に調整し，学校生活を楽しくしていこうとする姿へとつながっていく。

> (5) 社会生活との関わり
> 　家族を大切にしようとする気持ちをもつとともに，地域の身近な人と触れ合う中で，人との様々な関わり方に気付き，相手の気持ちを考えて関わり，自分が役に立つ喜びを感じ，地域に親しみをもつようになる。また，幼稚園内外の様々な環境に関わる中で，遊びや生活に必要な情報を取り入れ，情報に基づき判断したり，情報を伝え合ったり，活用したりするなど，情報を役立てながら活動するようになるとともに，公共の施設を大切に利用するなどして，社会とのつながりなどを意識するようになる。

　幼児期の社会生活との関わりは，領域「人間関係」などで示されているように，幼稚園生活において保護者や周囲の人々に温かく見守られているという安定感や，教師との信頼関係を基盤に，学級の幼児との関わりから幼稚園全体へ，更に地域の人々や出来事との関わりへと，次第に広がりをもっていく。なお，社会生活との関わりは，領域「人間関係」のみで育まれるのではなく，第2章に示すねらい及び内容に基づく活動全体を通して育まれることに留意する必要がある。

　幼児は，初めての集団生活の場である幼稚園生活を通して，教師との信頼関係を基盤としながら園内の幼児や教職員，他の幼児の保護者などいろいろな人と親しみをもって関わるようになる。その中で，家族を大切にしようとする気持ちをもつとともに，小学生や中学生，高齢者や働く人々など地域の身近な人と触れ合う体験を重ねていく。5歳児の後半になると，こうした体験を重ねる中で人との様々な関わり方に気付き，相手の気持ちを考えて関わり，自分が役に立つ喜びを感じ，地域に親しみをもつようになる。

　例えば，幼稚園に小学生や地域の人々を招いて一緒に活動する中で，相手に応じた言葉や振る舞いなどを感じ，考えながら行動しようとする。また，地域の商店に買い物に出掛けたり，幼稚園の周りを掃除したりするなどの機会を通して，地域の人と会話をしたり，「大きくなったね」とか「ありがとう」などの言葉を掛けてもらったりすることで，幼児は自分が見守られている安心感や役に立つ喜びを感じたり，地域に対する親しみをもったりする。

　教師は，幼児が相手や状況に応じて考えて行動しようとするなどの姿

を捉え，認めたり，学級の話題にして共有したりするとともに，そこでの体験が，園内において年下の幼児や未就園児，保護者などとの関わりにもつながっていくことを念頭に置き，幼児の姿を細やかに捉えていくことが必要である。

また，5歳児の後半には，好奇心や探究心が一層高まり，関心のあることについて，より詳しく知りたいと思ったり，より本物らしくしたいと考えて遊びの中で工夫したりする中で，身近にあるものから必要な情報を取り入れる姿が見られるようになる。

例えば，地域の祭りなどに家族で参加し，それを幼稚園で再現して遊ぶことがある。その過程で，学級の幼児とそれぞれが体験したことや知っていることを伝え合ったり，その祭りに関係する事物の写真を見て，自分たちで作りたいものを決めたり，より本物らしく工夫する際に活用したりする。ときには実際に見せてもらったり，地域の人から話を聞いたりすることもある。そうしたことを通して，幼児は，自分だけでは気付かなかったことを知ることで遊びがより楽しくなることや，情報を伝え合うことのよさを実感していく。また，地域の公共の施設などを訪れることで，その場所や状況に応じた行動をとりながら大切に利用することなどを通して，社会とのつながりなどを意識するようにもなっていく。

教師は幼児の関心に応じて，絵本や図鑑や写真，新聞やインターネットで検索した情報，地域の掲示板から得られた情報などを，遊びに取り入れやすいように見やすく保育室に設定するなどの工夫をし，幼児の情報との出会いをつくっていく。その際，家族から聞いたり自分で見付けたりするなど幼児なりに調べたことを加えたり，遊びの経過やそこで発見したことなどを，幼児が関わりながら掲示する機会をもったりすることも考えられる。ときには教師がモデルとなり，情報を集める方法や集めた情報の活用の仕方，そのことを周囲に伝える方法などがあることに気付かせ，幼児が楽しみながら体験できるようにすることが大切である。

こうした幼児期の身近な社会生活との関わりは，小学校生活において，相手の状況や気持ちを考えながらいろいろな人と関わることを楽しんだり，関心のあることについての情報に気付いて積極的に取り入れたりする姿につながる。また，地域の行事や様々な文化に触れることを楽しんで興味や関心を深めることは，地域への親しみや地域の中での学びの場を広げていくことにつながっていく。

(6) 思考力の芽生え
　身近な事象に積極的に関わる中で，物の性質や仕組みなどを感じ取ったり，気付いたりし，考えたり，予想したり，工夫したりするなど，多様な関わりを楽しむようになる。また，友達の様々な考えに触れる中で，自分と異なる考えがあることに気付き，自ら判断したり，考え直したりするなど，新しい考えを生み出す喜びを味わいながら，自分の考えをよりよいものにするようになる。

　思考力の芽生えは，領域「環境」などで示されているように，周囲の環境に好奇心をもって積極的に関わりながら，新たな発見をしたり，もっと面白くなる方法を考えたりする中で育まれていく。なお，思考力の芽生えは，領域「環境」のみで育まれるのではなく，第2章に示すねらい及び内容に基づく活動全体を通して育まれることに留意する必要がある。

　幼児は，身近な事象に積極的に関わる中で，物の性質や仕組みなどを感じ取ったり，気付いたりするようになる。5歳児の後半になると，遊びや生活の中で，物の性質や仕組みなどを生かして，考えたり，予想したり，工夫したりするなど，身近な環境との多様な関わりを楽しむようになる。また，友達の様々な考えに触れる中で，自分と異なる考えがあることに気付き，自ら判断したり，考え直したりするなど，新しい考えを生み出す喜びを味わいながら，自分の考えをよりよいものにしようとする姿が見られるようにもなる。

　例えば，数人の幼児たちが友達と砂場でゆるやかなV字型に樋をつなげて遊んでいるときに，片方の樋の端からバケツで水を流すと，水がもう一方の樋の方に上って流れ込むことを発見する。いつもと違う水の流れ方に興味をもち，空のペットボトルをロケットに見立てて手前の樋に置き，水を流して反対側の樋から飛び出させるという遊びに発展する。なかなかうまくいかないが，「もっとたくさん水がいるんじゃない」「ああ，今度は強すぎだ」「じゃあ，少しずつ流してみる」などと友達と考えを出し合い，水の量や流す勢いを変えながら，繰り返し試す。しばらく試した後，バケツ一杯にくんだ水を，始めはゆっくりと流し出し，半分ほど流したところで，勢いをつけて一気に全部流すとうまくいくこと

を発見する。ペットボトルは水の勢いに合わせて，始めはゆっくりと手前の樋から流れ出し，最後は勢いよく反対側の樋の先端から飛び出す。幼児たちは「やったあ」「大成功」と言って喜び合い，遊びが続いていく。

　教師は，幼児が不思議さや面白さを感じ，こうしてみたいという願いをもつことにより，新しい考えが生み出され，遊びが広がっていくことを踏まえる必要がある。このため，教師には，環境の中にあるそれぞれの物の特性を生かしつつ，その環境から幼児の好奇心や探究心を引き出すことができるような状況をつくるとともに，それぞれの幼児の考えを受け止め，そのことを言葉にして幼児たちに伝えながら，更なる考えを引き出していくことが求められる。また，幼児が他の幼児との意見や考えの違いに気付き，物事をいろいろな面から考えられるようにすることやそのよさを感じられるようにしていくことが大切である。

　幼児期の思考力の芽生えは，小学校生活で出会う新しい環境や教科等の学習に興味や関心をもって主体的に関わることにつながる。また，探究心をもって考えたり試したりする経験は，主体的に問題を解決する態度へとつながっていく。

> (7) 自然との関わり・生命尊重
> 　自然に触れて感動する体験を通して，自然の変化などを感じ取り，好奇心や探究心をもって考え言葉などで表現しながら，身近な事象への関心が高まるとともに，自然への愛情や畏敬の念をもつようになる。また，身近な動植物に心を動かされる中で，生命の不思議さや尊さに気付き，身近な動植物への接し方を考え，命あるものとしていたわり，大切にする気持ちをもって関わるようになる。

　幼児期の自然との関わり・生命尊重は，領域「環境」などで示されているように，幼稚園生活において，身近な自然と触れ合う体験を重ねながら，自然への気付きや動植物に対する親しみを深める中で育まれていく。なお，自然との関わり・生命尊重は，領域「環境」のみで育まれるのではなく，第2章に示すねらい及び内容に基づく活動全体を通して育まれることに留意する必要がある。

　幼児は，園内外の身近な自然の美しさや不思議さに触れて感動する体験を通して，自然の変化などを感じ取り，関心をもつようになる。5歳児の後半には，好奇心や探究心をもって考えたことをその幼児なりの言葉などで素直に表現しながら，身近な事象への関心を高めていく。幼児が身近な自然や偶然出会った自然の変化を遊びに取り入れたり，皆で集まったときに教師がそれらについて話題として取り上げ，継続して関心をもって見たりすることなどを通して，新たな気付きが生まれ，更に関心が高まり，次第に自然への愛情や畏敬の念をもつようになっていく。この頃の幼児は，身近な自然事象などに一層好奇心や探究心をもって関わり，気付いたことや考えたことを言葉などで表現しながら，更なる関心をもって自然に触れて遊ぶようになる。

　例えば，冬に容器に入れた水が凍り，誰が一番厚い氷ができたかを比べる中で，なぜある場所に置くと厚い氷ができるのだろうかと疑問が生まれる。幼児は実際にそれぞれの場所に行き，「こっちの方が寒いよ。だからたくさん凍るんだ」「こっちはお日様が当たるから凍らないんじゃない」「いろんな場所に入れ物をおいて，調べてみよう」「水に葉っぱを入れておいたらどうなるかな」などと，それぞれの幼児がいろいろな考えを言葉で表現しながら，予想を立てたり確かめたりして考えを深め，

身近な自然に多様に関わっていく。

　また，幼児は，身近な動植物に愛着をもって関わる中で，生まれてくる命を目の当たりにして感動したり，ときには死に接したりし，生命の不思議さや尊さに気付き，大切にする気持ちをもって関わるようにもなる。5歳児の後半になると，動植物との関わりを積み重ねる中で，ただかわいがるだけではなく，命あるものとして大切に扱おうとする姿も見られるようになっていく。

　例えば，学級で飼育しているウサギの世話をしているとき，ケージを掃除している間に年下の幼児にウサギを抱かせてあげている。掃除が終わると「あったかいでしょう」「ギュッとすると苦しいから，やさしくね」「ずっと抱っこしてるとウサギが疲れちゃうから，そろそろお家に帰してあげようね」などと，日頃のウサギとの関わりから感じていることを，年下の幼児に伝える姿が見られる。

　教師は，園内外の自然の状況を把握して積極的に取り入れるなど，幼児の体験を豊かにする環境をつくり出し，幼児が好奇心や探究心をもって見たり触れたりする姿を見守ることが大切である。ときには，幼児の体験していることや気付いたことを教師が言葉にして伝えることによって，幼児がそのことを自覚できるようにしたりしながら，それぞれが考えたことを言葉などで表現し，更に自然との関わりが深まるようにすることが大切である。

　また，教師は，飼育や栽培を通して単に世話をすることを教えるだけでなく，動植物への親しみや愛着といった幼児の心の動きを見つめ，ときには関わり方の失敗や間違いを乗り越えながら，命あるものをいたわり大切にする気持ちをより育むように援助することが重要である。身近な動植物との関わりの中での様々な出来事に対して，それぞれの生き物に適した関わり方ができるよう，幼児と一緒に調べたり，幼児たちの考えを実際にやってみたり，そこで分かったことや適切な関わり方を，学級の友達に伝えたりする機会をつくることも大切である。

　こうした幼児期の経験は，小学校の生活や学習において，自然の事物や現象について関心をもち，その理解を確かなものにしていく基盤となる。さらに，実感を伴って生命の大切さを知ることは，生命あるものを大切にし，生きることのすばらしさについて考えを深めることにつながっていく。

(8) 数量や図形，標識や文字などへの関心・感覚
　遊びや生活の中で，数量や図形，標識や文字などに親しむ体験を重ねたり，標識や文字の役割に気付いたりし，自らの必要感に基づきこれらを活用し，興味や関心，感覚をもつようになる。

　幼児の数量や図形，標識や文字などへの関心・感覚は，領域「環境」などで示されているように，日常生活の中で，数量や文字などに接しながらその役割に気付き，親しむ体験を通じて育まれていく。なお，数量や図形，標識や文字などへの関心・感覚は，領域「環境」のみで育まれるのではなく，第２章に示すねらい及び内容に基づく活動全体を通して育まれることに留意する必要がある。
　幼児は遊びや生活の中で，身近にある数字や文字に興味や関心をもったり，物を数えることを楽しんだりする場面が見られるなど，教師や友達と一緒に数量や図形，標識や文字などに触れ，親しむ体験を重ねていく。5歳児の後半になると，それまでの体験を基に，自分たちの遊びや生活の中で必要感をもって，多い少ないを比べるために物を数えたり，長さや広さなどの量を比べたり，様々な形を組み合わせて遊んだりすることなどを通して，数量や図形への興味や関心を深め，感覚が磨かれていく。また，遊びや生活の中で関係の深い標識や文字などに関心をもちながらその役割に気付いたり使ってみたりすることで，興味や関心を深め，感覚が磨かれていく。
　例えば，二手に分かれて行う鬼遊びを繰り返し楽しむ中で，チームの人数や陣地の広さを同じにする必要性に気付き，自分たちで人数を数えて調整したり，陣地を歩測して確かめたりする。また，遊びに必要なものをつくる際に，空き箱や紙などの形や大きさ，長さなどを大まかに捉え，自分のイメージに合わせて選び，図形の特徴を生かして様々に組み合わせながら考えたとおりにつくり上げていく。
　また，園内の各部屋などの入り口にあるマークと文字を合わせて見ながら標識がもつ機能を理解して，自分たちの学級の標識や物を片付ける場所などの標識を工夫して作ったり，その過程で同じ形の文字を発見することを楽しんだりする。さらに，文字には人に思いなどを伝える役割があることに気付き，友達に「あしたもあそぼうね」と手紙を書きなが

ら友達とのつながりを感じたりもする。
　教師は，幼児が関心をもったことに存分に取り組めるような生活を展開する中で，一人一人の数量や図形，標識や文字などとの出会いや関心のもちようを把握し，それぞれの場面での幼児の姿を捉え，その活動の広がりや深まりに応じて数量や文字などに親しめるよう，工夫しながら環境を整えることが大切である。その際，一人一人の発達の実情などに即して，関心がもてるように丁寧に援助するとともに，幼児期には，数量や文字などについて，単に正確な知識を獲得することを目的にするのではないことに十分留意する必要がある。
　こうした幼児期の数量や図形，標識や文字などへの関心や感覚は，小学校の学習に関心をもって取り組み，実感を伴った理解につながるとともに，学んだことを日常生活の中で活用する態度にもなるものである。

(9) 言葉による伝え合い
　先生や友達と心を通わせる中で，絵本や物語などに親しみながら，豊かな言葉や表現を身に付け，経験したことや考えたことなどを言葉で伝えたり，相手の話を注意して聞いたりし，言葉による伝え合いを楽しむようになる。

　言葉による伝え合いは，領域「言葉」などで示されているように，身近な親しい人との関わりや，絵本や物語に親しむ中で，様々な言葉や表現を身に付け，自分が経験したことや考えたことなどを言葉で表現し，相手の話に興味をもって聞くことなどを通して，育まれていく。なお，言葉による伝え合いは，領域「言葉」のみで育まれるのではなく，第2章に示すねらい及び内容に基づく活動全体を通して育まれることに留意する必要がある。

　幼児は教師や友達と心を通わせる中で，絵本や物語などに親しみながら，豊かな言葉や表現を身に付けていく。また，自分の気持ちや思いを伝え，教師や友達が話を聞いてくれる中で，言葉のやり取りの楽しさを感じ，そのやり取りを通して相手の話を聞いて理解したり，共感したりするようになっていく。このような体験を繰り返す中で，自分の話や思いが相手に伝わり，相手の話や思いが分かる楽しさや喜びを感じ，次第に伝え合うことができるようになっていく。5歳児の後半になると，伝える相手や状況に応じて，言葉の使い方や表現の仕方を変えるなど，経験したことや考えたことなどを相手に分かるように工夫しながら言葉で伝えたり，相手の話を注意して聞いて理解したりし，言葉による伝え合いを楽しむようになる。

　例えば，教師が読み聞かせをした絵本の中に「こもれび」という言葉がある。遠足に行ったとき，皆で木立の間を散策していると，数名の幼児が木の下から空を見上げ，「わあ，きれい」「キラキラしてる」「まぶしいね」「目がチカチカする」などと話している。すると，一人の幼児が思い出したように「これ，こもれびだ」と言う。「ああ，こもれびね」「こもれびって，キラキラしてるね」と見上げながら会話が続く。近くに来た友達にも，「見て，こもれびだよ」と伝えて一緒に見る。地面に映ったこもれびを見付けると，「下もきれいだよ」「ほんとうだ」「あっちに

もあるよ」などと気付いたことを伝え合いながら，散策が続いていく。

　言葉による伝え合いを幼児が楽しむようになるためには，教師や友達と気軽に言葉を交わすことができる雰囲気や関係の中で，伝えたくなるような体験をすることや，遊びを一緒に進めるために相手の気持ちや行動を理解したいなどの必要性を感じることが大切である。

　教師は，幼児の状況に応じて，言葉を付け加えるなどして，幼児同士の話が伝わり合うように援助をする必要がある。また，絵本や物語の世界に浸り込むことで，豊かな言葉や表現に触れられるようにしたり，教師自身が豊かな表現を伝えるモデルとしての役割を果たすことで，様々な言葉に出会う機会をつくったりするなどの配慮をすることが必要である。

　こうした幼児期の言葉による伝え合いは，小学校の生活や学習において，友達と互いの思いや考えを伝え，受け止めたり，認め合ったりしながら一緒に活動する姿や，自分の伝えたい目的や相手の状況などに応じて言葉を選んで伝えようとする姿などにつながっていく。特に，戸惑いが多い入学時に自分の思いや考えを言葉に表せることは，初めて出会う教師や友達と新たな人間関係を築く上でも大きな助けとなる。

> (10) 豊かな感性と表現
> 心を動かす出来事などに触れ感性を働かせる中で，様々な素材の特徴や表現の仕方などに気付き，感じたことや考えたことを自分で表現したり，友達同士で表現する過程を楽しんだりし，表現する喜びを味わい，意欲をもつようになる。

　幼児期の豊かな感性と表現は，領域「表現」などで示されているように，幼稚園生活の様々な場面で美しいものや心を動かす出来事に触れてイメージを豊かにし，表現に関わる経験を積み重ねたり，楽しさを味わったりしながら，育まれていく。なお，豊かな感性と表現は，領域「表現」のみで育まれるのではなく，第2章に示すねらい及び内容に基づく活動全体を通して育まれることに留意する必要がある。

　幼児は，生活の中で心を動かす出来事に触れ，みずみずしい感性を基に，思いを巡らせ，様々な表現を楽しむようになる。幼児の素朴な表現は，自分の気持ちがそのまま声や表情，身体の動きになって表れることがある。また，教師や他の幼児に受け止められることを通して，動きや音などで表現したり，演じて遊んだりしながら，自分なりに表現することの喜びを味わう。5歳児の後半になると，このような体験を基に，身近にある様々な素材の特徴や表現の仕方などに気付き，感じたことや考えたことを必要なものを選んで自分で表現したり，友達と工夫して創造的な活動を繰り返したり，友達同士で表現する過程を楽しんだりして，意欲をもつようになる。

　この頃の幼児は，共通の目的に向けて，友達と一緒にそれまでの経験を生かしながら考えを出し合い，工夫して表現することを一層楽しむようになる。

　例えば，グループで劇をつくる場面では，役に応じて話し方や動き方を工夫する，必要な衣装や道具を身近な素材や用具などを使ってつくり上げる，効果音を考えるなど，表現すること自体を楽しむとともに，友達と一緒に工夫することで，新たな考えを生み出すなど，より多様に表現できるようになっていく過程を楽しむようになる。

　教師は，一人一人の幼児が様々に表現する楽しさを大切にするとともに，多様素材や用具に触れながらイメージやアイデアが生まれるよう

に，環境を整えていく。また，幼児同士で表現を工夫しながら進める姿や，それぞれの表現を友達と認め合い，取り入れたり新たな表現を考えたりすることを楽しむ姿を十分に認め，更なる意欲につなげていくことも大切である。

　こうした幼児期の経験は，小学校の学習において感性を働かせ，表現することを楽しむ姿につながる。これらは，音楽や造形，身体等による表現の基礎となるだけでなく，自分の気持ちや考えを一番適切に表現する方法を選ぶなど，小学校以降の学習全般の素地になる。また，臆することなく自信をもって表現することは，教科等の学習だけではなく，小学校生活を意欲的に進める基盤ともなっていく。

第3節　教育課程の役割と編成等

▶1　教育課程の役割

　各幼稚園においては，教育基本法及び学校教育法その他の法令並びにこの幼稚園教育要領の示すところに従い，創意工夫を生かし，幼児の心身の発達と幼稚園及び地域の実態に即応した適切な教育課程を編成するものとする。
　また，各幼稚園においては，6に示す全体的な計画にも留意しながら，「幼児期の終わりまでに育ってほしい姿」を踏まえ教育課程を編成すること，教育課程の実施状況を評価してその改善を図っていくこと，教育課程の実施に必要な人的又は物的な体制を確保するとともにその改善を図っていくことなどを通して，教育課程に基づき組織的かつ計画的に各幼稚園の教育活動の質の向上を図っていくこと（以下「カリキュラム・マネジメント」という。）に努めるものとする。

(1) 教育課程に関わる法令等

　幼児は，家庭，地域社会，幼稚園という一連の流れの中で生活している。特に，教育基本法第10条で示されているとおり，家庭は子供の教育について第一義的責任を有している。幼児が望ましい発達を遂げていくためには，家庭との連携を十分図って個々の幼児に対する理解を深めるとともに，幼稚園での生活の様子なども家庭に伝えていくなど，幼稚園と家庭が互いに幼児の望ましい発達を促すために思っていることを伝え合い，考え合うことが大切である。
　幼稚園では，幼稚園教育要領第1章総則の第1に示す幼稚園教育の基本に基づき，幼稚園生活を展開し，その中で幼稚園教育において育みたい資質・能力を育んでいく。幼稚園は，そのことにより，学校教育法第23条の幼稚園教育の目標を達成するよう努めなければならない。幼稚園においては，幼稚園教育の目標に含まれる意図を十分理解して，幼児の健やかな成長のために幼児が適当な環境の下で他の幼児や教師と楽しく充実した生活を営む中で，様々な体験を通して生きる力の基礎を育

成するようにすることが重要である。

　学校教育法第22条では、「幼稚園は、義務教育及びその後の教育の基礎を培う」とあり、これは幼児期の特性を踏まえた幼稚園教育をしっかりと行うことが、義務教育及びその後の教育の基礎を培うことにつながることを意味している。

　幼稚園教育要領では、発達の側面から、心身の健康に関する領域「健康」、人との関わりに関する領域「人間関係」、身近な環境との関わりに関する領域「環境」、言葉の獲得に関する領域「言葉」、感性と表現に関する領域「表現」としてまとめ、示している。幼稚園では、これらに示す「ねらい」が総合的に達成されるよう教育を行うことにより、生きる力の基礎を育成している。そして、その成果が小学校につながり、より豊かな小学校生活が送れるようになる。なお、幼稚園教育は、義務教育の基礎を培うことはもとより、義務教育以降の教育の基礎、つまり生涯にわたる教育の基礎を培う重要なものであることを忘れてはならない。

　例えば、幼稚園においては、幼児はそれぞれの興味や関心に応じ、直接的・具体的な体験などを通じて幼児なりのやり方で学んでいくものであって、小学校以降の学習と異なり、教師があらかじめ立てた目的に沿って、順序立てて言葉で教えられ学習するのではない。幼児が、遊びを通じて、学ぶことの楽しさを知り、積極的に物事に関わろうとする気持ちをもつようになる過程こそ、小学校以降の学習意欲へとつながり、さらには、社会に出てからも物事に主体的に取り組み、自ら考え、様々な問題に積極的に対応し、解決していくようになっていく。幼児期に多様な体験をし、様々なことに興味や関心を広げ、それらに自ら関わろうとする気持ちをもつことは、幼児期から育むことが重要である。

(2) 適切な教育課程の編成

　教育課程の編成に当たっては，国立，公立，私立を問わず，全ての幼稚園に対して，公教育の立場から，教育基本法や学校教育法などの法令や幼稚園教育要領により種々の定めがなされているので，これらに従って編成しなければならない。その際，幼稚園の長たる園長は，幼稚園全体の責任者として指導性を発揮し，全教職員の協力の下，以下の点を踏まえつつ編成しなければならない。

(ｱ)　幼児の心身の発達

　幼稚園において教育課程を編成する場合には，幼児の調和のとれた発達を図るという観点から，幼児の発達の見通しなどをもち，教育課程を編成することが必要である。

(ｲ)　幼稚園の実態

　幼稚園規模，教職員の状況，施設設備の状況などの人的・物的条件の実態は幼稚園によって異なっているため，教育課程の編成に当たっては，このような幼稚園の条件が密接に関連してくる。幼稚園の実態に応じて，効果的な教育活動を実施するためには，これらの条件を客観的に把握した上で，特に，教職員の構成，遊具や用具の整備状況などについて分析し，教育課程の編成に生かすことが必要である。

(ｳ)　地域の実態

　幼稚園は地域社会を離れては存在し得ないものである。地域には，都市，農村，山村，漁村など生活条件や環境の違いがあり，文化などにそれぞれ特色をもっている。そのため，幼稚園を取り巻く地域社会の実態を十分考慮して，教育課程を編成することが大切である。また，地域の資源（近隣の幼稚園・認定こども園・保育所・小学校，図書館などの社会教育施設，幼稚園の教育活動に協力することのできる人材など）の実態を考慮し，教育課程を編成することが必要である。

　なお，幼稚園における教育活動が，教育目標に従ってより一層効果的に展開されていくためには，保護者や地域住民に対して幼稚園の教育方針，特色ある教育活動や幼児の状況などの基本的な情報を積極的に提供し，保護者や地域住民の理解や支援を得ることが大切である。

(ｴ)　創意工夫を生かすこと

　幼稚園において，地域や幼稚園の実態及び幼児の心身の発達を十分に踏まえ，創意工夫を生かし特色あるものとすることが大切である。

(3) カリキュラム・マネジメントの実施

　それぞれの幼稚園は，その幼稚園における教育期間の全体にわたって幼稚園教育の目的，目標に向かってどのような道筋をたどって教育を進めていくかを明らかにするため，幼稚園教育において育みたい資質・能力を踏まえつつ，各幼稚園の特性に応じた教育目標を明確にし，幼児の充実した生活を展開できるような計画を示す教育課程を編成して教育を行う必要がある。

　幼稚園においては，編成，実施した教育課程が教育目標を効果的に実現する働きをするよう，教育課程の実施状況を評価し，改善を図ることが求められている。教育課程の改善は，編成した教育課程をより適切なものに改めることであり，幼稚園は教育課程を絶えず改善する基本的態度をもつことが必要である。このような改善によってこそ幼稚園の教育活動が充実するとともにその質を高めることができるのである。

　その際，園長は，全体的な計画にも留意しながら「幼児期の終わりまでに育ってほしい姿」を踏まえて教育課程を編成すること，教育課程の実施に必要な人的または物的な体制を確保して改善を図っていくことなどを通して，各幼稚園の教育課程に基づき，全教職員の協力体制の下，組織的かつ計画的に教育活動の質の向上を図るカリキュラム・マネジメントを実施することが求められる。

▶2　各幼稚園の教育目標と教育課程の編成

> 　教育課程の編成に当たっては，幼稚園教育において育みたい資質・能力を踏まえつつ，各幼稚園の教育目標を明確にするとともに，教育課程の編成についての基本的な方針が家庭や地域とも共有されるよう努めるものとする。

　幼稚園は学校教育の始まりとして，幼稚園教育の基本に基づいて展開される幼児期にふさわしい生活を通して，幼稚園教育の目的や目標の達成に努めることが必要である。このため，幼児の発達を見通し，その発達が可能となるよう，それぞれの時期に必要な教育内容を明らかにし，計画性のある指導を行うことが求められる。

　このような意味から，それぞれの幼稚園は，その幼稚園における教育期間の全体にわたって幼稚園教育の目的，目標に向かってどのような道筋をたどって教育を進めていくかを明らかにするため，幼稚園教育において育みたい資質・能力を踏まえつつ，各幼稚園の特性に応じた教育目標を明確にし，幼児の充実した生活を展開できるような計画を示す教育課程を編成して教育を行う必要がある。

　また，それぞれの幼稚園の教育目標を含めた教育課程の編成の基本的な方針について，家庭や地域と共有できるよう，分かりやすく説明していくことが求められる。

　教育課程の実施に当たっては，幼稚園教育の基本である環境を通して行う教育の趣旨に基づいて，幼児の発達や生活の実情などに応じた具体的な指導の順序や方法をあらかじめ定めた指導計画を作成して教育を行う必要があり，教育課程は指導計画を立案する際の骨格となるものである。

▶3　教育課程の編成上の基本的事項

(1) 幼稚園生活の全体を通して第2章に示すねらいが総合的に達成されるよう,教育課程に係る教育期間や幼児の生活経験や発達の過程などを考慮して具体的なねらいと内容を組織するものとする。この場合においては,特に,自我が芽生え,他者の存在を意識し,自己を抑制しようとする気持ちが生まれる幼児期の発達の特性を踏まえ,入園から修了に至るまでの長期的な視野をもって充実した生活が展開できるように配慮するものとする。
(2) 幼稚園の毎学年の教育課程に係る教育週数は,特別の事情のある場合を除き,39週を下ってはならない。
(3) 幼稚園の1日の教育課程に係る教育時間は,4時間を標準とする。ただし,幼児の心身の発達の程度や季節などに適切に配慮するものとする。

(1)　教育課程の編成
①　ねらいと内容を組織すること

　幼稚園教育要領の第2章において各領域に示されている「ねらい」と「内容」は,幼稚園教育の全体を見通しながら幼児の発達の側面を取り上げたねらいや内容であり,幼稚園教育の全期間を通して育てるものである。そのため,教育課程の編成に当たっては,幼稚園教育要領に示されている「ねらい」や「内容」をそのまま教育課程における具体的な指導のねらいや内容とするのではなく,「幼児期の終わりまでに育ってほしい姿」との関連を考慮しながら,幼児の発達の各時期に展開される生活に応じて適切に具体化したねらいや内容を設定する必要がある。

　具体的なねらいと内容を組織するに当たっては,まず,それぞれの幼稚園で入園から修了までの教育期間において,幼児がどのような発達をしていくかという発達の過程を捉える必要がある。それぞれの発達の時期において幼児は主にどのような経験をしていくのか,また,教育目標の達成を図るには,入園から修了までを通してどのような指導をしなければならないかを,各領域に示す事項に基づいて明らかにしていく必要がある。

② 幼児期の発達の特性を踏まえること

　教育課程の編成に当たっては，幼稚園教育の内容と方法及び幼児の発達と生活についての十分な理解をもつことが大切である。特に，幼児期においては，自我が芽生え，自己を表出することが中心の生活から，次第に他者の存在を意識し，他者を思いやったり，自己を抑制したりする気持ちが生まれ，同年代での集団生活を円滑に営むことができるようになる時期へ移行していく。教育課程の編成に当たっては，このような幼児期の発達の特性を十分に踏まえて，入園から修了までの発達の見通しをもち，きめ細かな対応が図れるようにすることが重要である。

③ 入園から修了に至るまでの長期的な視野をもつこと

　発達の時期を捉えるためには様々な視点があり，それぞれの幼稚園の実情に応じて考えるべきものである。このような視点の一つとして，教育課程が，指導計画を作成し，環境に関わって展開される生活を通して具体的な指導を行うための基盤となるものであることから，

- 幼児の幼稚園生活への適応の状態，興味や関心の傾向
- 季節などの周囲の状況の変化などから実際に幼児が展開する生活が大きく変容する時期

を捉えることなども考えられよう。その一例を挙げれば，次のようなものとなる。

ア）一人一人の遊びや教師との触れ合いを通して幼稚園生活に親しみ，安定していく時期

イ）周囲の人やものへの興味や関心が広がり，生活の仕方やきまりが分かり，自分で遊びを広げていく時期

ウ）友達とイメージを伝え合い，共に生活する楽しさを知っていく時期

エ）友達関係を深めながら自己の力を十分に発揮して生活に取り組む時期

オ）友達同士で目的をもって幼稚園生活を展開し，深めていく時期

　発達の各時期にふさわしい具体的なねらいや内容は，第2章の各領域に示された「ねらい」や「内容」の全てを視野に入れるとともに，幼児の生活の中で，それらがどう相互に関連しているかを十分に考慮して設定していくようにすることが大切である。

④ 教育課程の編成の実際

　教育課程はそれぞれの幼稚園において，全教職員の協力の下に園長の責任において編成するものである。

　既に述べたように，幼稚園教育は法令や幼稚園教育要領に基づいて行われるものであるので，全教職員がそれぞれに示されていることについての理解を十分にもつと同時に，実践を通してそれぞれの幼稚園の実態に即した教育課程となるようにすることが大切である。

　また，教育の内容や方法が幼児の発達の実情に即したものでなければ，教育の効果を生み出すことができない。そこで，教育課程の編成に当たっては，それぞれの幼稚園に累積されている資料などから幼児の発達の過程や実情を的確に把握する必要がある。

　さらに，それぞれの幼稚園は，地域環境や幼稚園自体がもっている人的，物的条件が違っており，それぞれ異なった特色を有している。幼児の生活や発達はそのような条件に大きく影響を受けるものであるので，このような幼稚園や地域の実態を把握して，特色を生かし，創意のある教育課程を編成するとともに，その実施状況を評価し，改善を図る必要がある。

　編成の手順には一定したものはないが，その一例を挙げれば，およそ次のとおりである。

具体的な編成の手順について（参考例）
① **編成に必要な基礎的事項についての理解を図る。**
　・関係法令，幼稚園教育要領，幼稚園教育要領解説などの内容について共通理解を図る。
　・自我の発達の基礎が形成される幼児期の発達，幼児期から児童期への発達についての共通理解を図る。
　・幼稚園や地域の実態，幼児の発達の実情などを把握する。
　・社会の要請や保護者の願いなどを把握する。
② **各幼稚園の教育目標に関する共通理解を図る。**
　・現在の教育が果たさなければならない課題や期待する幼児像などを明確にして教育目標についての理解を深める。
③ **幼児の発達の過程を見通す。**
　・幼稚園生活の全体を通して，幼児がどのような発達をするのか，どの時期にどのような生活が展開されるのかなどの発達の節目を探り，長期的に発達を見通す。
　・幼児の発達の過程に応じて教育目標がどのように達成されていくかについて，およその予測をする。
④ **具体的なねらいと内容を組織する。**
　・幼児の発達の各時期にふさわしい生活が展開されるように適切なねらいと内容を設定する。その際，幼児の生活経験や発達の過程などを考慮して，幼稚園生活全体を通して，幼稚園教育要領の第2章に示す事項が総合的に指導され，達成されるようにする。
⑤ **教育課程を実施した結果を評価し，次の編成に生かす。**
　・教育課程の改善の方法は，幼稚園の創意工夫によって具体的には異なるであろうが，一般的には次のような手順が考えられる。
　　ア．評価の資料を収集し，検討すること
　　イ．整理した問題点を検討し，原因と背景を明らかにすること
　　ウ．改善案をつくり，実施すること

⑤ 教育課程の評価・改善

　教育課程の実施状況を評価して改善する際は，指導計画で設定した具体的なねらいや内容などのように，比較的直ちに修正できるもの（**第1章　第4節　2　指導計画の作成上の基本的事項　(5)　評価を生かした指導計画の改善　104頁**を参照）もあれば，人的，物的諸条件のように，比較的長期の見通しの下に改善の努力をしなければならないものもある。また，個々の部分修正にとどまるものもあれば，全体修正を必要とするものもある。さらに幼稚園内の教職員や設置者の努力によって改善できるものもあれば，家庭や地域の協力を得つつ改善の努力を必要とするものもある。それらのことを見定めて教育課程の改善を図り，一層適切な教育課程を編成するように努めなければならない。

(2)　教育週数

　幼稚園において教育課程を編成し，これを実施するに当たっては毎学年の教育課程に係る教育週数は，特別の事情のある場合を除き，39週を下ってはならない。

　特別の事情とは，台風，地震，豪雪などの非常変災，その他急迫の事情があるときや伝染病の流行などの事情が生じた場合のことを指している。

(3)　教育時間

　教育課程に係る1日の教育時間については，幼稚園教育要領に示されているとおり，幼児の幼稚園における教育時間の妥当性及び家庭や地域における生活の重要性を考慮して4時間が標準となっている。

　それぞれの幼稚園においては，幼児の年齢や教育経験などの発達の違いや季節などに適した教育時間を定める必要がある。この場合，保育所の整備が進んでいない地域においては，幼稚園の実態に応じて弾力的な対応を図ることが必要である。このように4時間を標準としてそれぞれの幼稚園において定められた教育時間については，登園時刻から降園時刻までが教育が行われる時間となる。

▶4 教育課程の編成上の留意事項
(1) 入園から修了までの生活

> (1) 幼児の生活は，入園当初の一人一人の遊びや教師との触れ合いを通して幼稚園生活に親しみ，安定していく時期から，他の幼児との関わりの中で幼児の主体的な活動が深まり，幼児が互いに必要な存在であることを認識するようになり，やがて幼児同士や学級全体で目的をもって協同して幼稚園生活を展開し，深めていく時期などに至るまでの過程を様々に経ながら広げられていくものであることを考慮し，活動がそれぞれの時期にふさわしく展開されるようにすること。

　教育課程の編成や指導計画の作成においては，入園から修了まで幼児の生活する姿がどのように変容するかという発達の過程を捉え，発達の見通しをもつことが大切である。発達には個人差があり，様々な道筋があることはいうまでもないが，大筋でみると同じような道筋をたどるものである。

　入園から修了までの発達の過程を大きく捉えてみると，次のようにまとめられるであろう。入園当初においては，一人一人が好きなように遊んだり，教師と触れ合ったりしながら，幼稚園生活に親しみ，安定へと向かう。安定した生活が得られると次第に周囲の人やものへの興味や関心が広がり，生活の仕方やきまりが分かり，自分でいろいろな遊びに興味をもって取り組むようになる。さらに，他の幼児との関わりの中で，イメージを伝え合い，共に生活する楽しさを知り，友達からの刺激を受けて遊びを広げていくようになり，幼児の主体的な活動が深まっていく。

　このような過程を経て，友達関係を深めながら，よさを相互に認め合い，友達とは違う自分のよさに気付き自己を形成していく。そして，集団生活の中で，友達を思いやったり，自己を抑制しようとしたりする気持ちが生まれる。さらに，幼児同士や学級全体で目的に向かって活動を展開しながら，一つのものを作ったり，それぞれが役割を分担して一つのことを成し遂げることを通して仲間意識が深まる。

　このような入園から修了までの幼児の生活する姿は，幼稚園の実態によって様々であり，それぞれの幼稚園においてその実態に即した方法で

捉えることが大切である。

　また，発達はそれぞれの時期にふさわしい生活が展開されることによって促されるものである。例えば，入園当初において，自分の好きなものに関わって過ごすことによって新しい生活の中で安定感をもつようになる。さらに，その安定感をもつことによって，周囲の環境に対して興味や関心をもって関わるようになり，いろいろな遊びを知っていく。必要な経験を積み重ねることによって初めて望ましい発達が促されていくので，先を急ぎ過ぎたり，幼児にとって意味ある体験となることを見逃してしまったりすることのないようにすることが大切である。

　なお，入園当初においては，幼稚園生活がこれまでの生活と大きく異なるので，家庭との連携を緊密にすることによって，個々の幼児の生活に理解を深め，幼児が安心して幼稚園生活を送ることができるよう配慮することが必要である。このため，例えば，家庭のように安心できる雰囲気のある保育室の環境をつくることなどが考えられる。一人一人のその幼児らしい姿を教師が受け止め，きめ細かく関わることによって，幼児は安心して自分を表出できるようになり，次第に周りにいる他の幼児の存在に気付き，関わりがもてるようになっていき，幼児は充実した幼稚園生活が送れるようになっていく。したがって，幼児の行動や内面を理解する教師の役割は極めて重要である。

(2) 入園当初の配慮

> (2) 入園当初,特に,3歳児の入園については,家庭との連携を緊密にし,生活のリズムや安全面に十分配慮すること。また,満3歳児については,学年の途中から入園することを考慮し,幼児が安心して幼稚園生活を過ごすことができるよう配慮すること。

　入園当初の幼児について,中でも特に,3歳児については,自我の芽生え始める時期であること,家庭での生活経験などの差による個人差が大きい時期であることなどの発達の特性を踏まえ,一人一人に応じたきめ細かな指導が一層必要である。また,一人一人の生活の仕方やリズムに配慮して1日の生活の流れを考えることが必要である。さらに,3歳児は周囲の状況を顧みず,興味のままに動いてしまうこともあり,安全については十分な配慮が必要である。

　また,満3歳児は学年の途中から入園するため,集団での生活の経験が異なる幼児が共に生活することになる。この頃の幼児はありのままの自分を出しながら幼稚園生活を始めており,教師は心の動きに寄り添った関わりをすること,一人一人の幼児の生活の仕方やリズムを尊重することが大切である。なお,満3歳児の入園に関しては,幼稚園の実態によって様々であることから,その実態に即した配慮がなされる必要がある。

　幼稚園型認定こども園においては,一人の幼児について考えてみると,まず保育機能の施設に在籍し,その後幼稚園に入園することがある。この場合,家庭から幼稚園に入園する幼児とは異なった生活経験をしている点を踏まえ,その生活経験を生かした活動を展開することが大切である。しかし,その際に忘れてはならないのは,保育機能の施設で集団での生活を過ごしていても,例えば,生活のリズム,集団の大きさなど,幼稚園での生活は異なる点もあることである。その変化を十分に把握しつつ,幼児の実情に応じた幼稚園生活を送ることができるように配慮することも必要である。これらの点に配慮して幼稚園生活を展開するためには,幼稚園の教育活動を担当する教師と保育機能の施設における保育士が連携し,円滑な接続を図ることが大切である。また,家庭から幼稚園に入園する幼児と保育機能の施設に在籍し,その後幼稚園に入園する

幼児では，家庭や地域での生活の経験や集団生活の経験などが異なることを考慮して，幼稚園の1日の生活の流れや環境を工夫することが大切である。

(3) 安全上の配慮

> (3) 幼稚園生活が幼児にとって安全なものとなるよう，教職員による協力体制の下，幼児の主体的な活動を大切にしつつ，園庭や園舎などの環境の配慮や指導の工夫を行うこと。

　幼稚園においては，幼児が健康で安全な生活を送ることができるよう，担任の教師ばかりでなく，幼稚園の教職員全てが協力しなければならないことはいうまでもない。幼児の事故は，原因は様々だが，そのときの心理的な状態と関係が深いといわれており，日々の生活の中で，教師は幼児との信頼関係を築き，個々の幼児が安定した情緒の下で行動できるようにすることが大切である。（第2章　第2節　1　心身の健康に関する領域「健康」［内容］(10)　156頁，［内容の取扱い］(6)　165頁を参照）

　また，幼児期は，発達の特性として，友達の行動の危険性は指摘できても，自分の行動の危険性を予測できないということもあるので，友達や周囲の人々の安全にも関心を向けながら，次第に幼児が自ら安全な行動をとることができるように，発達の実情に応じて指導を行う必要がある。

　幼児に安全な生活をさせようとするあまり，過保護になったり，禁止や叱責が多くなったりする傾向も見られるが，その結果，かえって幼児に危険を避ける能力が育たず，けがが多くなるということもいわれている。

　幼児が自分で状況に応じて機敏に体を動かし，危険を回避するようになるためには，日常の生活の中で十分に体を動かして遊ぶことを通して，その中で危険な場所，事物，状況などが分かったり，そのときにどうしたらよいかを体験を通して学びとっていくことが大切である。このように，遊びの中で十分に体を動かすことを通して安全についての理解を深めるためには，幼稚園の園庭や園舎全体が幼児の遊びの動線や遊び方に配慮したものとなっていることや指導の工夫を行うことが大切である。特に，3歳児は危険に気付かずに行動したり，予想もしない場で思わぬ動き方や遊び方をしたりすることから，3歳児の動き方や遊び方に沿った園庭や園舎全体の環境を工夫する必要がある。

なお，遊具等の安全点検は，教職員が協力しながら定期的に行う体制を整え，不備を発見した場合は直ちに適切な対処をすることが重要である。

　また，災害時の行動の仕方や不審者との遭遇など様々な犯罪から身を守る対処の仕方を身に付けさせるためには，幼児の発達の実情に応じて，基本的な対処の方法を確実に伝えるとともに，家庭，地域社会，関係機関などとも連携して幼児の安全を図る必要がある。

　特に，火事や地震等の自然災害を想定した避難訓練は，年間計画の中に地域や園の実態に沿った災害を想定した訓練を位置付けることが必要である。

　安全に関する指導及び安全管理の両面を効果的に実施するためには，日頃から安全に関する実施体制の整備が大切であり，学校保健安全法に基づく学校安全計画及び危険等発生時対処要領（危機管理マニュアル）などを作成し，園内の全教職員で共通理解をしておくとともに，全教職員で常に見直し，改善しておくことを怠ってはならない。

▶5　小学校教育との接続に当たっての留意事項
（1）　小学校以降の生活や学習の基盤の育成

> （1）幼稚園においては，幼稚園教育が，小学校以降の生活や学習の基盤の育成につながることに配慮し，幼児期にふさわしい生活を通して，創造的な思考や主体的な生活態度などの基礎を培うようにするものとする。

　幼稚園は，学校教育の一環として，幼児期にふさわしい教育を行うものである。その教育が小学校以降の生活や学習の基盤ともなる。小学校においても，生活科や総合的な学習の時間が設けられており，学校教育全体として総合的な指導の重要性が認識されているといえる。

　幼児は，幼稚園から小学校に移行していく中で，突然違った存在になるわけではない。発達や学びは連続しており，幼稚園から小学校への移行を円滑にする必要がある。しかし，それは，小学校教育の先取りをすることではなく，就学前までの幼児期にふさわしい教育を行うことが最も肝心なことである。つまり，幼児が遊び，生活が充実し，発展することを援助していくことである。

　学校教育全体では，いかにして子供の生きる力を育むかを考えて，各学校の教育課程は編成されなければならない。幼稚園教育は，幼児期の発達に応じて幼児の生きる力の基礎を育成するものである。特に，幼児なりに好奇心や探究心をもち，問題を見いだしたり，解決したりする力を育てること，豊かな感性を発揮したりする機会を提供し，それを伸ばしていくことが大切になる。幼児を取り巻く環境は様々なものがあり，そこでいろいろな出会いが可能となる。その出会いを通して，更に幼児の興味や関心が広がり，疑問をもってそれを解決しようと試みる。幼児は，その幼児なりのやり方やペースで繰り返しいろいろなことを体験してみること，その過程自体を楽しみ，その過程を通して友達や教師と関わっていくことの中に幼児の学びがある。このようなことが幼稚園教育の基本として大切であり，小学校以降の教育の基盤となる。幼稚園は，このような基盤を充実させることによって，小学校以降の教育との接続を確かなものとすることができる。

　幼稚園教育において，幼児が小学校に就学するまでに，創造的な思考

や主体的な生活態度などの基礎を培うことが重要である。創造的な思考の基礎として重要なことは，幼児が出会ういろいろな事柄に対して，自分のしたいことが広がっていきながら，たとえうまくできなくても，そのまま諦めてしまうのではなく，更に考え工夫していくことである。うまくできない経験から，「もっとこうしてみよう」といった新たな思いが生まれ，更に工夫し自分の発想を実現できるようにしていく。主体的な態度の基本は，物事に積極的に取り組むことであり，そのことから自分なりに生活をつくっていくことができることである。さらに，自分を向上させていこうとする意欲が生まれることである。それらの基礎が育ってきているか，さらに，それが小学校の生活や学習の基盤へと結び付く方向に向かおうとしているかを捉える必要がある。また，小学校への入学が近づく幼稚園修了の時期には，皆と一緒に教師の話を聞いたり，行動したり，きまりを守ったりすることができるように指導を重ねていくことも大切である。さらに，共に協力して目標を目指すということにおいては，幼児期の教育から見られるものであり，小学校教育へとつながっていくものであることから，幼稚園生活の中で協同して遊ぶ経験を重ねることも大切である。

　一方，小学校においても，幼稚園から小学校への移行を円滑にすることが求められる。低学年は，幼児期の教育を通じて身に付けたことを生かしながら教科等の学びにつながる時期であり，特に，入学当初においては，スタートカリキュラムを編成し，その中で，生活科を中心に合科的・関連的な指導や弾力的な時間割の設定なども行われている。

　このように，幼稚園と小学校がそれぞれ指導方法を工夫し，幼稚園教育と小学校教育との円滑な接続が図られることが大切である。

(2) 小学校教育との接続

> (2) 幼稚園教育において育まれた資質・能力を踏まえ，小学校教育が円滑に行われるよう，小学校の教師との意見交換や合同の研究の機会などを設け，「幼児期の終わりまでに育ってほしい姿」を共有するなど連携を図り，幼稚園教育と小学校教育との円滑な接続を図るよう努めるものとする。

　幼稚園では計画的に環境を構成し，遊びを中心とした生活を通して体験を重ね，一人一人に応じた総合的な指導を行っている。一方，小学校では，時間割に基づき，各教科の内容を教科書などの教材を用いて学習している。このように，幼稚園と小学校では，子供の生活や教育方法が異なる。このような生活の変化に子供が対応できるようになっていくことも学びの一つとして捉え，教師は適切な指導を行うことが必要である。

　小学校においては，幼児期の終わりまでに育ってほしい姿を踏まえた指導を工夫することにより，幼児期の教育を通して育まれた資質・能力を踏まえて教育活動を実施し，児童が主体的に自己を発揮しながら学びに向かうことが可能となるようにすることとされている。

　子供の発達と学びの連続性を確保するためには，「幼児期の終わりまでに育ってほしい姿」を手掛かりに，幼稚園と小学校の教師が共に幼児の成長を共有することを通して，幼児期から児童期への発達の流れを理解することが大切である。すなわち，子供の発達を長期的な視点で捉え，互いの教育内容や指導方法の違いや共通点について理解を深めることが大切である。

　また，幼稚園教育と小学校教育の円滑な接続を図るため，小学校の教師との意見交換や合同の研究会や研修会，保育参観や授業参観などを通じて連携を図るようにすることが大切である。その際，「幼児期の終わりまでに育ってほしい姿」を共有して意見交換を行ったり，事例を持ち寄って話し合ったりすることなどが考えられる。

　例えば，固くてピカピカの泥団子を作りたいという思いをもった幼児は，これまでの経験から，砂場の砂よりも花壇の土を使う方がよいことや，粒の細かい砂をかけて磨いて仕上げることなどを発見しながら，思考力が芽生えていく。園内の様々な場所で砂の性質等に気付き工夫しな

がら，多様な関わりを楽しむ幼児の姿が見られるようになる。

　このように具体的に見られる「幼児期の終わりまでに育ってほしい姿」を生かして，幼稚園の教師から小学校の教師に幼児の成長や教師の働き掛けの意図を伝えることが，円滑な接続を図る上で大切である。

　さらに，円滑な接続のためには，幼児と児童の交流の機会を設け，連携を図ることが大切である。特に5歳児が小学校就学に向けて自信や期待を高めて，極端な不安を感じないよう，就学前の幼児が小学校の活動に参加するなどの交流活動も意義のある活動である。（**第1章　第6節　3　学校間の交流や障害のある幼児との活動を共にする機会　136頁**を参照）

　なお，近年，幼稚園と小学校の連携のみならず，認定こども園や保育所も加えた連携が求められている。幼稚園・認定こども園・保育所・小学校の合同研修，幼稚園教師・保育士・保育教諭・小学校教師の交流，幼稚園・認定こども園・保育所の園児と小学校の児童の交流などを進め，幼児期の教育の成果が小学校につながるようにすることも大切である。

▶6　全体的な計画の作成

> 　各幼稚園においては，教育課程を中心に，第3章に示す教育課程に係る教育時間の終了後等に行う教育活動の計画，学校保健計画，学校安全計画などとを関連させ，一体的に教育活動が展開されるよう全体的な計画を作成するものとする。

　幼稚園は，学校教育としての本来的な使命を果たしていく中で，同時に多様な機能を果たすことが期待されている。このため，幼稚園の教育活動の質向上のためには，教育課程を中心にして，教育課程に基づく指導計画，第3章に示す教育課程に係る教育時間の終了後等に行う教育活動の計画，保健管理に必要な学校保健計画，安全管理に必要な学校安全計画等の計画を作成するとともに，それらの計画が関連をもちながら，一体的に教育活動が展開できるようにするため，全体的な計画を作成することが必要である。教育課程を中心にして全体的な計画を作成することを通して，各計画の位置付けや範囲，各計画間の有機的なつながりを明確化することができ，一体的な幼稚園運営につながる。

　例えば，教育課程に係る教育時間の終了後等に行う教育活動の計画の作成に当たっては，教育課程に基づく活動の内容や，教育課程に係る教育時間と教育課程に係る教育時間の終了後等のそれぞれの人間関係などを考慮し，幼児期にふさわしい無理のないものとなるようにする必要がある。このため，その計画の作成では，教育課程で示す目指す幼児像や目標を共有しながらも，具体的な展開では，教育課程に係る教育時間の終了後等に行う教育活動の趣旨に沿った配慮をする必要がある。幼稚園運営においては，教育課程に基づく活動を中心にしながら，それらとの関連を図りつつ，教育課程に係る教育時間の終了後等に行う教育活動を実施している場合の開園時間から閉園時間までを視野に入れた1日の幼稚園生活を見通すことが必要となる。

　したがって，学校安全計画を立てる際にも，こうした1日の幼稚園生活を視野に入れた計画が必要となる。例えば，幼稚園における安全教育として実施される避難訓練は，教育課程に係る教育時間にも，教育課程に係る教育時間の終了後にも実施する必要がある。一人の幼児が，その両方に戸惑いなく参加することができることが大切なので，当然のこと

ながら，その指示や方法，配慮事項等の進め方は，共通にしておくことが必要となる。

　教育課程を中心に，全体的な計画を作成することで，幼稚園運営の中での各計画の位置付けや範囲，配慮事項等が明確化され，より一体的な実施が期待できる。

　全体的な計画の作成に当たっては，園長のリーダーシップの下で，園全体の教職員が，各幼稚園の教育課程の基本的な理念や目指す幼児像，幼稚園修了までに育てたいこと等について十分に話し合い，共有していく必要がある。実際には，教育課程を中心に据えながら，各計画と教育課程との関連を確認しながら作成することになる。

　その際，全体的な計画から具体化するというよりは，必要な計画をそれぞれの目的に応じて作成し，全体的な計画の中に置き，その上で，教育課程との関連，他の計画との関連などの観点から調整していくことになるだろう。最終的には，教育活動の全体図を描きながら，それぞれの計画を完成させていくことになるだろう。

　「教育課程を中心に」ということは，各計画を作成する際には，教育課程に示す教育理念や目指す幼児像，幼児の発達の過程，指導内容を念頭に置きながら，全体としてまとまりのあるものを作成していくことである。そのことが，一貫性のある安定した幼稚園生活をつくり出すことにつながる。

　また，教育活動の質向上のためには，教育課程の実施状況の評価・改善を通して，全体的な計画そのものも見直していく必要がある。

　（第3章　1　教育課程に係る教育時間の終了後等に行う教育活動262頁を参照）

第4節　指導計画の作成と幼児理解に基づいた評価

▶1　指導計画の考え方

　幼稚園教育は，幼児が自ら意欲をもって環境と関わることによりつくり出される具体的な活動を通して，その目標の達成を図るものである。
　幼稚園においてはこのことを踏まえ，幼児期にふさわしい生活が展開され，適切な指導が行われるよう，それぞれの幼稚園の教育課程に基づき，調和のとれた組織的，発展的な指導計画を作成し，幼児の活動に沿った柔軟な指導を行わなければならない。

(1)　幼児の主体性と指導の計画性

　幼稚園教育においては，幼児期の発達の特性から，幼児が自ら周囲の環境と関わり，活動を展開する充実感を十分に味わいながら，発達に必要な体験を重ねていくようにすることが大切である。また，一人一人の幼児が教師や他の幼児との集団生活の中で，周囲の様々な環境に関わり，主体性を発揮して営む生活は，生きる力の基礎を培う上で極めて重要な意義をもっている。
　しかし，周囲の環境が発達に応じたものでなかったり，活動に対して適切な指導が行われなかったりすれば，幼児の興味や関心が引き起こされず，活動を通しての経験も発達を促すものとはならない。すなわち，幼児が主体的に環境と関わることを通して自らの発達に必要な経験を積み重ねるためには，幼稚園生活が計画性をもったものでなければならない。
　言い換えれば，幼稚園生活を通して，個々の幼児が学校教育法における幼稚園教育の目標を達成していくためには，まず，教師が，あらかじめ幼児の発達に必要な経験を見通し，各時期の発達の特性を踏まえつつ，教育課程に沿った指導計画を立てて継続的な指導を行うことが必要である。さらに，具体的な指導においては，あらかじめ立てた計画を念頭に置きながらそれぞれの実情に応じた柔軟な指導をすることが求められる。

このようなことを踏まえ，計画的に指導を行うためには，次の二点が重要である。一つは，発達の見通しや活動の予想に基づいて環境を構成することであり，もう一つは，幼児一人一人の発達を見通して援助することである。この二点を重視することによって，計画性のある指導が行われ，一人一人の発達が促されていく。

　このような指導を展開するに当たっては，園庭の自然環境，テーブルや整理棚など生活に必要なものや遊具，幼稚園全体の教職員の協力関係など，幼稚園全体の物的・人的環境が幼児期の発達を踏まえて教育環境として十分に配慮されていることが大切である。

(2) 教育課程と指導計画

　幼稚園において実際に指導を行うためには，それぞれの幼稚園の教育課程に基づいて幼児の発達の実情に照らし合わせながら，一人一人の幼児が生活を通して必要な経験が得られるような具体的な指導計画を作成する必要がある。

　教育課程は，幼稚園における教育期間の全体を見通したものであり，幼稚園の教育目標に向かい入園から修了までの期間において，どのような筋道をたどっていくかを明らかにした計画である。その実施に当たっては幼児の生活する姿を考慮して，それぞれの発達の時期にふさわしい生活が展開されるように，具体的な指導計画を作成して適切な指導が行われるようにする必要がある。

　また，教育課程は幼稚園における教育期間の全体を見通し，どの時期にどのようなねらいをもってどのような指導を行ったらよいかが全体として明らかになるように，具体的なねらいと内容を組織したものとすることが大切である。

　指導計画では，この教育課程に基づいて更に具体的なねらいや内容，環境の構成，教師の援助などといった指導の内容や方法を明らかにする必要がある。指導計画は，教育課程を具体化したものであり，具体化する際には，一般に長期的な見通しをもった年，学期，月あるいは発達の時期などの長期の指導計画（年間指導計画等）とそれと関連してより具体的な幼児の生活に即して作成する週の指導計画（週案）や日の指導計画（日案）等の短期の指導計画の両方を考えることになる。

　その際,「幼児期の終わりまでに育ってほしい姿」を念頭に置きながら，発達の各時期にふさわしい生活が展開されるように，指導計画を作成することが大切である。また，指導計画は一つの仮説であって，実際に展開される生活に応じて常に改善されるものであるから，そのような実践の積み重ねの中で，教育課程も改善されていく必要がある。

(3) 指導計画と具体的な指導

　指導計画は，一人一人の幼児が幼児期にふさわしい生活を展開して必要な経験を得ていくように，あらかじめ考えた仮説であることに留意して指導を行うことが大切である。幼稚園教育の基本は環境を通して行うものであり，環境に幼児が関わって生まれる活動は一様ではない。ときには，教師の予想とは異なった展開も見られる。実際に指導を行う場合には，幼児の発想や活動の展開の仕方を大切にしながら，あらかじめ設定したねらいや内容を修正したり，それに向けて環境を再構成したり，必要な援助をしたりするなど，教師が適切に指導していく必要がある。

　このように，具体的な指導は指導計画によって方向性を明確にもちながらも，幼児の生活に応じて柔軟に行うものであり，指導計画は幼児の生活に応じて常に変えていくものである。

　また，指導計画を作成する際には，一般に一人一人の発達の実情を踏まえながらも，その共通する部分や全体的な様相を手掛かりにして作成されることが多い。しかし，具体的な指導においては，一人一人の幼児が発達に必要な経験を得られるようにするために，個々の幼児の発達や内面の動きなどを的確に把握して，それぞれの幼児の興味や欲求を十分満足させるようにしなければならない。

2 指導計画の作成上の基本的事項
(1) 発達の理解

> (1) 指導計画は，幼児の発達に即して一人一人の幼児が幼児期にふさわしい生活を展開し，必要な体験を得られるようにするために，具体的に作成するものとする。

　指導計画の作成では，一人一人の発達の実情を捉え，それに沿って幼稚園生活を見通すことが基本となる。一人一人の幼児の発達の実情を捉えるためには，幼児の発達をどのように理解するかが問題となる。

　発達を理解するということは，年齢ごとの平均的な発達像と比較してその差異を理解することのように受け止められることがあるが，必ずしもそれだけではない。発達に関する平均や類型は，一人一人の発達を理解する際の参考に過ぎない。真の意味で発達を理解することは，それぞれの幼児がどのようなことに興味や関心をもってきたか，興味や関心をもったものに向かって自分のもてる力をどのように発揮してきたか，友達との関係はどのように変化してきたかなど，一人一人の発達の実情を理解することである。

　また，指導計画の作成においては，学級や学年の幼児たちがどのような時期にどのような道筋で発達しているかという発達の過程を理解することも必要になる。その際，幼児期はこれまでの生活経験により，発達の過程の違いが大きい時期であることに留意しなければならない。特に，３歳児では個人差が大きいので，一人一人の発達の特性としてこのような違いを踏まえて，指導計画に位置付けていくことが必要である。

　幼児が環境との関わりを通して望ましい発達を遂げるためには，その環境の下で展開される生活が幼児期の特性に照らし，ふさわしいものでなければならない。なぜならば，幼児の発達は，日々の生活での具体的な事物や人々との関わりを通して促されるものだからである。そのためには，遊びや生活を通して一人一人の幼児の発達する姿を理解することが重要であり，それに基づいて幼稚園生活を見通した具体的な計画を作成することが必要である。

(2) 具体的なねらいや内容の設定

> (2) 指導計画の作成に当たっては，次に示すところにより，具体的なねらい及び内容を明確に設定し，適切な環境を構成することなどにより活動が選択・展開されるようにするものとする。
> ア　具体的なねらい及び内容は，幼稚園生活における幼児の発達の過程を見通し，幼児の生活の連続性，季節の変化などを考慮して，幼児の興味や関心，発達の実情などに応じて設定すること。

各幼稚園においては，教育課程を実施するために，幼児の生活に即して具体的に指導計画を作成することが必要である。教育課程で設定しているそれぞれの発達の時期のねらいや内容は，幼稚園生活の全体を見通して考えたものである。このようなねらいや内容が，幼稚園生活を通してどう実際に具現化していくかについては，指導計画を作成することによって具体的に考えていかなければならない。

具体的なねらいや内容を設定する際には，その幼稚園の幼児たちの発達の過程を参考にして，その時期の幼児の発達する姿に見通しをもつことやその前の時期の指導計画のねらいや内容がどのように達成されつつあるかその実態を捉えること，さらに，その次の時期の幼稚園生活の流れや遊びの展開を見通すことなどが大切である。

このような生活の実態を理解する視点としては，幼児の興味や関心，遊びや生活への取り組み方の変化，教師や友達との人間関係の変化，さらには，自然や季節の変化など，様々なものが考えられる。

また，このような生活の実態を理解するだけでなく，生活が無理なく継続して展開されていくように，その連続性を重視することが大切である。この連続性については，日々の保育の連続性とともに，幼稚園生活で経験したことが家庭や地域の生活でも実現したり，逆に，家庭や地域の生活で経験したことが幼稚園生活でも実現したりできるなど，幼児の生活全体として連続性をもって展開されるようにすることが大切である。

具体的なねらいや内容の設定に当たっては，教師は幼児と共に生活しながら，その時期に幼児のどのような育ちを期待しているか，そのためにどのような経験をする必要があるかなどを幼児の生活する姿に即して具体的に理解することが大切である。

(3) 環境の構成

> イ　環境は，具体的なねらいを達成するために適切なものとなるように構成し，幼児が自らその環境に関わることにより様々な活動を展開しつつ必要な体験を得られるようにすること。その際，幼児の生活する姿や発想を大切にし，常にその環境が適切なものとなるようにすること。

　指導計画を作成し，具体的なねらいや内容として取り上げられた事柄を幼児が実際の保育の中で経験することができるように，適切な環境をつくり出していくことが重要である。

　環境を構成する意味や視点については，第2章において詳しく述べている。指導計画の作成において環境の構成を考える際には，場や空間，物や人，身の回りに起こる事象，時間などを関連付けて，幼児が具体的なねらいを身に付けるために必要な経験を得られるような状況をどのようにつくり出していくかを考えることが中心となる。その際，幼児の生活する姿に即してその生活が充実したものとなるように考えることが大切である。

　具体的には，指導計画においては，幼児が主体的に活動できる場や空間，適切な物や友達との出会い，さらに，幼児が十分に活動できる時間やその流れなどを考えることが必要となるが，その際，いつも教師が環境をつくり出すのではなく，幼児もその中にあって必要な状況を生み出すことを踏まえることが大切である。すなわち，幼児の気付きや発想を大切にして教材の工夫を図ったり，また，幼児のつくり出した場や物の見立て，工夫などを取り上げたりして環境を再構成し，それらをどのように生活の中に組み込んでいくかを考えることが重要となる。

　また，環境の構成では，教師の果たす役割が大きな意味をもつものであることを考慮して，計画の中に位置付けていくことが大切である。同じ環境であっても，環境に関わって生み出す活動は一人一人異なるので，幼児の環境との出会いや活動の展開を予想しながら必要な援助を考えていくことが大切である。

(4) 活動の展開と教師の援助

> ウ 幼児の行う具体的な活動は，生活の流れの中で様々に変化するものであることに留意し，幼児が望ましい方向に向かって自ら活動を展開していくことができるよう必要な援助をすること。

 幼児は，具体的なねらいや内容に基づいて構成された環境に関わって，興味や関心を抱きながら様々な活動を生み出していく。しかし，このようにして生み出した活動が全て充実して展開されるとは限らない。ときにはやりたいことが十分できなかったり，途中で挫折してしまったり，友達との葛藤などにより中断してしまったりすることもある。このような場合に，その状況を放置することで，幼児が自信を失ったり，自己実現を諦めたりすることがないように，その活動のどのような点で行き詰まっているのかを理解し，教師が必要な援助をすることが重要である。

 幼児の発想や環境の変化，あるいは他の幼児が関わることによって，予想をこえた展開になる場合もある。このような場合には，その活動の展開の面白さを大切にしつつ，そこで幼児がどのような体験を積み重ねているのかを読み取りながら必要な援助をしなければならない。

 幼児の活動を理解するということは，活動が適当か，教師の期待した方向に向かっているかを捉えるということだけではない。むしろその活動を通して，そこに関わる幼児一人一人がどのような体験を積み重ねているのか，その体験がそれぞれの幼児にとって充実していて発達を促すことにつながっているのかを把握することが重要である。教師はそれに基づいて必要な援助を重ねることが求められる。その際，幼児の活動の展開に応じて柔軟に考えていくことが大切であり，教師には状況に応じた多様な関わりが求められるのである。

(5) 評価を生かした指導計画の改善

> その際，幼児の実態及び幼児を取り巻く状況の変化などに即して指導の過程についての評価を適切に行い，常に指導計画の改善を図るものとする。

　幼稚園における指導は，幼児理解に基づく指導計画の作成，環境の構成と活動の展開，幼児の活動に沿った必要な援助，評価に基づいた新たな指導計画の作成といった循環の中で行われるものである。

　指導計画は，このような循環の中に位置し，常に指導の過程について実践を通して評価を行い，改善が図られなければならない。指導計画を改善する際は，教育課程との関係に留意し，必要に応じて教育課程の改善にもつなげていくことが大切である。

　保育における評価は，このような指導の過程の全体に対して行われるものである。この場合の評価は幼児の発達の理解と教師の指導の改善という両面から行うことが大切である。幼児理解に関しては，幼児の生活の実態や発達の理解が適切であったかどうかなどを重視することが大切である。指導に関しては，指導計画で設定した具体的なねらいや内容が適切であったかどうか，環境の構成が適切であったかどうか，幼児の活動に沿って必要な援助が行われたかどうかなどを重視しなければならない。さらに，これらの評価を生かして指導計画を改善していくことは，充実した生活をつくり出す上で重要である。

　このような評価を自分一人だけで行うことが難しい場合も少なくない。そのような場合には，他の教師などに保育や記録を見てもらい，それに基づいて話し合うことによって，自分一人では気付かなかった幼児の姿や自分の保育の課題などを振り返り，多角的に評価していくことも必要である。

　このようにして，教師一人一人の幼児に対する理解や指導についての考え方を深めることが大切であり，そのためには，互いの指導事例を持ち寄り，話し合うなどの園内研修の充実を図ることが必要である。

▶3　指導計画の作成上の留意事項
(1)　長期の指導計画と短期の指導計画

> (1) 長期的に発達を見通した年，学期，月などにわたる長期の指導計画やこれとの関連を保ちながらより具体的な幼児の生活に即した週，日などの短期の指導計画を作成し，適切な指導が行われるようにすること。特に，週，日などの短期の指導計画については，幼児の生活のリズムに配慮し，幼児の意識や興味の連続性のある活動が相互に関連して幼稚園生活の自然な流れの中に組み込まれるようにすること。

　指導計画には，年，学期，月あるいは発達の時期を単位とした長期の指導計画（年間指導計画等）と，週あるいは1日を単位とした短期の指導計画（週案，日案等）とがある。

　長期の指導計画は，各幼稚園の教育課程に沿って幼児の生活を長期的に見通しながら，具体的な指導の内容や方法を大筋で捉えたものである。長期の指導計画は，これまでの実践の評価や，累積された記録などを生かして，それぞれの時期にふさわしい生活が展開されるように作成することが大切である。その際，季節などの周囲の環境の変化や行事なども，幼児の発達や生活を十分に考慮して位置付けることが必要である。

　短期の指導計画は，長期の指導計画を基にして，具体的な幼児の生活する姿から一人一人の幼児の興味や関心，発達などを捉え，ねらいや内容，環境の構成，援助などについて実際の幼児の姿に直結して具体的に作成するものである。実際には，幼児の生活の自然な流れや生活のリズム，環境の構成をはじめとする教師の援助の具体的なイメージ，生活の流れに応じた柔軟な対応などを計画することとなる。

　その際，特に幼児の生活のリズムについては，1日の生活の中にも，ゆったりとした時間を過ごしたり，心身が活動的で充実感が得られる時間を過ごしたりして，めりはりのある生活を営むことができるようにすることが大切である。また，幼児が環境に関わって展開する活動は，一つ一つが単独で存在するのではなく，互いに関連し合って生活の充実感を得られるものである。幼児の興味や欲求に応じて，活動と休息，日常性と変化，個人とグループや学級全体などについて生活の自然な流れの

中で考えていく必要がある。
　このようなことから，長期の指導計画は，幼稚園生活の全体を視野に入れて，学年や学級の間の連携を十分図りながら作成する必要があり，全教職員の協力の下に作成するのが一般的である。これに対して，短期の指導計画は，各学級の生活に応じた計画であることから，学級担任が自分の学級について原則として作成するものである。しかし，幼児の生活する姿を的確に捉えるためには，多くの他の教師の見方を参考にすることが必要であり，教師同士で情報や意見を交換することが大切である。また，指導計画の作成の手順や形式には一定のものはないので，指導計画が幼児の生活に即した保育を展開するためのよりどころとなるように，各幼稚園において作成の手順や形式を工夫することが大切である。

（2）体験の多様性と関連性

> （2）幼児が様々な人やものとの関わりを通して，多様な体験をし，心身の調和のとれた発達を促すようにしていくこと。その際，幼児の発達に即して主体的・対話的で深い学びが実現するようにするとともに，心を動かされる体験が次の活動を生み出すことを考慮し，一つ一つの体験が相互に結び付き，幼稚園生活が充実するようにすること。

　幼児が心身ともに調和のとれた発達をするためには，幼稚園生活を通して，発達の様々な側面に関わる多様な体験を重ねることが必要である。体験は人が周囲の環境と関わることを通してなされるものであることから，幼児が関わる環境が豊かである必要がある。すなわち，様々な人との関わり，自然との関わり，ものとの関わり，生き物との関わりなど，様々な環境と関わることができるように，環境を構成する必要がある。

　遊びや生活の中でこのような様々な環境と関わり，豊かな体験を通して「知識及び技能の基礎」「思考力，判断力，表現力等の基礎」「学びに向かう力，人間性等」の資質・能力が育まれていくのである。そのためには，単に教師が望ましいと思う活動を一方的にさせたり，幼児に様々な活動を提供したりすればよいということではない。幼児が自分で考え，判断し，納得し，行動することを通して生きる力の基礎を身に付けていくためには，むしろ幼児の活動は精選されなければならない。その際特に重要なことは，体験の質である。あることを体験することにより，それが幼児自身の内面の成長につながっていくことこそが大切なのである。

　このような体験を重ねるためには，幼児が周囲の環境にどのように関わるかが重要であり，幼児の主体的・対話的で深い学びが実現するように，教師は絶えず指導の改善を図っていく必要がある。その際，発達の時期や一人一人の発達の実情に応じて，柔軟に対応するとともに，集団の生活の中で，幼児たちの関わりが深まるように配慮することが大切である。

　幼児は周囲の環境に興味や関心をもって関わる中で，様々な出来事と出会い，心を動かされる。心を動かされるというのは，驚いたり，不思

議に思ったり，嬉しくなったり，怒ったり，悲しくなったり，楽しくなったり，面白いと思ったりなど，様々な情動や心情がわいてくることである。このような情動や心情を伴う体験は，幼児が環境に心を引き付けられ，その関わりに没頭することにより得られる。そして，そのような体験は幼児の心に染み込み，幼児を内面から変える。また，幼児を内発的に動機付ける。すなわち，その体験から幼児自身が何かを学び，そして新たな興味や関心がわいてくるのである。

　このように，心を動かされる体験は幼児自身の中に定着する。そして，次の活動への動機付けにもなるし，一定期間経た後に，新たな活動の中に生きてくることもある。すなわち，一つの体験がその後の体験につながりをもつというように，体験と体験が関連してくるのである。それは，体験の深まりであり，広がりである。例えば，5歳児が遊具を使ってアスレチックコースを作って遊ぶ中で，3歳児も挑戦し，5歳児に励まされながら，真剣な表情でコースを渡ることがある。これは3歳児にとっては，難しいことに挑戦した体験になるだろう。この体験から，3歳児は大きな積み木を自分たちでつないでアスレチックコースを作り，遊ぶかもしれない。アスレチックコースで遊ぶことでは同じであるが，今度の活動では，3歳児は自分たちでコースを作るという点で，体験の質は前とは異なったものとなる。しかしながら，二つの体験は関連したものである。また，秋に3歳児が園庭の落ち葉や木の実を拾って遊んだ体験が，翌年の秋には更に発展した遊びとして生まれることもあるだろう。

　このように，一つ一つの体験は独立したものではなく，他の体験と関連性をもつことにより，体験が深まり，その結果，幼稚園生活が充実したものとなるのである。幼児の活動が展開する過程において，幼児の体験が主体的・対話的で深い学びが実現するような関連性をもつものになっていくためには，教師は次のことを念頭に置く必要がある。

　第一は，一人一人の幼児の体験を理解しようと努めることである。そもそも幼児の体験を理解しなければ，体験を次につなげることは不可能である。このとき留意しなければならないことは，体験は幼児一人一人の意識の中でつくられるということである。したがって，一見すると同じような活動であっても，必ずしも全員が同じ体験をしているとは限らないので，教師は一人一人の体験に目を向けることが大切である。

　第二は，幼児の体験を教師が共有するように努め，共感することであ

る。心を動かされる体験が重要であるが，それがより強く次の活動への動機付けとなるためには，それを誰かと共有することが大切である。体験を共有し共感し合うことにより，新たな意欲を抱くものであり，教師が幼児の体験に共感するよう努めることが大切なのである。

　第三は，ある体験からどのような興味や関心が幼児の心に生じてきたかを理解することである。そして，その興味や関心を幼児が追究できるように環境の構成に配慮し，適切な援助をすることが大切である。

　第四は，ある体験から幼児が何を学んだのかを理解することである。幼児の場合，学ぶとは概念的な認識のみを意味するわけではない。言語化されていない諸感覚を通して感じ取ったことも含まれる。教師がそれらの学びを読み取り，幼児がその学びを更に深めたり，発展させたりすることができるように，環境に配慮することも大切である。

　第五は，入園から修了までの幼稚園生活の中で，ある時期の体験が後の時期のどのような体験とつながり得るのかを考えることである。時間的な隔たりをもって幼児の体験の関連性を捉えることは，幼児の学びをより豊かに理解することになる。

　以上のような事柄に留意することで，幼児の体験がつながりをもち，学びがより豊かになるように援助することができるのである。

（3） 言語活動の充実

> （3）言語に関する能力の発達と思考力等の発達が関連していることを踏まえ，幼稚園生活全体を通して，幼児の発達を踏まえた言語環境を整え，言語活動の充実を図ること。

　幼児は，教師や友達と一緒に行動したり，言葉を交わしたりすることを通して，次第に日常生活に必要な言葉が分かるようになっていく。
　また，身近な人との関わりでは，見つめ合ったり，うなずいたり，微笑んだりなど，言葉以外のものも大切である。
　幼稚園での遊びや生活の中で見たり聞いたり感じたりなどしたことを，身近な人との関わりの中で言葉や言葉以外のものによってやり取りをしたり，伝え合う喜びや楽しさを味わったりする経験を積み重ねながら，徐々に言語に関する能力が高まっていく。
　言語に関する能力が育つ過程においては，例えば，シャボン玉がうまくふくらまないときに，幼児が「あれ？きえちゃった」「ふぅってしなきゃ」と息を弱めるなど，感じたり考えたりしたことを表現するときに言葉を使う姿が見られるようになる。
　さらに，自分の分からないことや知りたいことなどを，相手に分かる言葉で表現し，伝えることの必要性を理解し，伝える相手や状況に応じて，言葉の使い方や表現の仕方を変えるようになる。
　幼稚園においては，言語に関する能力の発達が思考力等の発達と相互に関連していることを踏まえ，幼稚園生活全体を通して，遊びや生活の様々な場面で言葉に触れ，言葉を獲得していけるような豊かな言語環境を整えるとともに，獲得した言葉を幼児自らが用いて，友達と一緒に工夫したり意見を出し合ったりして考えを深めていくような言語活動の充実を図ることが大切である。
　日々の幼稚園生活において，教師が幼児一人一人にとって豊かな言語環境となることを教師自身が自覚する必要がある。特に，教師は幼児の身近なモデルとして大きな役割を果たしており，教師の日々の言葉や行動する姿などが幼児の言動に大きく影響することを認識しておくことが大切である。
　幼稚園生活を通して，より豊かな言語環境を創造していくためには，

まず，幼児が自分なりの言葉や言葉以外のもので表現したとき，それらを教師自身が受け止め，言葉にして応答していくことで，幼児が伝え合う喜びや楽しさ，表現する面白さを感じていくことが大切である。その際には，教師は正しく分かりやすい言葉で話したり，美しい言葉を用いて優しく語り掛けたり，丁寧な文字を書いて見せたりして，幼児一人一人に教師の言葉が沁みていくような関わり方を工夫する必要がある。

　また，遊びの中で，歌や手遊び，絵本や紙芝居の読み聞かせ，しりとりや同じ音から始まる言葉を集める言葉集め，カルタ作りなどといった活動を意図的に取り入れ，幼児が言葉に親しむ環境を工夫し，言語活動を充実させていくことが大切である。

　幼児が言葉を獲得していくにつれて芽生える，幼児の話したい，表現したい，伝えたいなどの様々な気持ちを受け止めつつ，生活の中で必要な言葉を使う場面を意図的につくり，言語活動を充実することも重要である。例えば，異年齢の幼児同士が関わるときに同年齢とは違う言い方で分かるように伝えようとしたり，誕生会を進めていく際にふさわしい言葉を考えて使ったりすることなどは，獲得した言葉を様々な状況に合わせて使いこなすよい機会になる。

（4）　見通しや振り返りの工夫

> （4）幼児が次の活動への期待や意欲をもつことができるよう，幼児の実態を踏まえながら，教師や他の幼児と共に遊びや生活の中で見通しをもったり，振り返ったりするよう工夫すること。

　幼児は，幼稚園生活で十分に遊び，その中で楽しかったことや嬉しかったこと，悔しかったことなどを振り返り，教師や他の幼児とその気持ちを共有するなどの体験を重ね，次の活動への期待や意欲をもつようになっていく。また，一緒に活動を楽しみながら，その活動の流れや必要なものなどが分かり，見通しをもつようになることで，もう一度やりたいと思ったり，自分たちで準備をして始めたりするようにもなる。

　こうした，教師や他の幼児と共に活動の見通しをもったり，振り返ったりすることは，遊びが展開する過程や，片付けや帰りの会などの1日の幼稚園生活の中で活動が一段落する場面などの様々な機会にある。

　遊びが展開する過程では，幼児は，興味や関心をもって繰り返し遊ぶ中で，周囲の環境と主体的に関わり，ものや人との関わりを深める中で遊びの目的を見いだし，その目的に向かって，何が必要か，どのようにすればうまくいくかなど，自分なりの見通しをもち，試したり，試したことを振り返ったりするなど，試行錯誤しながら取り組むようになっていく。

　教師は，幼児が実現したいと思っていることを支えて，次第に目的をもった取組につなげていくことが大切である。幼児なりに見通しを立てて，期待や意欲をもちながら主体的に活動することは，いずれ課題をもって物事に取り組む姿へとつながっていく。

　1日の幼稚園生活の区切りとなる場面，例えば，片付けのときに，お店屋さんごっこをしていた幼児が，店の品物をきれいに分類して片付けている。教師が「こんなふうに並べておくと明日も続きができるね」と言葉を掛けることにより，幼児は明日の活動への期待や意欲をもつようになるであろう。その雰囲気は，一緒に遊んでいた幼児たちにも伝わっていく。こうした，活動にひと区切りをつける場面は，幼児自身が次の活動への期待や意欲をもつことにつながる場面でもあるので，教師の関わり方を工夫していく必要がある。

また，多くの幼稚園では，活動の区切りや１日の生活の終わりに皆で集まる場面があるであろう。担任の教師の回りに集まって，皆で歌を歌ったり，絵本や紙芝居を見たりして楽しく過ごす一時は，担任の教師とのつながりを深め，担任の教師を通して学級の他の幼児とのつながりもできていく。同時に，幼児の実態に沿って，幼稚園生活の話題を取り上げることで，教師や他の幼児と共に遊びや生活の中で見通しをもったり振り返ったりする機会となる。

　特に，人間関係が深まり，友達と共通の目的をもって遊ぶようになる時期には，遊びや生活の中で，楽しかったことやうまくできたこと，困ったこと等の情報の交換や話し合いは，次の日の活動への期待や意欲に直接につながる。友達と共通の目的をもって継続した遊びを展開する協同的な活動では，こうした活動を振り返る話し合いやそれぞれの取組の情報を交換する場の確保は不可欠である。

　ただし，学級全体の話し合いについては，型どおりに行われるのではなく幼児の必要感を伴ったものであることが大切である。また，話し合いへの参加には，個人差が大きいことにも留意する必要がある。幼児期の終わりの時期であっても，必ずしも一様にできるわけではない。積極的に話し合いに参加し，自分の思いや考えを話しながら，教師や他の幼児と共に遊びや生活の中で見通しをもったり，振り返ったりする幼児がいる一方で，学級全体で話題にしていることにあまり関心を示さない幼児もいる。教師は，話し合いの中心にいて，幼児一人一人の言葉に耳を傾けながら，幼児が言い尽くせないでいる，あるいは他の幼児に伝えきれていない言葉を補いながら，学級全体で楽しく話し合う雰囲気をつくり，幼児一人一人が次の日の活動への期待や意欲をもてるように援助することが大切である。

　また，教師は，幼児が入園当初は主に教師とのやり取りの中で楽しかったことを心に留めることから，次第に教師や友達と一緒に，様々な活動を楽しんだりそのことを振り返ったりして共有するようになるといった発達の過程を踏まえて，幼稚園生活の中で見通しをもったり振り返ったりする機会を捉え，幼児の実態に即して，体験を積み重ねていけるように工夫していくことが求められる。その際，幼児の気持ちを受け止め，幼児の視点から次の活動につないでいくことが大切である。

(5) 行事の指導

> (5) 行事の指導に当たっては，幼稚園生活の自然の流れの中で生活に変化や潤いを与え，幼児が主体的に楽しく活動できるようにすること。なお，それぞれの行事についてはその教育的価値を十分検討し，適切なものを精選し，幼児の負担にならないようにすること。

　行事は，幼児の自然な生活の流れに変化や潤いを与えるものであり，幼児は，行事に参加し，それを楽しみ，いつもの幼稚園生活とは異なる体験をすることができる。

　また，幼児は，行事に至るまでに様々な体験をするが，その体験が幼児の活動意欲を高めたり，幼児同士の交流を広げたり，深めたりするとともに，幼児が自分や友達が思わぬ力を発揮することに気付いたり，遊びや生活に新たな展開が生まれたりする。

　それゆえ行事を選択するに当たっては，その行事が幼児にとってどのような意味をもつのかを考えながら，それぞれの教育的価値を十分に検討し，長期の指導計画を念頭に置いて，幼児の生活に即して必要な体験が得られるように，また遊びや生活が更に意欲的になるよう，行事が終わった後の幼稚園生活をも考慮することが大切である。

　また，その指導に当たっては，幼児が行事に期待感をもち，主体的に取り組んで，喜びや感動，さらには，達成感を味わうことができるように配慮する必要がある。

　なお，行事そのものを目的化して，幼稚園生活に行事を過度に取り入れたり，結果やできばえに過重な期待をしたりすることは，幼児の負担になるばかりでなく，ときには幼稚園生活の楽しさが失われることにも配慮し，幼児の発達の過程や生活の流れから見て適切なものに精選することが大切である。また，家庭や地域社会で行われる行事があることにも留意し，地域社会や家庭との連携の下で，幼児の生活を変化と潤いのあるものとすることが大切である。（第2章　第2節　3　身近な環境との関わりに関する領域「環境」［内容］(3)　197頁を参照）

(6) 情報機器の活用

> (6) 幼児期は直接的な体験が重要であることを踏まえ，視聴覚教材やコンピュータなど情報機器を活用する際には，幼稚園生活では得難い体験を補完するなど，幼児の体験との関連を考慮すること。

　幼児期の教育においては，生活を通して幼児が周囲に存在するあらゆる環境からの刺激を受け止め，自分から興味をもって環境に関わることによって様々な活動を展開し，充実感や満足感を味わうという直接的な体験が重要である。

　そのため，視聴覚教材や，テレビ，コンピュータなどの情報機器を有効に活用するには，その特性や使用方法等を考慮した上で，幼児の直接的な体験を生かすための工夫をしながら活用していくようにすることが大切である。

　例えば，園庭で見付けた虫をカメラで接写して肉眼では見えない体のつくりや動きを捉えたりすることで，直接的な体験だけでは得られない新たな気付きを得たり，自分たちで工夫してつくった音などを聴いて遊びを振り返ることで，体験で得られたものを整理したり，共有したりすることができるであろう。また，体を使った活動や演奏の前などに，それらを映像で視聴することで，イメージをもちながら見通しをもって取り組んだりすることもできる。

　幼児が一見，興味をもっている様子だからといって安易に情報機器を使用することなく，幼児の直接的な体験との関連を教師は常に念頭に置くことが重要である。その際，教師は幼児の更なる意欲的な活動の展開につながるか，幼児の発達に即しているかどうか，幼児にとって豊かな生活体験として位置付けられるかといった点などを考慮し，情報機器を使用する目的や必要性を自覚しながら，活用していくことが必要である。

(7) 教師の役割

> (7) 幼児の主体的な活動を促すためには，教師が多様な関わりをもつことが重要であることを踏まえ，教師は，理解者，共同作業者など様々な役割を果たし，幼児の発達に必要な豊かな体験が得られるよう，活動の場面に応じて，適切な指導を行うようにすること。

　幼児期の教育は，生涯にわたる人格形成の基礎を培うものであり，教師の担う役割は極めて重要である。教師は，幼児の発達の過程を見通し，具体的なねらい及び内容を設定して，意図をもって環境を構成し，保育を展開しなければならない。その際，幼児の主体性を重視するあまり，「幼児をただ遊ばせている」だけでは，教育は成り立たないということに留意すべきである。教師は，主体的な活動を通して幼児一人一人が着実な発達を遂げていくために，幼児の活動の場面に応じて様々な役割を果たさなければならない。教師の主な役割としては次のようなものが挙げられる。

　まず，幼児が行っている活動の理解者としての役割である。集団における幼児の活動がどのような意味をもっているのかを捉えるには，時間の流れと空間の広がりを理解することが大切である。時間の流れとは，幼児一人一人がこれまでの遊びや生活でどのような経験をしているのか，今取り組んでいる活動はどのように展開してきたのかということである。これらを理解するには，幼稚園生活だけではなく，家庭との連携を図り，入園までの生活経験や毎日の降園後や登園までの家庭での様子などを把握することが大切である。また，空間的な広がりとは，自分の学級の幼児がどこで誰と何をしているのかという集団の動きのことであり，これらを理解するには，個々の幼児の動きを総合的に重ね合わせ，それを念頭に置くことが大切である。

　また，幼児との共同作業者，幼児と共鳴する者としての役割も大切である。幼児は自分の思いを言葉で表現するだけではなく，全身で表現する。幼児に合わせて同じように動いてみたり，同じ目線に立ってものを見つめたり，共に同じものに向かってみたりすることによって，幼児の心の動きや行動が理解できる。このことにより，幼児の活動が活性化し，

教師と一緒にできる楽しさから更に活動への集中を生むことへとつながっていく。
　さらに，憧れを形成するモデルとしての役割や遊びの援助者としての役割も大切である。教師がある活動を楽しみ，集中して取り組む姿は，幼児を引き付けるものとなる。「先生のようにやってみたい」という幼児の思いが，事物との新たな出会いを生み出したり，工夫して遊びに取り組んだりすることを促す。幼児は，教師の日々の言葉や行動する姿をモデルとして多くのことを学んでいく。善悪の判断，いたわりや思いやりなど道徳性を培う上でも，教師は一つのモデルとしての大きな役割を果たしている。このようなことから，教師は自らの言動が幼児の言動に大きく影響することを認識しておくことが大切である。是非善悪を理解させたり，生活上のきまりに気付かせたり，それを守らせたりすることについては，幼児一人一人の発達に応じ，体験などを通して理解させ，進んで守ろうとする気持ちをもたせることが大切である。
　さらに，幼児の遊びが深まっていかなかったり，課題を抱えたりしているときには，教師は適切な援助を行う必要がある。しかし，このような場合でも，いつどのような援助を行うかは状況に応じて判断することが重要である。教師がすぐに援助することによって幼児が自ら工夫してやろうとしたり，友達と助け合ったりする機会がなくなることもある。また，援助の仕方も，教師が全てを手伝ってしまうのか，ヒントを与えるだけでよいのか，また，いつまで援助するのかなどを考えなければならない。一人一人の発達に応じた援助のタイミングや援助の仕方を考えることが，自立心を養い，ひいては幼児の生きる力を育てていくことになる。
　このような役割を果たすためには，教師は幼児が精神的に安定するためのよりどころとなることが重要である。幼稚園は，幼児にとって保護者から離れ，集団生活を営む場である。幼稚園での生活が安定し，落ち着いた心をもつことが，主体的な活動の基盤である。この安定感をもたらす信頼のきずなは，教師が幼児と共に生活する中で，幼児の行動や心の動きを温かく受け止め，理解しようとすることによって生まれる。その時々の幼児の心情，喜びや楽しさ，悲しみ，怒りなどに共感し，こたえることにより，幼児は教師を信頼し，心を開くようになる。
　実際の教師の関わりの場面では，これらの役割が相互に関連するもの

であり、状況に応じた柔軟な対応をすることが大切である。そのためには、教師は多角的な視点から幼児の姿を捉えることが必要である。幼児と生活を共にしながら、幼児との対話を通して一人一人の特性や発達の課題を把握し、目前で起こっている出来事からそのことが幼児にとってどのような意味をもつかを捉える力を養うことが大切である。教師は幼児と関わる中で、幼児の感動や努力、工夫などを温かく受け止め、励ましたり、手助けしたり、相談相手になったりするなどして心を通わせながら、望ましい方向に向かって幼児自らが活動を選択していくことができるよう、きめ細かな対応をしていくことが大切である。

（8）　幼稚園全体の教師による協力体制

> （8）幼児の行う活動は，個人，グループ，学級全体などで多様に展開されるものであることを踏まえ，幼稚園全体の教師による協力体制を作りながら，一人一人の幼児が興味や欲求を十分に満足させるよう適切な援助を行うようにすること。

　幼稚園は，同年代の幼児が共に集団生活を営む場である。特に，社会状況の変化に伴い，家庭や地域で幼児同士が遊ぶ機会が減少している今日，同年齢や異年齢の幼児同士が関わり合いながら生活することの意義は大きく，幼稚園の果たす役割は大きい。

　集団生活の中で幼児の行う活動は，個人での活動，グループでの活動，学級全体での活動など多様な形態で展開されることが必要である。特に，幼稚園教育においては，一人一人に応じることが大切にされているが，このことは必ずしも個人の活動のみを重視しているということではない。それは，グループや学級全体などいずれの活動においても一人一人が生かされることが必要であることを意味している。そのためには，集団が一人一人の幼児にとって，安心して自己を発揮できる場になっていることが大切であり，教師と幼児，さらに，幼児同士の心のつながりのある集団とならなければならない。

　このような指導の充実を図るためには，学級を基本としながらも，その枠をこえた柔軟な指導方法をとることも必要である。そのためには，幼稚園の教職員全員による協力体制を築き，教職員の誰もが，園児全員の顔や性格などが分かるように努めることが大切である。そして，幼児や保護者とのコミュニケーションを図り，一人一人の幼児に常に適切な援助ができるようにすることが重要である。

　このような幼稚園全体の協力体制を高め，きめの細かい指導の工夫を図るために，ティーム保育の導入などが考えられる。教師は常に並行して展開する個人あるいはグループの活動を全体として把握することを求められるが，実際には，ある幼児やグループの活動に関わっていると他の幼児の動きを十分に把握できず，適切な援助が行えないこともある。このようなことから，複数の教師が共同で保育を行い，また，幼児理解や保育の展開について情報や意見を交換することによって，一人一人の

様子を広い視野から捉え,きめ細かい援助を行うことが可能になる。
　ティーム保育は,保育の展開,学級編成,教職員組織などの実態に応じて工夫するとともに,それぞれの教師の持ち味を生かしながら行っていくことが大切である。このようなティーム保育によって指導方法を工夫することは,幼児が人との関わりや体験を一層豊かにしたり,深めたりして,一人一人の特性に応じた指導の充実を図る上で重要である。

▶4 幼児理解に基づいた評価の実施
(1) 評価の実施

　幼児一人一人の発達の理解に基づいた評価の実施に当たっては，次の事項に配慮するものとする。

(1) 指導の過程を振り返りながら幼児の理解を進め，幼児一人一人のよさや可能性などを把握し，指導の改善に生かすようにすること。その際，他の幼児との比較や一定の基準に対する達成度についての評定によって捉えるものではないことに留意すること。

　幼稚園において，幼児期にふさわしい教育を行う際に必要なことは，一人一人の幼児に対する理解を深めることである。教師は幼児と生活を共にしながら，その幼児が今，何に興味をもっているのか，何を実現しようとしているのか，何を感じているのかなどを捉え続けていく必要がある。幼児が発達に必要な体験を得るための環境の構成や教師の関わり方も，幼児を理解することにより，適切なものとなる。

　幼稚園生活において，一人一人の幼児が発達に必要な体験を得られるようになるには，幼児一人一人がどのような体験を積み重ねているのか，その体験がそれぞれの幼児にとって充実しているか，発達を促すことにつながっているかを把握することが重要である。教師はそれに基づいて必要な援助を重ねることが求められる。その際，幼児の活動の展開に応じて柔軟に考えていくことが大切であり，教師には状況に応じた多様な関わりが求められるのである。

　ただし，教師が望ましいと思う活動を，一方的に幼児に行わせるだけでは，一人一人の発達を着実に促すことはできない。幼児の発達は，たとえ同年齢であってもそれぞれの幼児の生活経験や興味・関心などによって一人一人異なっている。一見すると同じような活動をしているようでも，その活動が一人一人の幼児の発達にとってもつ意味は違っている。したがって，日々の保育の中では，それぞれの幼児の生活する姿から，今経験していることは何か，また，今必要な経験は何かを捉え，それに応じた援助をすることが大切である。

　幼稚園では，行動の仕方や考え方などに表れたその子らしさを大切に

して，一人一人の幼児が，そのよさを発揮しつつ，育っていく過程を重視する必要がある。その際，幼児は自分の心の動きを言葉で伝えるとは限らないため，教師は身体全体で表現する幼児の思いや気持ちを丁寧に感じ取ろうとすることが大切である。

　評価の実施に当たっては，指導の過程を振り返りながら，幼児がどのような姿を見せていたか，どのように変容しているか，そのような姿が生み出されてきた状況はどのようなものであったかといった点から幼児の理解を進め，幼児一人一人のよさや可能性，特徴的な姿や伸びつつあるものなどを把握するとともに，教師の指導が適切であったかどうかを把握し，指導の改善に生かすようにすることが大切である。

　また，幼児理解に基づいた評価を行う際には，他の幼児との比較や一定の基準に対する達成度についての評定によって捉えるものではないことに留意する必要がある。

　なお，幼児一人一人のよさや可能性などを把握していく際には，教師自身の教育観や幼児の捉え方，教職経験等が影響することを考慮する必要がある。そのためにも，他の教師との話し合い等を通して，教師は自分自身の幼児に対する見方の特徴や傾向を自覚し，幼児の理解を深めていかなくてはならない。

(2) 評価の妥当性や信頼性の確保

> (2) 評価の妥当性や信頼性が高められるよう創意工夫を行い，組織的かつ計画的な取組を推進するとともに，次年度又は小学校等にその内容が適切に引き継がれるようにすること。

　幼稚園教育における評価の実施に当たっては，妥当性や信頼性が高められるよう創意工夫を行い，組織的かつ計画的な取組を推進することが必要である。

　幼児を理解するとは，一人一人の幼児と直接に触れ合いながら，幼児の言動や表情から，思いや考えなどを理解しかつ受け止め，その幼児のよさや可能性などを理解しようとすることである。

　このような幼児理解に基づき，遊びや生活の中で幼児の姿がどのように変容しているかを捉えながら，そのような姿が生み出されてきた様々な状況について適切かどうかを検討して，指導をよりよいものに改善するための手掛かりを求めることが評価である。

　その評価の妥当性や信頼性が高められるよう，例えば，幼児一人一人のよさや可能性などを把握するために，日々の記録やエピソード，写真など幼児の評価の参考となる情報を生かしながら評価を行ったり，複数の教職員で，それぞれの判断の根拠となっている考え方を突き合わせながら同じ幼児のよさを捉えたりして，より多面的に幼児を捉える工夫をするとともに，評価に関する園内研修を通じて，幼稚園全体で組織的かつ計画的に取り組むことが大切である。

　なお，幼児の発達の状況について，幼稚園の中で次年度に適切に引き継がれるようにするとともに，日頃から保護者に伝えるなど，家庭との連携に留意することが大切である。

　また，学校教育法施行規則第24条第2項において，幼稚園の園長は，幼児の指導要録の抄本又は写しを作成し，これを小学校等の校長に送付しなければならないこととなっている。このような関係法令も踏まえ，幼稚園において記載した指導要録を適切に送付するほか，それ以外のものも含め小学校等との情報の共有化を工夫する必要がある。

第5節　特別な配慮を必要とする幼児への指導

▶1　障害のある幼児などへの指導

> 　障害のある幼児などへの指導に当たっては，集団の中で生活することを通して全体的な発達を促していくことに配慮し，特別支援学校などの助言又は援助を活用しつつ，個々の幼児の障害の状態などに応じた指導内容や指導方法の工夫を組織的かつ計画的に行うものとする。また，家庭，地域及び医療や福祉，保健等の業務を行う関係機関との連携を図り，長期的な視点で幼児への教育的支援を行うために，個別の教育支援計画を作成し活用することに努めるとともに，個々の幼児の実態を的確に把握し，個別の指導計画を作成し活用することに努めるものとする。

(1)　障害のある幼児などへの指導

　学校教育法第81条第１項では，幼稚園，小学校，中学校，高等学校等において，障害のある児童生徒等に対し，障害による学習上又は生活上の困難を克服するための教育を行うことが規定されている。

　また，我が国においては，「障害者の権利に関する条約」に掲げられている教育の理念の実現に向けて，障害のある子供の就学先決定の仕組みの改正なども踏まえ，各幼稚園では，障害のある幼児のみならず，教育上特別の支援を必要とする幼児が在籍している可能性があることを前提に，全ての教職員が特別支援教育の目的や意義について十分に理解することが不可欠である。

　幼稚園は，適切な環境の下で幼児が教師や多くの幼児と集団で生活することを通して，幼児一人一人に応じた指導を行うことにより，将来にわたる生きる力の基礎を培う経験を積み重ねていく場である。友達をはじめ様々な人々との出会いを通して，家庭では味わうことのできない多様な体験をする場でもある。

　これらを踏まえ，幼稚園において障害のある幼児などを指導する場合には，幼稚園教育の機能を十分生かして，幼稚園生活の場の特性と人間関係を大切にし，その幼児の障害の状態や特性及び発達の程度等（以下，

「障害の状態等」という。）に応じて，発達を全体的に促していくことが大切である。

障害のある幼児などには，視覚障害，聴覚障害，知的障害，肢体不自由，病弱・身体虚弱，言語障害，情緒障害，自閉症，ＡＤＨＤ（注意欠陥多動性障害）などのほか，行動面などにおいて困難のある幼児で発達障害の可能性のある者も含まれている。このような障害の種類や程度を的確に把握した上で，障害のある幼児などの「困難さ」に対する「指導上の工夫の意図」を理解し，個に応じた様々な「手立て」を検討し，指導に当たっていく必要がある。その際に，幼稚園教育要領のほか，文部科学省が作成する「教育支援資料」（平成25年10月　文部科学省初等中等教育局特別支援教育課）などを参考にしながら，全ての教師が障害に関する知識や配慮等についての正しい理解と認識を深め，障害のある幼児などに対する組織的な対応ができるようにしていくことが重要である。

例えば，弱視の幼児がぬり絵をするときには輪郭を太くするなどの工夫をしたり，難聴の幼児に絵本を読むときには教師が近くに座るようにして声がよく聞こえるようにしたり，肢体不自由の幼児が興味や関心をもって進んで体を動かそうとする気持ちがもてるように工夫したりするなど，その幼児の障害の種類や程度に応じた配慮をする必要がある。

このように障害の種類や程度を十分に理解して指導方法の工夫を行うことが大切である。

一方，障害の種類や程度によって一律に指導内容や指導方法が決まるわけではない。特別支援教育において大切な視点は，一人一人の障害の状態等により，生活上などの困難が異なることに十分留意し，個々の幼児の障害の状態等に応じた指導内容や指導方法の工夫を検討し，適切な指導を行うことであるといえる。

そこで，園長は，特別支援教育実施の責任者として，園内委員会を設置して，特別支援教育コーディネーターを指名し，園務分掌に明確に位置付けるなど，園全体の特別支援教育の体制を充実させ，効果的な幼稚園運営に努める必要がある。その際，各幼稚園において，幼児の障害の状態等に応じた指導を充実させるためには，特別支援学校等に対し専門的な助言又は援助を要請するなどして，計画的，組織的に取り組むことが重要である。

こうした点を踏まえ，指導計画に基づく内容や方法を見通した上で，

個に応じた指導内容や指導方法を計画的に検討し実施することが大切である。

例えば，幼稚園における個に応じた指導内容や指導方法については次のようなものが考えられる。

・自分の身体各部位を意識して動かすことが難しい場合，様々な遊びに安心して取り組むことができるよう，当該幼児が容易に取り組める遊具を活用した遊びで，より基本的な動きから徐々に複雑な動きを体験できるよう活動内容を用意し，成功体験が積み重ねられるようにするなどの配慮をする。

・幼稚園における生活の見通しがもちにくく，気持ちや行動が安定しにくい場合，自ら見通しをもって安心して行動ができるよう，当該幼児が理解できる情報（具体物，写真，絵，文字など）を用いたり，教師や仲の良い友達をモデルにして行動を促したりするなどの配慮をする。

・集団の中でざわざわした声などを不快に感じ，集団活動に参加することが難しい場合，集団での活動に慣れるよう，最初から全ての時間に参加させるのではなく，短い時間から始め，徐々に時間を延ばして参加させたり，イヤーマフなどで音を遮断して活動に参加させたりするなどの配慮をする。

さらに，障害のある幼児などの指導に当たっては，全教職員において，個々の幼児に対する配慮等の必要性を共通理解するとともに，全教職員の連携に努める必要がある。その際，教師は，障害のある幼児などのありのままの姿を受け止め，幼児が安心して，ゆとりをもって周囲の環境と十分に関わり，発達していくようにすることが大切である。また，障害のある幼児など一人一人の特性等に応じた必要な配慮等を行う際は，教師の理解の在り方や指導の姿勢が，他の幼児に大きく影響することに十分留意し，学級内において温かい人間関係づくりに努めながら，幼児が互いを認め合う肯定的な関係をつくっていくことが大切である。

(2) 個別の教育支援計画，個別の指導計画の作成・活用

個別の教育支援計画及び個別の指導計画は，障害のある幼児など一人一人に対するきめ細やかな指導や支援を組織的・継続的かつ計画的に行うために重要な役割を担っている。

今回の改訂では，障害のある幼児などの指導に当たっては，個別の教育支援計画及び個別の指導計画を作成し，活用に努めることとした。

そこで，個別の教育支援計画及び個別の指導計画について，それぞれの意義，位置付け及び作成や活用上の留意点などについて示す。

① 個別の教育支援計画

平成15年度から実施された障害者基本計画においては，教育，医療，福祉，労働等の関係機関が連携・協力を図り，障害のある子供の生涯にわたる継続的な支援体制を整え，それぞれの年代における子供の望ましい成長を促すため，個別の支援計画を作成することが示された。この個別の支援計画のうち，幼児児童生徒に対して，教育機関が中心となって作成するものを，個別の教育支援計画という。

障害のある幼児などは，学校生活だけでなく家庭生活や地域での生活を含め，長期的な視点で幼児期から学校卒業後までの一貫した支援を行うことが重要である。このため，教育関係者のみならず，家庭や医療，福祉などの関係機関と連携するため，それぞれの側面からの取組を示した個別の教育支援計画を作成し活用していくことが考えられる。具体的には，障害のある幼児などが生活の中で遭遇する制約や困難を改善・克服するために，本人及び保護者の願いや将来の希望などを踏まえ，在籍園のみならず，例えば，家庭，医療機関における療育事業及び福祉機関における児童発達支援事業において，実際にどのような支援が必要で可能であるか，支援の目標を立て，それぞれが提供する支援の内容を具体的に記述し，支援の内容を整理したり，関連付けたりするなど関係機関の役割を明確にすることとなる。

このように，個別の教育支援計画の作成を通して，幼児に対する支援の目標を長期的な視点から設定することは，幼稚園が教育課程の編成の基本的な方針を明らかにする際，全教職員が共通理解をすべき大切な情報となる。また，在籍園において提供される教育的支援の内容については，個々の幼児の障害の状態等に応じた指導内容や指導方法の工夫を検討する際の情報として個別の指導計画に生かしていくことが重要である。

個別の教育支援計画の活用に当たっては，例えば，適切な支援の目的や教育的支援の内容を設定したり，就学先である小学校に在園中の支援の目的や教育的支援の内容を伝えたりするなど，切れ目ない支援に生か

すことが大切である。その際，個別の教育支援計画には，多くの関係者が関与することから，保護者の同意を事前に得るなど個人情報の適切な取扱いと保護に十分留意することが必要である。

② 個別の指導計画

個別の指導計画は，個々の幼児の実態に応じて適切な指導を行うために学校で作成されるものである。個別の指導計画は，教育課程を具体化し，障害のある幼児など一人一人の指導目標，指導内容及び指導方法を明確にして，きめ細やかに指導するために作成するものである。

そのため，障害のある幼児などの指導に当たっては，適切かつ具体的な個別の指導計画の作成に努める必要がある。

各幼稚園においては，個別の教育支援計画と個別の指導計画を作成する目的や活用の仕方に違いがあることに留意し，二つの計画の位置付けや作成の手続きなどを整理し，共通理解を図ることが必要である。また，個別の教育支援計画及び個別の指導計画については，実施状況を適宜評価し改善を図っていくことも不可欠である。

こうした個別の教育支援計画と個別の指導計画の作成・活用システムを幼稚園内で構築していくためには，障害のある幼児などを担任する教師や特別支援教育コーディネーターだけに任せるのではなく，全ての教師の理解と協力が必要である。園の運営上の特別支援教育の位置付けを明確にし，園の組織の中で担任が孤立することのないよう留意する必要がある。このためには，園長のリーダーシップの下，幼稚園の教職員全体の協力体制づくりを進めたり，二つの計画についての正しい理解と認識を深めたりして，全教職員の連携に努めていく必要がある。

また，障害のある幼児の発達の状態は，家庭での生活とも深く関わっている。そのため，保護者との密接な連携の下に指導を行うことが重要である。幼稚園においては，保護者が，来園しやすく相談できるような雰囲気や場所を用意したり，教師は，幼児への指導と併せて，保護者が我が子の障害を理解できるようにしたり，将来の見通しについての不安を取り除くようにしたり，自然な形で幼児との関わりができるようにしたりするなど，保護者の思いを受け止めて精神的な援助や養育に対する支援を適切に行うように努めることが大切である。

▶2　海外から帰国した幼児等の幼稚園生活への適応

> 　海外から帰国した幼児や生活に必要な日本語の習得に困難のある幼児については，安心して自己を発揮できるよう配慮するなど個々の幼児の実態に応じ，指導内容や指導方法の工夫を組織的かつ計画的に行うものとする。

　国際化の進展に伴い，幼稚園においては海外から帰国した幼児や外国人幼児に加え，両親が国際結婚であるなどのいわゆる外国につながる幼児が在園することもある。

　これらの幼児の多くは，異文化における生活経験等を通して，我が国の社会とは異なる言語や生活習慣，行動様式に親しんでいるため，一人一人の実態は，その在留国や母国の言語的・文化的背景，滞在期間，年齢，就園経験の有無，さらには家庭の教育方針などによって様々である。また，これらの幼児の中には生活に必要な日本語の習得に困難のある幼児もいる。

　そのため，一人一人の実態を的確に把握し，指導内容や指導方法の工夫を組織的かつ計画的に行うとともに，全教職員で共通理解を深め，幼児や保護者と関わる体制を整えることが必要である。

　こうした幼児については，まず教師自身が，当該幼児が暮らしていた国の生活などに関心をもち，理解しようとする姿勢を保ち，一人一人の幼児の実情を把握すること，その上で，その幼児が教師によって受け入れられ，見守られているという安心感をもち，次第に自己を発揮できるよう配慮することが重要である。そのため，教師はスキンシップをとりながら幼児の安心感につなげる関わり方をしたり，挨拶や簡単な言葉掛けの中に母語を使ってみたりしながら信頼関係を築き，幼児が思ったことを言ったり気持ちを表出したりできるよう努めることが重要である。

　また，教師や他の幼児との温かい触れ合いの中で，自然に日本語に触れたり，日本の生活習慣に触れたりすることができるように配慮することも大切である。

　さらに，幼児が日本の生活や幼稚園生活に慣れていくよう，家庭との連携を図ることも大切である。保護者は自身が経験した幼稚園のイメージをもっているため，丁寧に園生活や園の方針を説明したりすることな

どが必要である。
　様々な背景をもった幼児が生活を共にすることは，異なる習慣や行動様式をもった他の幼児と関わり，それを認め合う貴重な経験につながる。そのことは，幼児が一人一人の違いに気付き，それを受け入れたり，自他の存在について考えたりするよい機会にもなり得る。こうした積極的な意義を有する一方，幼児期は，外見など自分にとって分かりやすい面にとらわれたり，相手の気持ちに構わずに感じたことを言ったりする傾向も見受けられる。教師は，そうした感情を受け止めつつも，一人一人がかけがえのない存在であるということに気付くよう促していきたい。

第6節　幼稚園運営上の留意事項

▶1　教育課程の改善と学校評価等

> 1　各幼稚園においては，園長の方針の下に，園務分掌に基づき教職員が適切に役割を分担しつつ，相互に連携しながら，教育課程や指導の改善を図るものとする。また，各幼稚園が行う学校評価については，教育課程の編成，実施，改善が教育活動や幼稚園運営の中核となることを踏まえ，カリキュラム・マネジメントと関連付けながら実施するよう留意するものとする。

　教育課程はそれぞれの幼稚園において，全教職員の協力の下に園長の責任において編成するものである。その際，幼稚園や地域の実態を把握して，特色を生かし，創意のある教育課程を編成しなければならない。

　これらの実施に当たっては，園長の方針の下に，園長が定める園務分掌に基づき，全ての教職員が適切に役割を分担し，相互に連携することが必要である。

　カリキュラム・マネジメントとは，第1章第3節の1において示すように，各幼稚園の教育課程に基づき，全教職員の協力体制の下，組織的・計画的に教育活動の質の向上を図ることである。また，各幼稚園が行う学校評価は，学校教育法において「教育活動その他の学校運営の状況について評価を行い，その結果に基づき学校運営の改善を図るため必要な措置を講ずる」と規定されており，教育課程の編成，実施，改善は教育活動や園運営の中核となることを踏まえ，教育課程に基づき教育活動の質の向上を図るカリキュラム・マネジメントは学校評価と関連付けて実施することが重要である。

　学校評価の実施方法は，学校教育法において，自己評価・学校関係者評価の実施・公表，評価結果の設置者への報告について定めるとともに，文部科学省では法令上の規定等を踏まえて「幼稚園における学校評価ガイドライン［平成23年改訂］」（平成23年11月15日文部科学省）を作成している。その中で，各幼稚園において重点的に取り組むことが必要な目標を設定し，その評価項目の達成・取組状況を把握するための指標を

設定することが示されている。具体的にどのような評価項目・指標などを設定するかは各幼稚園が判断すべきことではあるが，その設定に当たっては，教育課程・指導，保健管理，安全管理，特別支援教育，組織運営，研修などの分野から検討することが考えられる。幼稚園は，例示された項目を網羅的に取り入れるのではなく，重点目標を達成するために必要な項目・指標などを精選して設定することが期待され，教育課程もその重要な評価対象になり得るものである。

こうした例示も参照しながら教育課程や指導等の状況を評価し改善につなげることが求められる。

（参考）
○学校教育法
第28条　第37条第6項，第8項及び第12項から第17項まで並びに第42条から第44条までの規定は，幼稚園に準用する。
第42条　小学校は，文部科学大臣の定めるところにより当該小学校の教育活動その他の学校運営の状況について評価を行い，その結果に基づき学校運営の改善を図るため必要な措置を講ずることにより，その教育水準の向上に努めなければならない。
第43条　小学校は，当該小学校に関する保護者及び地域住民その他の関係者の理解を深めるとともに，これらの者との連携及び協力の推進に資するため，当該小学校の教育活動その他の学校運営の状況に関する情報を積極的に提供するものとする。
○学校教育法施行規則
第39条　第48条，第49条，第54条，第59条から第68条までの規定は，幼稚園に準用する。
第66条　小学校は，当該小学校の教育活動その他の学校運営の状況について，自ら評価を行い，その結果を公表するものとする。
2　前項の評価を行うに当たつては，小学校は，その実情に応じ，適切な項目を設定して行うものとする。
第67条　小学校は，前条第1項の規定による評価の結果を踏まえた当該小学校の児童の保護者その他の当該小学校の関係者（当該小学校の職員を除く。）による評価を行い，その結果を公表するよう努めるものとする。
第68条　小学校は，第66条第1項の規定による評価の結果及び前条の規定により評価を行つた場合はその結果を，当該小学校の設置者に報告するものとする。

▶2　家庭や地域社会との連携

> 2　幼児の生活は，家庭を基盤として地域社会を通じて次第に広がりをもつものであることに留意し，家庭との連携を十分に図るなど，幼稚園における生活が家庭や地域社会と連続性を保ちつつ展開されるようにするものとする。その際，地域の自然，高齢者や異年齢の子供などを含む人材，行事や公共施設などの地域の資源を積極的に活用し，幼児が豊かな生活体験を得られるように工夫するものとする。また，家庭との連携に当たっては，保護者との情報交換の機会を設けたり，保護者と幼児との活動の機会を設けたりなどすることを通じて，保護者の幼児期の教育に関する理解が深まるよう配慮するものとする。

　幼児の生活は，家庭，地域社会，そして，幼稚園と連続的に営まれている。幼児の家庭や地域社会での生活経験が幼稚園において教師や他の幼児と生活する中で，更に豊かなものとなり，幼稚園生活で培われたものが，家庭や地域社会での生活に生かされるという循環の中で幼児の望ましい発達が図られていく。

　したがって，指導計画を作成し，指導を行う際には，家庭や地域社会を含め，幼児の生活全体を視野に入れ，幼児の興味や関心の方向や必要な経験などを捉え，適切な環境を構成して，その生活が充実したものとなるようにすることが重要である。このためには，家庭との連携を十分にとって，一人一人の幼児の生活についての理解を深め，幼稚園での生活の様子などを家庭に伝えるなどして，幼稚園と家庭が互いに幼児の望ましい発達を促すための生活を実現していく必要がある。また，幼児が幼稚園において自己を発揮し，生き生きと生活するためには，幼稚園が安心して過ごすことができる場になっていることが大切である。幼児は，保護者の感情や生活態度に影響されることが大きく，保護者が幼稚園や教師に信頼感をもっていれば，幼児も安心して過ごすことができるようになってくる。

　さらに，最近の幼児は，情報化が急激に進んだ社会の中で多くの間接情報に囲まれて生活しており，自然と触れ合ったり，地域で異年齢の子供たちと遊んだり，働く人と触れ合ったり，高齢者をはじめ幅広い世代

と交流したりするなどの直接的・具体的な体験が不足している。このため、地域の資源を活用し、幼児の心を揺り動かすような豊かな体験が得られる機会を積極的に設けていく必要がある。

　特に、自然の中で幼児が豊かな生活体験をすることが大切であり、家庭との連携を図りながら、近隣の自然公園や自然の中にある宿泊施設の活用なども考えていくことが必要である。このような園外の活動は、幼児の発達を十分に考慮した計画の下に実施する必要があり、保護者の参加なども考え、安全に配慮して実施することが必要である。豊かな自然の中で、教師や友達と共に宿泊したり、様々な活動をしたりすることは、自立心を育て、人と関わる力を養い、幼児の記憶の中に楽しい思い出として残るであろう。

　自然との触れ合いについては、保護者自身も自然と関わる体験が少ない人が増え、動植物に触れられなかったり、名前などを知識として伝える関わり方になったりする保護者もいる。このため、幼稚園で幼児が自然と関わる様子を保護者に伝えたり、幼稚園における親子での活動で自然との関わり方を保護者に知らせたりして、幼稚園での生活が家庭でも生かされるようにすることが大切である。

　また、最近は祖父母と同居することが少なく、兄弟姉妹の数も少なくなってきており、高齢者や年齢の異なる子供と関わる経験の少ない幼児もいる。高齢者や異年齢の子供との関わりは、幼児の人との関わりを豊かにすることから、運動会などの園行事や季節の行事に祖父母を招待したり、保育所等との交流で乳幼児に関わったり、地域の小中学生と交流することなどを通して、豊かな生活体験を得られるようにすることが大切である。

　各地域には、それぞれ永年にわたって培われ、伝えられた文化や伝統がある。これらに触れる中で、幼児が、日本やその地域が長い歴史の中で育んできた伝統や文化の豊かさに気付いたりすることもあろう。また、地域の祭りや行事に参加したりして、自分たちの住む地域に一層親しみを感じたりすることもあろう。このように、幼児が行事などを通して地域の文化や伝統に十分触れて、ときには豊かな体験をすることも大切である。

　家庭との連携に当たっては、保護者が幼児期の教育に関する理解が深まるようにすることも必要である。そのためには、日頃から教師は保護

者との関係を深め，幼児の様子や子育てに関する情報交換の機会や保育参加などを通じた保護者と幼児との活動の機会を設けたりなどすることが考えられる。情報交換は保護者会などの場を活用するだけでなく，降園時の機会や連絡帳を活用して日々の幼児の姿で気付いたことを伝えたり，園だよりや学級だよりなどを通して，家庭や地域社会での体験を取り入れた幼児の遊びを紹介したりして，幼児の様子や成長の姿を伝え合うことが大切である。

　また，保育参加などを通じて，保護者が幼稚園生活そのものを体験することは，幼稚園教育を具体的に理解することができるとともに，保護者が幼児と体験や感動を共有することで，幼児の気持ちや言動の意味に気付いたり，幼児の発達の姿を見通したりすることにつながる。子育てへの不安や孤立感を感じている保護者が増える中，教師の幼児への関わり方を間近で見ることで，幼児への関わりを学んだり，保護者同士の体験の共有から同じ子育てをする仲間意識を感じたりもする。さらに，保育参加終了後などに，教師との情報交換の機会を設け，保育参加中の幼児の様子，そのときの幼児の気持ち，幼児の状況を踏まえた教師の関わりなどについて，保護者と話し合うことにより，保護者は，幼稚園教育や幼児への関わり方への理解を一層深めることができる。このような取組を通じて，幼稚園と家庭との連携が深まり，幼児がより豊かな生活が送れるようになることが大切である。

　そのため，幼稚園は，様々な機会を通して家庭との連携を図るとともに，保護者が幼稚園教育や幼児の発達の道筋，幼児との関わり方への理解が深まるように配慮することが大切である。

▶3 学校間の交流や障害のある幼児との活動を共にする機会

> 3 地域や幼稚園の実態等により，幼稚園間に加え，保育所，幼保連携型認定こども園，小学校，中学校，高等学校及び特別支援学校などとの間の連携や交流を図るものとする。特に，幼稚園教育と小学校教育の円滑な接続のため，幼稚園の幼児と小学校の児童との交流の機会を積極的に設けるようにするものとする。また，障害のある幼児児童生徒との交流及び共同学習の機会を設け，共に尊重し合いながら協働して生活していく態度を育むよう努めるものとする。

 幼児は幼稚園生活において，他の幼児と関わりながら生活する中で，友達のよさや自分のよさに気付くことにより，人に対する信頼感や思いやりの気持ちが芽生えていく。

 また，地域にある幼稚園，保育所，認定こども園の乳幼児や，小学校，中学校，高等学校などの児童・生徒と交流することは，幼児の生活の場が広がるとともに，その関わり合いによって豊かな体験が得られる機会となる。

 特に，幼稚園教育と小学校教育の円滑な接続のため，幼稚園の幼児と小学校の児童との交流の機会を設け，連携を図ることが大切である。

 例えば，生活科の授業で小学生が幼稚園を訪問し，入学してからできるようになったことを幼児に話して聞かせたり，幼児が小学校に出掛けて高学年の児童と一緒に給食を食べたりするなどの機会をもつことによって，幼児は児童に憧れの気持ちをもったり，小学校生活に期待を寄せたりすることができる。一方で児童は，年下の幼児と接することで，自分の成長に気付いたり，思いやりの心を育んだりすることができる。

 これらの交流活動を意義あるものとするには，相互のねらいや方法などを踏まえ，継続的・計画的に取り組むことが大切である。実施に当たっては，年間計画を作成したり，事前の打ち合わせをしたり，交流活動後に互いの意見や情報を十分に交換したりするなど，相互の連携を図りながら取り組むことが大切である。また，幼稚園教育と小学校教育の円滑な接続のためには，保育参観や授業参観を通じて，教師同士がお互いの教育内容等について相互に理解できるよう，幼稚園と小学校が組織的

に連携することが大切である。

　障害のある幼児児童生徒との交流及び共同学習の機会を設け，共に尊重し合いながら協働して生活していく態度を育むよう努めることが大切である。幼児が障害のある幼児と活動を共にすることは，幼児が将来，障害者に対する正しい理解と認識を深めるばかりでなく，仲間として気持ちが通じ合うことを実感するなど，視野を広げる上で有意義な機会となることが期待される。

　このような活動が，それぞれの幼児にとって意義のある体験となるためには，例えば，連絡会を設け，幼稚園と幼稚部の教師が互いの情報や意見を十分に交換するなど，相互の連携を図りながら，組織的に計画的・継続的な活動に取り組むことが重要である。

　また，特別支援学校の幼稚部だけでなく，近隣小学校の特別支援学級などの児童との交流も考えられる。日常の保育において様々な機会を通じ，幼稚園の幼児が園内外の障害のある幼児や児童などと触れ合うよう配慮することも大切である。

第7節　教育課程に係る教育時間の終了後等に行う教育活動など

　幼稚園は，第3章に示す教育課程に係る教育時間の終了後等に行う教育活動について，学校教育法に規定する目的及び目標並びにこの章の第1に示す幼稚園教育の基本を踏まえ実施するものとする。また，幼稚園の目的の達成に資するため，幼児の生活全体が豊かなものとなるよう家庭や地域における幼児期の教育の支援に努めるものとする。

▶1　教育課程に係る教育時間の終了後等に行う教育活動

　幼稚園が活動する時間は，必ずしも4時間に限られるものではない。教育課程に係る教育時間外の教育活動は，通常の教育時間の前後や長期休業期間中などに，地域の実態や保護者の要請に応じて，幼稚園が，当該幼稚園の園児のうち希望者を対象に行う教育活動であり，従来から幼稚園が行ってきた活動でもある。また，このような活動は，職業などはもっているが，子供を幼稚園に通わせたいという保護者に対する必要な支援策であるとともに，通える範囲に幼稚園しかないような地域においては欠かせないものである。

　教育課程に係る教育時間の終了後等に行う教育活動を行うに当たっては，教育活動であることから，学校教育法第22条，第23条によって示されている幼稚園教育の目的及び目標と，幼稚園教育要領第1章第1に示す幼稚園教育の基本を踏まえた活動とする必要がある。これは，必ずしも教育課程に係る教育時間に行う活動と同じように展開するものではないが，幼稚園の教育活動として適切な活動となるよう，学校教育法や幼稚園教育の基本を踏まえ，そこで示されている基本的な考え方によって幼稚園で行われる教育活動全体が貫かれ，一貫性をもったものとなるようにすることが大切である。（第3章　1　教育課程に係る教育時間の終了後等に行う教育活動　262頁を参照）

　幼稚園運営に当たっては，教育課程に基づく活動との関連を図りつつ，幼稚園の開園時間から閉園時間までを視野に入れた1日の幼稚園生活を見通す必要がある。

▶2　子育ての支援

　子供は信頼する大人の影響を受ける存在であり，幼児期には，信頼する大人，特に保護者の影響を強く受ける。そのため，保護者が安定した気持ちで幼児を育てていくことは，幼児の健やかな成長にとってとても重要なことである。

　また，幼児が意欲をもって積極的に周囲の環境に関わっていくこと，すなわち，主体的に活動を展開することが幼児期の教育の前提である。そのためには，保護者との温かなつながりに支えられて幼児の心が安定していなければならない。

　しかし近年，都市化，核家族化，少子化，情報化などの社会状況が変化する中で，子供にどのように関わっていけばよいのか悩んだり，孤立感を募らせる保護者の増加などといった様々な状況が指摘されている。保護者の子育てに対する不安やストレスを解消し，その喜びや生きがいを取り戻して，子供のよりよい育ちを実現する方向となるよう子育ての支援を行うことが大切である。

　幼稚園は，幼児の家庭や地域での生活を含めた生活全体を豊かにし，健やかな成長を確保していくため，地域の実態や保護者及び地域の人々の要請などを踏まえ，地域における幼児期の教育のセンターとしてその施設や機能を開放し，子育ての支援に努めていく必要がある。(**第3章　2　子育ての支援　268頁**を参照)

第 2 章

ねらい及び内容

第1節　ねらい及び内容の考え方と領域の編成

　この章に示すねらいは，幼稚園教育において育みたい資質・能力を幼児の生活する姿から捉えたものであり，内容は，ねらいを達成するために指導する事項である。各領域は，これらを幼児の発達の側面から，心身の健康に関する領域「健康」，人との関わりに関する領域「人間関係」，身近な環境との関わりに関する領域「環境」，言葉の獲得に関する領域「言葉」及び感性と表現に関する領域「表現」としてまとめ，示したものである。内容の取扱いは，幼児の発達を踏まえた指導を行うに当たって留意すべき事項である。

　各領域に示すねらいは，幼稚園における生活の全体を通じ，幼児が様々な体験を積み重ねる中で相互に関連をもちながら次第に達成に向かうものであること，内容は，幼児が環境に関わって展開する具体的な活動を通して総合的に指導されるものであることに留意しなければならない。

　また，「幼児期の終わりまでに育ってほしい姿」が，ねらい及び内容に基づく活動全体を通して資質・能力が育まれている幼児の幼稚園修了時の具体的な姿であることを踏まえ，指導を行う際に考慮するものとする。

　なお，特に必要な場合には，各領域に示すねらいの趣旨に基づいて適切な，具体的な内容を工夫し，それを加えても差し支えないが，その場合には，それが第1章の第1に示す幼稚園教育の基本を逸脱しないよう慎重に配慮する必要がある。

　幼稚園教育は，幼稚園教育要領の第1章の第1に示す幼稚園教育の基本に基づいて幼児が幼稚園生活を展開し，その中で心身の発達の基礎となる体験を得ることによって行われるものである。

　幼児期は，生活の中で自発的・主体的に環境と関わりながら直接的・具体的な体験を通して，生きる力の基礎が培われる時期である。したがって，幼稚園教育においては，このような幼児期の特性を考慮して，幼稚園教育において育みたい資質・能力が幼児の中に一体的に育まれていくようにする必要がある。

幼稚園教育要領の第2章「ねらい及び内容」において，各領域に示されている事項は，幼稚園教育が何を意図して行われるかを明確にしたものである。すなわち，幼児が生活を通して発達していく姿を踏まえ，幼稚園教育において育みたい資質・能力を幼児の生活する姿から捉えたものを「ねらい」とし，それを達成するために教師が幼児の発達の実情を踏まえながら指導し，幼児が身に付けていくことが望まれるものを「内容」としたものである。そして，このような「ねらい」と「内容」を幼児の発達の側面からまとめて以下の五つの領域を編成している。
・心身の健康に関する領域「健康」
・人との関わりに関する領域「人間関係」
・身近な環境との関わりに関する領域「環境」
・言葉の獲得に関する領域「言葉」
・感性と表現に関する領域「表現」
　しかし，幼児の発達は様々な側面が絡み合って相互に影響を与え合いながら遂げられていくものである。各領域に示されている「ねらい」は幼稚園生活の全体を通して幼児が様々な体験を積み重ねる中で相互に関連をもちながら次第に達成に向かうものであり，「内容」は幼児が環境に関わって展開する具体的な活動を通して総合的に指導されなければならないものである。
　このようなことから，幼稚園教育要領第2章の各領域に示している事項は，教師が幼児の生活を通して総合的な指導を行う際の視点であり，幼児の関わる環境を構成する場合の視点でもあるということができる。
　その意味から，幼稚園教育における領域は，それぞれが独立した授業として展開される小学校の教科とは異なるので，領域別に教育課程を編成したり，特定の活動と結び付けて指導したりするなどの取扱いをしないようにしなければならない。領域の「ねらい」と「内容」の取扱いに当たっては，このような幼稚園教育における「領域」の性格とともに，領域の冒頭に示している領域の意義付けを理解し，各領域の「内容の取扱い」を踏まえ，幼児の発達を踏まえた適切な指導が行われるようにしなければならない。
　また，第2章に示している事項は幼稚園教育の全体を見通した「ねらい」であり「内容」であるので，これによって幼稚園教育において指導すべき具体的な方向を捉えながら，幼児の実情や地域の実態などに応じ

て，幼稚園は具体的なねらいや内容を組織することが必要である。

　また，「幼児期の終わりまでに育ってほしい姿」が，ねらい及び内容に基づく活動全体を通して資質・能力が育まれている幼児の幼稚園修了時の具体的な姿であることを踏まえ，指導を行う際には考慮することが必要である。

　なお，「特に必要な場合には，各領域に示す「ねらい」の趣旨に基づいて適切な，具体的な内容を工夫し，それを加えても差し支えない」としつつも，「その場合には，それが第1章の第1に示す幼稚園教育の基本を逸脱しないよう慎重に配慮する必要がある。」としている。これは，各領域に示す「ねらい」の趣旨に基づいた上で，地域や幼稚園の実態に応じて，幼稚園教育要領に示した内容に加えて教育課程を編成，実施することができるようにしているものである。ただし，その場合には，第1章第1に示した幼稚園教育の基本を逸脱しないよう慎重に配慮する必要がある。つまり，幼児期の特性を踏まえ，環境を通して行うことを基本とし，遊びを中心とした生活を通して発達に必要な体験をし，幼児期にふさわしい生活が展開されるようにすることが重要である。

第2節　各領域に示す事項

▶1　心身の健康に関する領域「健康」

〔健康な心と体を育て，自ら健康で安全な生活をつくり出す力を養う。〕
1　ねらい
(1)　明るく伸び伸びと行動し，充実感を味わう。
(2)　自分の体を十分に動かし，進んで運動しようとする。
(3)　健康，安全な生活に必要な習慣や態度を身に付け，見通しをもって行動する。

　生涯を通じて健康で安全な生活を営む基盤は，幼児期に愛情に支えられた安全な環境の下で，心と体を十分に働かせて生活することによって培われていくものである。健康な幼児を育てることとは，単に身体を健康な状態に保つことを目指すことではなく，他者との信頼関係の下で情緒が安定し，その幼児なりに伸び伸びと自分のやりたいことに向かって取り組めるようにすることである。

　幼稚園においては，一人一人の幼児が教師や他の幼児などとの温かい触れ合いの中で楽しい生活を展開することや自己を十分に発揮して伸び伸びと行動することを通して充実感や満足感を味わうようにすることが大切である。明るく伸び伸びということは，単に行動や言葉などの表面的な活発さを意味するものだけではなく，幼稚園生活の中で解放感を感じつつ，能動的に環境と関わり，自己を表出しながら生きる喜びを味わうという内面の充実をも意味するものであり，自己充実に深く関わるものである。

　このような健康な心は，自ら体を十分に動かそうとする意欲や進んで運動しようとする態度を育てるなど，身体諸機能の調和的な発達を促す上でも重要なことである。特に幼児期においては，自分の体を十分に動かし，幼児が体を動かす気持ちよさを感じることを通じて進んで体を動かそうとする意欲などを育てることが大切である。

　同時に自分の体を大切にしたり，身の回りを清潔で安全なものにするなどの生活に必要な習慣や態度を，幼稚園生活の自然な流れの中で身に

付け，次第に生活に必要な行動について，見通しをもって自立的に行動していくようにすることも重要なことである。

[内　容]

（1）先生や友達と触れ合い，安定感をもって行動する。

　幼児は周囲の大人から受け止められ，見守られているという安心感を得ると，活動への意欲が高まり，行動範囲も広がっていく。幼児が安定感をもって行動し，生き生きと活動に取り組むようになるためには，幼稚園生活の様々な場面で，幼児が自分は受け止められているという確かな思いをもつことが大切である。特に，入園当初は家庭から離れて初めて集団での生活を経験することによる緊張や不安が高い。教師は一人一人の幼児と関わりながら，幼児がどのようにして安定感をもつようになっていくのかを捉え，幼児の心のよりどころとなるようしっかりと幼児を受け止めなければならない。教師との信頼関係を結ぶことができた幼児は，自分から興味や関心のあるものに関わり，次第に友達と共に過ごす楽しさや喜びを味わうようになる。

　このようにして得た安定感は，心の健康を育てる上で重要であり，幼児が自立の方向に向かっていく上でも欠くことができないものである。心と体の調和をとりながら健康な生活が営まれていくことに留意しつつ，一人一人の幼児との信頼関係を築いていかなければならない。

(2) いろいろな遊びの中で十分に体を動かす。

　幼児期は身体諸機能が著しく発達する時期であるが，幼児は自発的にそのとき発達していく機能を使って活動する傾向があるといわれている。そして，その機能を十分に使うことによって更に発達が促されていく。したがって，幼児の興味や能力などに応じた遊びの中で，自分から十分に体を動かす心地よさを味わうことができるようにすることが大切である。

　そのためには，走ったり跳んだり投げたりといった運動的な遊びはもとより，これにとどまらずいろいろな遊びをすることが大切である。例えば，室内で友達とイメージを広げながら大型積み木で遊ぶ幼児もいるだろう。偶然出会った自然の変化に関心をもち，それらに触れながら遊ぶ幼児もいるだろう。砂場でのダム作りに集中し，水をくみに水場との往復を繰り返す幼児もいるだろう。このように幼児がその活動に興味や関心をもち，自ら心を弾ませて取り組んでいる場合には，体も弾むように動き，そこには生き生きとした姿が見られる。

　幼児の興味の広がりに沿って展開する様々な活動を通して，十分に全身を動かし，活動意欲を満足させる体験を積み重ねることが，身体の調和的な発達を促す上で重要な意味をもつものであることに留意しなければならない。

（3）進んで戸外で遊ぶ。

　室内とは異なり，戸外では，幼児は解放感を味わいながら思い切り活動することができる。さらに，戸外では幼児の興味や関心を喚起する自然環境に触れたり，思い掛けない出来事と出会ったりすることも多く，幼児は様々な活動を主体的に展開する。近年，地域や家庭において戸外で遊ぶ経験が不足していることから，戸外での遊びの面白さに気付かないまま，室内の遊びに偏りがちの幼児も少なくない。幼稚園では，幼児の関心を戸外に向けながら，戸外の空気に触れて活動するようにし，その楽しさや気持ちよさを味わえるようにすることが必要である。

　その場合，幼児の興味や関心が自然な形で戸外に向けられるようにし，幼児が進んで戸外の生活を楽しむようにしていくことが大切であり，そのために，教師の果たす役割は大きい。特に，入園当初は，教師と共に行動しようとする気持ちが強いので，教師と一緒に遊びながら，戸外で様々な事柄に出会ったり，気付いたりして，遊び方や動き方が分かり，次第に安定して活動ができるようになってくる。さらに，幼稚園生活に慣れ，気持ちが安定してくると，幼児は自分から周囲の人やものと積極的に関わるようになる。幼児は，戸外で走り回ったり，飛び跳ねたりして，全身を思い切り使って自らの運動欲求を満たしたり，身近な自然の事物や事象と関わって好奇心を満足させたりして活動するようになる。

　特に，幼児の年齢や生活経験などを考慮し，安全に配慮しながら，幼児が取り組んでみたいと思えるように園内の遊具や用具を配置したり，自然環境の整備をしたりすることが大切である。また，園庭ばかりではなく，近隣の公園や広場，野原や川原などの園外に出掛けることも考えながら，幼児が戸外で過ごすことの心地よさや楽しさを十分に味わうことができるようにすることが大切である。

(4) 様々な活動に親しみ，楽しんで取り組む。

　心と体の発達を調和的に促すためには，特定の活動に偏ることなく，様々な活動に親しみ，それらを楽しむことで心や体を十分に動かすことが必要である。そのためには，幼児の発想や興味を大切にして自分から様々な活動に楽しんで取り組むようにすることが大切である。

　幼児は気に入った活動に出会うと生き生きと繰り返し取り組もうとする。しかし，次第に興味や関心が薄れてきても他にやることが見つからずにその活動を繰り返している場合もある。幼児の活動への取組の様子を見極めつつ，必要に応じて，幼児が取り組んでみたいと思えるような意欲を喚起する環境を構成したり，取り組んで楽しかったという充実感や満足感が味わえるようにすることが大切である。このことにより，幼児の興味や関心が広がり，多様な活動をするようになる。

　幼児が楽しみながら取り組む活動には，身近な環境に関わり，試したり，工夫したりしながら作って遊ぶこと，自分が思ったことや考えたことを表現して遊ぶこと，また，戸外で友達と体を十分に動かして遊ぶことなど様々なものがある。様々な遊びの面白さに触れ，いろいろな経験を通して，幼児自らが積極的，主体的に選択して遊ぶようにすることが大切である。

　また，幼児がこれらの活動に取り組むに当たっては，一人で取り組む，あるいは，友達と一緒に取り組む，学級全体で取り組むなど様々である。それぞれの活動の特質を生かし，幼児がその活動の楽しさを味わうことができるよう，教師が配慮することが大切である。

　このように，幼児が行う活動は，その内容，活動の場所，遊具の有無やその種類，一緒に活動する幼児の人数など，様々である。幼児は，様々な活動に取り組み，それぞれの活動を楽しむことで，心や体を十分に動かし，心と体の調和のとれた発達をしていく。

(5) 先生や友達と食べることを楽しみ，食べ物への興味や関心をもつ。

　本来，食べることは，人が生きていくために必要なことである。幼児は，十分に体を動かして遊び，空腹感を感じるからこそ，食べ物を食べたときに，満足感を心と体で味わう。さらに，気持ちが安定し，活力がわき，積極的にいろいろな活動をするようになる。このような体験を繰り返すことは，幼児が，食べることの楽しさや喜びに気付き，幼児らしい充実した生活をつくり出す上で重要である。

　幼児は，まず家族と同じ場で一緒に食事をし，幼稚園に入って家族以外の人と一緒に食べることを体験する。そのため，初めは，家庭と幼稚園での食事風景が異なることから，戸惑う幼児もいるかもしれない。しかし，自分に温かく接してくれる教師と一緒に食べることで，幼児は，くつろぎ，安心して食べるようになっていく。その中で，ときには教師や友達と会話を交わしたりしながら，一緒に食べるという雰囲気に慣れていき，教師や友達と一緒に食べることが楽しめるようになっていく。また，教師や友達との関わりが深まるにつれて，食べるときも一緒に食べたいと思うようになり，一層食べることを楽しむようになっていく。

　また，自分たちでつくったり，地域の人々が育ててくれたりした身近な食べ物の名前や味，色，形などに親しみながら食べ物への興味や関心をもつようにすることが，日常の食事を大切にしたりする態度を育むことにつながる。

　幼児は，食事の時間以外でも空腹になると食べ物を食べたりすることがあるが，幼稚園生活では幼児の好きなときに食べることができるわけではない。入園当初には，幼稚園にお弁当を持ってきていると，幼児は楽しみで待ちきれないこともある。教師は，幼児の食べたいという気持ちを受け止め，幼児の心に寄り添いながら，同じ気持ちをもつ友達とも一緒に昼食の時間を楽しみにする気持ちを共有することが大切である。そのことが，教師や友達と一緒に食べたときの喜びにつながっていき，このような教師や友達との気持ちのやり取りの体験を重ねる中で，幼児は教師や友達と一緒に食べることに期待をもつようになっていく。

(6) 健康な生活のリズムを身に付ける。

　本来，幼児には自立に向けて大切にされなければならない生活のリズムがある。幼児にとって健康な生活は，十分な睡眠やバランスのよい食事，全身を使った活動と休息などの生活の流れの中で営まれていく。そして，幼児は健康な生活のリズムを身に付け，自立の基礎が培われていく。

　幼稚園生活では，幼児のもつ生活のリズムに沿いながら，活動と休息，緊張感と解放感，動と静などの調和を図ることが大切である。その際，幼児の活動意欲が十分に満たされるようにすることも大切である。また，家庭での生活の仕方が幼児の生活のリズムに大きく影響するので，入園当初は一人一人の生活のリズムを把握し，それらに応じながら，遊ぶ時間や食事の時間などに配慮することも必要である。特に，3歳児の場合は，一人一人のもつ生活のリズムが異なることに配慮し，きめ細かな指導が必要である。

　さらに，保護者に幼児が健康な生活のリズムを身に付けることの大切さを伝え，家庭での生活の仕方などについての理解を促し，家庭と十分な連携を図ることも必要である。

> (7) 身の回りを清潔にし，衣服の着脱，食事，排泄などの生活に必要な活動を自分でする。

　幼稚園生活の中では食事をする前に汚れた手を洗ったり，汗をかいたときに服を着替えたりする。このような幼稚園生活の自然な流れの中で機会を捉えて，例えば手が汚れたまま食事をすると不潔なので手を洗おうというように，幼児自身が必要性に気付き，自分でしようとする気持ちがもてるように援助することが大切である。幼児は，教師との温かいつながりの中で，適切な援助を受けることによって，生活に必要な活動を次第に自分でしようとするようになり，自立へと向かう。その際，毎日繰り返し行うことによって習慣化し，心地よさや満足感がもてるようにすることも大切である。

　特に，家庭生活と幼稚園生活が異なることから，入園当初は戸惑いが大きく，一人一人の幼児の実情に応じたきめ細かな対応が必要である。

　幼児は，友達との関わりが深まると，友達の行う姿を見たり，一緒に行ったりして，生活に必要な様々な習慣や態度を身に付けていくので，一人一人の行動が他の幼児にとっても意味のあるものとなるよう，よりよい集団での関係を育てることも大切である。

　なお，幼児は，一度身に付けたと思われる基本的な生活行動がくずれることがある。これらは，多くの場合，必要な行動であることが分かっていても遊びに熱中するあまり，その行動を省略してしまうからであり，必ずしも全く生活行動がくずれたわけではない。このようなときには，その都度，状況に応じた教師の適切な関わりが必要であり，このような過程を経ていくことで，幼児は着実に基本的な生活行動を身に付けていく。

　このようにして形成された習慣や態度は，健康な体を育てる上で重要であるばかりでなく，自信や意欲につながるものである。一人一人の幼児が家庭でどのような生活をしているのか実態を捉え，家庭との連携を密にしながら実情に応じて指導していくことが大切である。

(8) 幼稚園における生活の仕方を知り，自分たちで生活の場を整えながら見通しをもって行動する。

　幼稚園生活には，所持品の管理をしたり，遊んだ後を片付けたりするなど，皆が一緒に過ごすために身に付けることが必要な生活の仕方がある。これらについて，そのやり方や必要性に気付き，自分たちの生活の場を生活しやすいように整える体験を繰り返しながら，次第に見通しをもって行動できるようになっていくことが大切である。

　入園当初は，幼児は，教師と一緒に行動したり，教師をモデルにしたりして，生活に必要な行動を一つ一つ獲得していく。やがて，友達と一緒に活動するという経験を通して，集団の中で生活する楽しさや充実感を感じながら進んで準備をしたり，片付けたりするようになり，幼稚園生活を自立的に送ることができるようになっていく。

　これらの生活行動を獲得していくためには，幼稚園生活全体が幼児にとって，楽しく脈絡のあるものでなければならない。例えば，十分に遊んだ後の満足感が次の活動への期待感を生み出し，片付けなどの必要性が幼児に無理なく受け止められる。幼児の活動が幼児の必要感に基づき自発的に展開されるものであれば，幼児の意識の中でつながりが芽生え，幼稚園生活の大まかな予測をもてるようになり，幼児は，時間の流れや場の使い方などを予測して生活できるようになっていく。そして，幼児自身が，次第に生活に必要な行動について見通しをもち，自立的に行動できるようになっていく。そのためには，幼児がゆとりをもって幼稚園生活を送れるようにすることが大切である。

　片付けなどの基本的な生活行動は，まず家庭の中で獲得されるものであり，幼児一人一人の家庭での生活経験を捉えて指導を考えるなど家庭との連携を図ることが大切である。同時に幼稚園でも，例えば，幼児の動線に配慮した手洗場や遊具の収納など幼稚園の生活環境に十分配慮することも必要である。

(9) 自分の健康に関心をもち，病気の予防などに必要な活動を進んで行う。

　日常生活の中で起こるけがや病気，健康診断など様々な機会を捉えて，幼児なりに自分の体を大切にしなければならないことに気付かせ，手洗い，歯みがき，うがいなど病気にかからないために必要な活動を自分からしようとする態度を育てることが必要である。

　入園当初において，自分に温かく接してくれる教師と一緒に行動することによって，幼児は，汚れた手を洗ったり，汗の始末をしたりするようになり，その気持ちよさを感じ取っていく。さらに，健康診断や身体測定などの機会を通して，自分の成長を喜びながら自分の体に関心をもつように働き掛けることにより，病気の予防に必要な活動に気付き，これらの活動を進んで行うようになっていく。

　また，健康への関心や態度は，幼児の生活に関係の深い身近な人々と触れ合うことや新聞やテレビなどの社会情報を話題にすることから身に付けていく場合もある。幼稚園生活の中で医師など健康な生活に関わりの深い人々と接したり，社会の情報などを取り入れたりする機会を工夫していくことも大切である。

　健康な心と体の状態は，一人一人の幼児によって異なる。一人一人の幼児の実情を捉え，家庭との連携を図りながら，健康への関心を高め，病気を予防する態度を身に付けていくようにすることが重要である。

(10) 危険な場所，危険な遊び方，災害時などの行動の仕方が分かり，安全に気を付けて行動する。

　幼稚園生活の中で，危険な遊び方や場所，遊具などについてその場で具体的に知らせたり，気付かせたりし，状況に応じて安全な行動がとれるようにすることが重要である。さらに，交通安全の指導や避難訓練などについては，長期的な見通しをもち，計画的に指導すると同時に，日常的な指導を積み重ねることによって，安全な交通の習慣や災害などの際の行動の仕方などについて理解させていくことも重要である。

　幼稚園生活が幼児にとって安全であるように，施設設備の安全点検に努めることはいうまでもない。その上で，幼児が園内のいろいろな場所や遊具に関わって生み出す様々な遊びの状況を想定しながら，安全に落ち着いて遊ぶことができるように環境を工夫していくことが大切である。特に，入園当初や進級時などにおいては，教師との信頼関係を基盤に安定した情緒の下で生活できるようにすることが大切である。環境に自ら関わり，十分に体を動かして遊ぶ中で，幼児は，次第に危険な場所や遊び方などを知り，どう行動したらよいのかを体験を通して身に付けていく。

　特に，3歳児は大人が予期しない行動をとる場合もあり，様々な状況を予測して安全の確保に配慮することが必要であるとともに，教師と一緒に行動しながら個々の状況の中で，幼児なりに安全について考え，安全に気を付けて行動することができるようにする必要がある。

　また，幼児にとって，交通安全の習慣を身に付けること，災害時の行動の仕方や様々な犯罪から身を守る対処の仕方を身に付けることは，安全な生活を送る上で是非とも必要なことである。安全な交通の習慣や災害，あるいは不審者との遭遇などの際の行動の仕方などについては，幼稚園のある地域の特徴を理解し，それに対応した内容を計画的に指導するとともに，幼稚園全体の教職員の協力体制や家庭との連携の下，幼児の発達の特性を十分に理解し，日常的な指導を積み重ねていくことが重要である。（第2章　第2節　1　心身の健康に関する領域「健康」[内容の取扱い]（6）　165頁を参照）

[内容の取扱い]

> (1) 心と体の健康は，相互に密接な関連があるものであることを踏まえ，幼児が教師や他の幼児との温かい触れ合いの中で自己の存在感や充実感を味わうことなどを基盤として，しなやかな心と体の発達を促すこと。特に，十分に体を動かす気持ちよさを体験し，自ら体を動かそうとする意欲が育つようにすること。

　心と体の健康は相互に密接な関連をもち，一体となって形成されていく。幼児期において，心の安定を図る上で大切なことは，幼児一人一人が，教師や友達との温かい触れ合いの中で，興味や関心をもって積極的に周囲の環境と関わり，自己の存在感や充実感を味わっていくことである。幼児は，自分の存在を教師や友達に肯定的に受け入れられていると感じられるとき，生き生きと行動し，自分の本心や自分らしさを素直に表現するようになり，その結果，意欲的な態度や活発な体の動きを身に付けていく。反対に，自分の存在を否定的に評価されることが多いと心を閉ざし，屈折した形で気持ちを表現するようになる。教師の関わりが重要であるとともに，幼児が１日を送る学級集団の在り方も重要である。

　幼児は様々な環境に取り組んで活動を展開することを通して，様々な場面に対応できるしなやかな心の働きや体の動きを体得していく。さらに，自己の存在感や充実感を味わうことなどを基盤として，しなやかな心と体を育てることは，困難な状況において，その幼児なりにやってみようとする気持ちをもつことにつながる。

　また，教師や友達との温かい触れ合いの中で，遊びを通じて体を思い切り動かす気持ちよさを味わうことを繰り返し体験し，次第にいろいろな場面で進んで体を動かそうとする意欲が育つように，教師は幼児が自然に体を動かしたくなるような環境の構成を工夫することが大切である。

> (2) 様々な遊びの中で，幼児が興味や関心，能力に応じて全身を使って活動することにより，体を動かす楽しさを味わい，自分の体を大切にしようとする気持ちが育つようにすること。その際，多様な動きを経験する中で，体の動きを調整するようにすること。

　幼稚園生活の中では，様々な遊びや生活を通して，体を動かす楽しさを味わい，幼児が自分の体を大切にしようとする気持ちが育つようにすることが大切である。

　幼児が興味や関心，能力に応じて全身を使って伸び伸びと活動できるように教師が配慮することにより，幼児は十分に体を動かす楽しさを実感する。

　幼児自身が自分の体に関心をもち，大切にしようという気持ちをもつためには，幼児が自分から十分に体を動かす心地よさを味わえるようにし，活動欲求を満たす体験を重ねる中で，適当な休息をとる，汗をかいたら着替えるなど，自分の体を大切にしようとする気持ちをもつような働き掛けが必要である。

　さらに，自分の体を大切にするという気持ちをもつことは，やがて友達の体を気遣ったり，大切にしたりする気持ちをもつことにもつながることに配慮して指導する必要がある。また，様々な遊びの中で，多様な動きに親しむことは幼児期に必要な基本的な動きを身に付ける上で大切である。例えば，鬼遊びでは走るだけでなく，止まったりよけたり，跳ぶ動作をすることもあるし，大型積み木を用いた遊びでは押したり積んだり，友達と一緒に運んだりといった動きをすることがある。教師は，遊びの中で幼児が多様な動きが経験できるよう工夫することが大切である。

> (3) 自然の中で伸び伸びと体を動かして遊ぶことにより，体の諸機能の発達が促されることに留意し，幼児の興味や関心が戸外にも向くようにすること。その際，幼児の動線に配慮した園庭や遊具の配置などを工夫すること。

　幼児は一般に意欲的に活動する存在であり，魅力的な環境に出会えば，生き生きとそれに関わる。室内の活動に偏り，戸外に関心を示さない傾向があるとすれば，戸外の環境の見直しをしなければならない。自然に触れ，その自然を感じながら伸び伸びと体を動かすことにより，体の諸機能の発達が促されることに留意し，幼児の興味や関心が戸外にも向くように，次の点から幼児の動線に配慮するようにすることが大切である。
　第一に，幼児の遊びのイメージ，興味や関心の広がりに応じて行動範囲が広がることを考慮することである。例えば，室内でままごとをしている幼児がイメージの広がりとともに，「ピクニックに行こう」と戸外に出ていくことがある。この場合，戸外にもままごとのイメージを実現できるような空間や遊具が必要になろう。また，逆に，戸外での刺激を室内の活動に反映させることもある。室内と戸外が分断された活動の場としてではなく，幼児の中でつながる可能性があることに留意する必要がある。
　第二に，園庭全体の空間や遊具の配置を幼児の自然な活動の流れに合わせるということである。戸外の活動に必要な環境としては，イメージを実現する面白さを味わおうとする幼児には遊びの拠点となるような空間や遊具が，友達とルールのある運動的な遊びを展開しようとする幼児には比較的広い空間が，木の葉や虫に触れて遊ぼうとする幼児にはその季節に応じた自然環境が必要である。教師は，幼児が実現したいと思っていることを理解し，空間の在り方やそれに応じた遊具の配置を考えなければならない。
　第三に，園庭は年齢の異なる幼児など多くの幼児が同じ場所で活動したり，交流したりする場であり，それぞれの幼児が安定して自分たちの活動を展開できるように園庭の使い方や遊具の配置の仕方を必要に応じて見直すことである。例えば，ルールのある活動に取り組む活発な5歳児の動線が，3歳児の砂場の水くみの動線と交差するような場合には危

険を伴うので，幼稚園全体で園庭の使い方について話し合い，見直す必要があるだろう。室内環境に比して，戸外の環境は年間を通して同じ遊具が配置され，空間が固定的になっている傾向がある。幼児の興味や関心に即したものになるように配慮しなければならない。

　なお，幼児の主体的な活動を大切にするようにし，特定の運動に偏った指導を行うことのないようにしなければならないことはもとよりである。

(4) 健康な心と体を育てるためには食育を通じた望ましい食習慣の形成が大切であることを踏まえ，幼児の食生活の実情に配慮し，和やかな雰囲気の中で教師や他の幼児と食べる喜びや楽しさを味わったり，様々な食べ物への興味や関心をもったりするなどし，食の大切さに気付き，進んで食べようとする気持ちが育つようにすること。

　食べることは健康な心と体に欠くことのできないものであり，生涯にわたって健康な生活を送るためには望ましい食習慣の形成が欠かせない。幼児期には，食べる喜びや楽しさ，食べ物への興味や関心を通じて，自ら進んで食べようとする気持ちが育つようにすることが大切である。
　教師や友達と食べるとより一層楽しくなることを感じるためには，和やかな雰囲気づくりをすることが大切である。例えば，幼稚園では遊びと同じ場で食事をとり，同じ机を使うことが多い。机を食卓らしくしたり，幼児が楽しく食べられるような雰囲気づくりをしたりなど，落ち着いた環境を整えて食事の場面が和やかになるようにすることが大切である。また，幼稚園では昼食の他，ときには誕生会のお祝いや季節の行事にふさわしい食べ物を食べることもあろう。幼稚園生活での様々な機会を通して，幼児が皆で食べるとおいしいという体験を積み重ねていけるようにすることが大切である。
　また，自ら進んで食べようとする気持ちが育つようにするためには，食べ物への興味や関心を高める活動も大切である。例えば野菜などを育てる中で，親しみを感じ，日頃口にしようとしない物でもおいしそうだと感じたりする。教師と共に簡単な料理をしたり，教師の手伝いをしたりすることにより，その食べ物を食べたいと思うこともある。あるいは，農家などの地域の人々との交流によって食べ物への関心が高まることもある。このように，幼児の身近に食べ物があることにより，幼児は食べ物に親しみを感じ，興味や関心をもち，食べてみたい物が増え，進んで食べようとする気持ちが育つ。さらには，地域や保護者の協力を得ながら食べることに関わる体験をすることが，幼児なりに食べ物を大切にする気持ちや，用意してくれる人々への感謝の気持ちが自然に芽生え，食の大切さに気付いていくことにつながる。

なお，食生活の基本は，まず家庭で育まれることから家庭との連携は大切である。特に，食物アレルギーなどをもつ幼児に対しては，家庭との連携を図り，医師の診断など必要な情報を得て，適切な対応を行うなど，十分な配慮をする必要がある。また，同じ物を食べる活動を取り入れる場合，その食べ物を食べることについて配慮を要する幼児もその活動を楽しいと感じることができるよう工夫することが大切である。

> （5）基本的な生活習慣の形成に当たっては，家庭での生活経験に配慮し，幼児の自立心を育て，幼児が他の幼児と関わりながら主体的な活動を展開する中で，生活に必要な習慣を身に付け，次第に見通しをもって行動できるようにすること。

　生活に必要な習慣の形成の第一歩は，家庭において行われる。幼稚園は，それぞれの家庭で幼児が獲得した生活上の習慣を教師や他の幼児と共に生活する中で，社会的にも広がりのあるものとして再構成し，身に付けていく場である。

　教師は，家庭との情報交換などを通じて，幼児の家庭での生活経験を知った上で，一人一人の幼児の実情に応じた適切な援助をすることが大切である。その際，幼稚園と家庭が連携し，基本的な生活習慣の形成に当たって必要な体験や適切な援助などについて共通理解を図ることが大切である。

　また，基本的な生活習慣の形成に当たっては，幼稚園生活の流れの中で，幼児が一つ一つの生活行動の意味を確認し，必要感をもって行うようにすることが大切である。生活習慣の形成という言葉から，単にある行動様式を繰り返して行わせることによって習慣化させようとする指導が行われがちであるが，生活に必要な行動が本当に幼児に身に付くためには，自立心とともに，自己発揮と自己抑制の調和のとれた自律性が育てられなければならない。それが，次第に見通しをもって，安全に気を付けることも含め，１日の生活の流れの中で行動できるようになることにつながっていく。

　幼児期は，周囲の行動を模倣しながら自分でやろうとする気持ちが芽生えてくる時期である。教師は，幼児が自分でやろうとする行動を温かく見守り，励ましたり，手を添えたりしながら，自分でやり遂げたという満足感を味わわせるようにして，自立心を育てることが大切である。また，同時に，健康や安全に気を付けることを含め，基本的な生活習慣，例えば，気持ちのよい挨拶をすることや食事の前に手を洗うことなどを身に付けさせたり，他の幼児と関わりながら生活を展開することの楽しさや充実感を通して，自分たちの生活にとって必要な行動やきまりがあることに気付かせたりすることなどにより，幼児自身に生活に必要な習

慣を身に付けることの大切さに気付かせ，自覚させるようにして，自律性を育てることが大切である。
　このように，自立心，自律性を育てることは，ひいてはよいこと悪いことが存在することに気付かせたり，社会生活上のきまりを守ろうとしたりする道徳性の芽生えの育成につながるのである。

> （6）安全に関する指導に当たっては，情緒の安定を図り，遊びを通して安全についての構えを身に付け，危険な場所や事物などが分かり，安全についての理解を深めるようにすること。また，交通安全の習慣を身に付けるようにするとともに，避難訓練などを通して，災害などの緊急時に適切な行動がとれるようにすること。

　幼児は園の中で安心して伸び伸びと全身を使って遊ぶ中で，教師からの安全について気付くような適切な働き掛けの下，安全についての構えを身に付けることができるようになっていく。安全についての構えを身に付けるとは，幼児が自分で状況に応じて機敏に体を動かし，危険を回避するようになることであり，安全な方法で行動をとろうとするようになることである。幼児は，日常の生活の中で十分に体を動かして遊ぶことを楽しみ，その中で危険な場所，事物，状況などを知ったり，そのときにどうしたらよいか体験を通して身に付けていく。安全を気にするあまり過保護や過介入になってしまえば，かえって幼児に危険を避ける能力が育たず，けがが多くなることがあるということにも留意することが必要である。幼児の事故は情緒の安定と関係が深いので，教師や友達と温かいつながりをもち，安定した情緒の下で幼稚園生活が展開されていることが大切である。
　幼稚園生活の中では安全を確保するために，場合によっては，厳しく指示したり，注意したりすることも必要である。その際，幼児自身が何をしてはいけないか，なぜしてはいけないかを考えるようにすることも大切である。
　交通安全の習慣を身に付けさせるために，教師は日常の生活を通して，交通上のきまりに関心をもたせるとともに，家庭と連携を図りながら適切な指導を具体的な体験を通して繰り返し行うことが必要である。また，地域にある道路や横断歩道の映像などの視覚教材を活用した指導や，警察などの専門機関の協力を得た模擬訓練などの指導の工夫が考えられる。
　さらに，災害時の行動の仕方や不審者との遭遇など様々な犯罪から身を守る対処の仕方を身に付けさせるためには，幼児の発達の実情に応じて，基本的な対処の方法を確実に伝える必要がある。

特に，火事や地震等の自然災害を想定した避難訓練は，災害時には教師の下でその指示に従い，一人一人が落ち着いた行動がとれるように，避難訓練を行うことが重要である。また，避難訓練は，非常時に教職員が落ち着いて現状を把握，判断し，幼児を避難誘導できるかの訓練であることも自覚して行うことが重要である。

▶2 人との関わりに関する領域「人間関係」

> 他の人々と親しみ，支え合って生活するために，自立心を育て，人と関わる力を養う。

1 ねらい
(1) 幼稚園生活を楽しみ，自分の力で行動することの充実感を味わう。
(2) 身近な人と親しみ，関わりを深め，工夫したり，協力したりして一緒に活動する楽しさを味わい，愛情や信頼感をもつ。
(3) 社会生活における望ましい習慣や態度を身に付ける。

人と関わる力の基礎は，自分が保護者や周囲の人々に温かく見守られているという安定感から生まれる人に対する信頼感をもつこと，さらに，その信頼感に支えられて自分自身の生活を確立していくことによって培われる。

幼稚園生活においては，何よりも教師との信頼関係を築くことが必要であり，それを基盤としながら様々なことを自分の力で行う充実感や満足感を味わうようにすることが大切である。

また，幼児は，幼稚園生活において多くの他の幼児や教師と触れ合う中で，自分の感情や意志を表現しながら，自己の存在感や他の人々と共に活動する楽しさを味わい，ときには幼児同士の自己主張のぶつかり合いによる葛藤などを通して互いに理解し合う体験や，考えを出し合ってよりよいものになるよう工夫したり，一緒に活動する楽しさを味わう体験を重ねながら関わりを深め，共感や思いやりなどをもつようになる。

さらに，このような生活の中で，よいことや悪いことに気付き，考えながら行動したり，きまりの大切さに気付き，守ろうとしたりするなど，生活のために必要な習慣や態度を身に付けていくことが，人と関わる力を育てることになるのである。

[内　容]

（1）先生や友達と共に過ごすことの喜びを味わう。

　幼児にとって幼稚園生活は，初めての集団生活の場である。幼児は，そこで自分を温かく受け入れてくれる教師との信頼関係を基盤に自分の居場所を確保し，安心感をもってやりたいことに取り組むようになる。そして，初めは同じ場にいるだけだった他の幼児と言葉を交わしたり，物のやり取りをしたりするなど，関わりが生まれてくる。その関わりの中で様々な自己主張のぶつかり合いによる葛藤，教師や友達と共にいる楽しさや充実感を味わい，次第に皆と生活をつくり出していく喜びを見いだしていくのである。
　しかし，一人一人の幼児の発達する姿はそれぞれ異なっている。入園当初から安定して活動し始める幼児もいれば，居場所がなかなか見つからず教師のそばにいることで安定する幼児もいる。また，友達と関わりを楽しむ幼児の傍らで，それをじっと見て過ごす幼児もいる。その場合，どのように関わるか戸惑ったり，見ていることで参加したつもりになったりして，心の中に自分の思いをため込んでいる状態もある。いずれも，今後，幼稚園生活を通して友達と共に過ごす喜びを味わうための大切な姿として，まず教師が受け入れることが大切である。
　教師は，一人一人の幼児に思いを寄せ，幼児の生活の仕方や生活のリズムを共にすることによって，幼児の気持ちや欲求などの目に見えない心の声を聴き，その幼児の内面を理解しようとすることが必要である。さらに，幼児が周囲の人々を少しずつ確かめながら自分なりの目当てや期待をもって登園するようになるよう，温かな関心をもって関わるようにすることが求められる。このように，教師や友達と十分触れ合うことを通して親しみをもち，安心して幼稚園生活を過ごすことができるように援助することが重要である。

(2) 自分で考え，自分で行動する。

　生活の様々な場面で自分なりに考えて自分の力でやってみようとする態度を育てることは，生きる力を身に付け，自らの生活を確立していく上で大切である。そのためには，まず自分がやりたいことをもち，自分から興味や関心をもって環境に関わり，活動を生み出すことが大切である。さらに，その活動を楽しみながら展開し，充実感や満足感を味わう中で，次第に目当てをもったり，自分の思いが実現するように工夫したりして，そのような課題を自分で乗り越えることが極めて大切である。

　教師は，幼児の行動や思いをありのままに認め，期待をもって見守りながら，幼児の心の動きに沿って，幼児に伝わるように教師の気持ちや考えを素直に言葉や行動，表情などで表現していくことが必要である。幼児にとって自分の考えや思いが受け止められた喜びを味わいながら，教師と一緒にじっくり考える時間を過ごすという体験が，自分で考え，行動しようとする気持ちをもつための基盤となっていくのである。幼児が試行錯誤をしながら考えを巡らせている時間を十分認めることなく，やるべきことのみ与えてしまうことによって，他者に追随し，自分のやりたいことがもてなくなってしまうことのないようにしなければならない。また，嫌なことを嫌と言い，自分の考えで行動することそれ自体のみに目を向け，もっぱらそれを追求するのであれば，それは自ら勝手な行動に終始するであろう。

　幼児期においては，幼児が友達と関わる中で，自分を主張し，自分が受け入れられたり，あるいは拒否されたりしながら，自分や相手に気付いていくという体験が大切である。このような過程が自我の形成にとって重要であり，自分で考え，自分の力でやってみようとする態度を育てる指導の上では，幼児が友達との葛藤の中で自分と異なったイメージや考え方をもった存在に気付き，やがては，そのよさに目を向けることができるように援助しながら，一人一人の幼児が存在感をもって生活する集団の育成に配慮することが大切である。

(3) 自分でできることは自分でする。

　幼児が自分の身の回りのことなど，できるだけ自分の力でやろうとする意欲を育てることは大切なことである。この場合，単に何かを「できる」，「できない」ということのみが問題ではなく，あくまでも自分でやりたいことを意識し，自分が思ったことができたということを喜ぶ気持ちが大切である。自分でやってみたいという意欲をもったり，やったらできたという充実感や満足感を味わったりすることが自立の第一歩である。

　そのためには，それぞれの幼児の発達に即した適切な受容や励ましなどによって，幼児が自分でやり遂げることの満足感を十分に味わうことが必要である。

　幼児は一般に何でもやりたがる傾向にあり，何でも一人でやりたがるあまり，自分でこうと決めたらそれにこだわり，頑固に貫き通そうとする姿も目立つ。それは，一見わがままのように見えるが，自我が芽生えている姿であり，自分の力でやろうとする意欲の表れである。しかし，必ずしも思いどおりに実現できるわけではないので，困ったことが起きると，再び保護者や教師などの援助を求めてくることが多い。

　このように，依存と自立は対立するものでなく，幼児は保護者や教師を心のよりどころとしながら，行きつ戻りつする過程の中で，次第に自立へと向かっていくのである。それゆえ，身の回りのことについて先を急ぐあまり，型にはめ込み，大人の手が掛からなくなることばかりを求めてしまうと，言われたとおりにしか行動することができないことになり，かえって幼児の自立を妨げる結果になってしまうことがあるので，十分に配慮することが必要である。

（4）いろいろな遊びを楽しみながら物事をやり遂げようとする気持ちをもつ。

　幼児が，いろいろな遊びを心ゆくまで楽しみ，その中で物事をやり遂げようとする気持ちをもつことは，幼児の自立心を育む上で大切である。幼児は，幼稚園生活の中で様々な環境に触れ，興味や関心をもって関わり，いろいろな遊びを生み出す。この遊びを持続し発展させ，遊び込むことができれば，幼児は楽しさや達成感を味わい，次の活動に取り組んだ際にもやり遂げようとする気持ちをもつようになる。しかし，幼児は，興味や目当てをもって遊びを始めても，途中でうまくいかなくなったり，やり続ける気持ちがなくなって止めてしまったりすることがある。このようなとき，幼児は，信頼する教師に温かく見守られ，支えられていると感じることができ，必要に応じて適切な援助を受けることができれば，諦めずにやり遂げることができる。このような体験を重ねることで，幼児は難しいことでも諦めずにやり遂げようという粘り強く取り組む気持ちをもったり，前向きな見通しをもって自分で解決しようとする気持ちをもったりして，自立心や責任感も育まれていく。

　教師は，幼児のやり遂げたいという気持ちを大切にし，幼児が自分なりの満足感や達成感を感じることができるように援助をすること，やり遂げたことを共に喜ぶことが必要である。教師はその時々の幼児の心の動きを感じ取り，幼児がその物事をやり遂げなければならないという重圧を感じるのではなく，楽しみながらやり遂げることができるようにすることが大切である。特に，3歳児では，大人から見ると一見やり遂げていないように見えても，幼児なりにやり遂げたと思っていることもある。そのような場合，教師は，幼児の心に寄り添って，そのやり遂げたという気持ちを受け止め，その喜びに共感するとともに，幼児がその達成感を味わうことができるようにすることが大切である。

　さらに，幼児は友達と共に遊ぶ楽しさを経験するうちに，友達と一緒に物事をやり遂げたいという気持ちが強まっていく。物事をやり遂げる喜びは一人でも生じるが，皆でやったということやその成果を共に喜ぶことの方が幼児にとってより大きな意味をもつ。また，一人ではやり遂げられなくても，皆と一緒であれば，励まし合ったりして，くじけずに

目標を目指してやり続けようという気持ちをもつことができる。このような気持ちは,やがて,協同して遊ぶことにもつながっていく。(第2章　第2節　2　人との関わりに関する領域「人間関係」［内容］(8)　176頁,［内容の取扱い］(3)　186頁を参照)

（5）友達と積極的に関わりながら喜びや悲しみを共感し合う。

　幼児期は，人との関わりの中で様々な出来事を通して，嬉しい，悔しい，悲しい，楽しいなどの多様な感情体験を味わうようになる時期である。幼児は，嬉しいときや悲しいとき，その気持ちに共感してくれる相手の存在が，大きな心の支えとなり，その相手との温かな感情のやり取りを基に，自分も友達の喜びや悲しみに心が向くようになっていく。

　入園当初は自分だけの世界にいる幼児も，次第に友達に目が向き始めると，隣で泣いている幼児のそばにいるだけで自分も泣きたいような気持ちになるなど，相手の存在を感じつつ，同じ場で同じような感情をもつことを体験していく。さらに，面白いことを見付け，顔を見合わせて笑う，一緒に製作していた物が完成し，喜びを分かち合う，また，それが壊されてしまったり，友達と考えが合わなくなってしまったりして悔しさや悲しさも味わうなど，友達と一緒に様々な体験を重ねていく。このような体験を通して，様々な心を動かす出来事を友達と共有し，相手の感情にも気付いていくことができるようになる。また，ごっこ遊びに見られるように，いろいろな役になって遊びながら自分とは異なる立場に立つことで，いつもの自分とは異なる感情を味わうこともできるようになっていく。

　人と関わる力を育む上では，単にうまく付き合うことを目指すだけではなく，幼稚園で安心して自分のやりたいことに取り組むことにより，友達と過ごす楽しさを味わったり，自分の存在感を感じたりして，友達と様々な感情の交流をすることが大切である。

(6) 自分の思ったことを相手に伝え，相手の思っていることに気付く。

　幼児は，相手に親しみを感じると，その相手に思ったことを伝えようとする。初めは，互いに一方的に自分の思っていることを伝えることが多いが，相手に対する興味や親しみが増してくると，自分中心の主張をしながらも，少しずつ，相手に分かるように伝えようとする。親しみをもつ，相手に伝えようとする，また，伝わることで親しみをもつという循環の過程を経て，次第に相手の思っていることに気付くようになり，幼児同士の関わりが深まる。

　そのためには，教師は，幼児が友達と一緒に生活する中で，自分の思っていることを相手に伝えることができるように，また，徐々に相手にも思っていることや言いたいことがあることに気付いていくことができるようにすることが大切である。

　幼児は生活の中の様々な出来事の中で，その時々の思いが相手に伝わらずに困ったり，うまく伝わったことで遊びがより楽しくなったりするなどの体験を通して，相手の思いを感じられるようになっていく。特に，入園当初は，それまで家庭において保護者が気持ちをくみ取ってくれていたようには自分の思いが伝わらないことが多い。「あれ」とか「これ」と言っても何を指しているのか理解されなかったり，「三輪車」とだけ言ってもどうしたいのか理解されず，無視されたりすることも多いであろう。このようなときは，教師が仲介役となり，その思いを伝えることも必要となる。また，一緒に遊ぶようになっても，自分のイメージや考えをうまく言葉で表現することができなかったために互いの思いが伝わらず，それを無理に実現しようとしていざこざが生じることもあるので，状況に応じた適切な教師の関わりが求められる。

　幼児の自己発揮と自己抑制の調和のとれた発達の上で，自己主張のぶつかり合う場面は重要な意味をもっていることを考慮して教師が関わることが必要である。例えば，いざこざの状況や幼児の様々な体験を捉えながら，それぞれの幼児の主張や気持ちを十分に受け止め，互いの思いが伝わるようにしたり，納得して気持ちの立て直しができるようにしたりするために，援助をすることが必要になる。

(7) 友達のよさに気付き,一緒に活動する楽しさを味わう。

　幼稚園は集団での生活の場であり,様々な人々と出会う場である。そこで,幼児は自分と異なる様々な個性をもった友達と接することになる。

　教師や友達と共に生活する中で,初めは「○○ちゃんは鉄棒が上手」,「○○ちゃんは歌が好き」といった表面的な特性に気付くことから,次第に,「○○ちゃんならいい考えをもっていると思う」,「気持ちのやさしい○○ちゃんならこうするだろう」など,次第に互いの心情や考え方などの特性にも気付くようになり,その特性に応じて関わるようになっていく。そして,遊びの中で互いのよさなどが生かされ,一緒に活動する楽しさが増してくる。

　そのためには,友達と様々な心を動かす出来事を共有し,互いの感じ方や考え方,行動の仕方などに関心を寄せ,それらが行き交うことを通して,それぞれの違いや多様性に気付いていくことが大切である。また,互いが認め合うことで,より生活が豊かになっていく体験を重ねることも必要である。

　さらに,幼児は周囲の人々に自分がどう見られているかを敏感に感じ取っており,よき理解者としての教師の存在は大きい。自分に愛情をもって温かい目で見守ってくれる教師との生活では,安心して自分らしい動きができ,様々な物事への興味や関心が広がり,自分から何かをやろうとする意欲や活力も高まる。そして,一人一人のよさや可能性を見いだし,その幼児らしさを損なわず,ありのままを受け入れる教師の姿勢により,幼児自身も友達のよさに気付いていくようになるのである。

(8) 友達と楽しく活動する中で,共通の目的を見いだし,工夫したり,協力したりなどする。

　幼稚園生活の中で,幼児は他の幼児と一緒に楽しく遊んだり活動したりすることを通して,互いのよさや特性に気付き,友達関係を形成しながら,次第に人間関係が広がり深まっていく。人間関係が深まるにつれて,幼児同士がイメージや思いをもって交流し合いながら,そこに共通の願いや目的が生まれる。そして,それに向かって遊びや活動を展開する中で,幼児同士が共に工夫したり,協力したりなどするようになっていく。

　このようなことは,幼稚園生活の中で友達との様々な関わりを体験しながら次第に可能になっていくものである。入園当初の幼児は,他の幼児と一緒にいることや同じことをすることで,人と共にいることの喜びや人とつながる喜びを体験する。その後,自分らしさを十分に発揮し,次第に仲の良い友達と思いを伝え合いながら,遊びを進めるようになる。その中で,自分の世界を相手と共有したいと願うようになる。そして,イメージや目的を共有し,それを実現しようと,幼児たちが,ときには自己主張がぶつかり合い,折り合いを付けることを繰り返しながら,工夫したり,協力したりする楽しさや充実感を味わうようになっていく。このような経験を重ねる中で,仲の良い友達だけではなくいろいろな友達と一緒に,さらには,学級全体で協同して遊ぶことができるようになっていく。学級全体で行う活動の場合,幼児は,小さなグループでは味わえない集団での遊びの楽しさや醍醐味を感じることができる。

　友達と楽しく遊ぶようになる上で大切なことは,単に友達と一緒に活動しているということにとどまらず,一緒に活動する幼児同士が,目的を共有し,一人では得られないものに集中していく気分を感じたり,その中で工夫し合ったり,力を合わせて問題を解決したりして,自分も他の幼児も生き生きするような関係性を築いていくことである。そのため,教師は,一緒に遊ぶ人数に関わらず,一人一人の幼児が十分に自己発揮しながら,他の幼児と多様な関わりがもてるように援助し,幼児が遊ぶ中で,共通の願いや目的が生まれ,工夫したり,協力したりする楽しさを十分に味わえるようにすることが大切である。

（9）よいことや悪いことがあることに気付き，考えながら行動する。

　幼児は，他者と関わる中で，自他の行動に対する様々な反応を得て，よい行動や悪い行動があることに気付き，自分なりの善悪の基準をつくっていく。特に信頼し，尊敬している大人がどう反応するかは重要であり，幼児は大人の諾否に基づいて善悪の枠をつくり，また，それを大人の言動によって確認しようとする。したがって，教師は幼児が何をしなければならなかったのか，その行動の何が悪かったのかを考えることができるような働き掛けをすることが必要である。そして，人としてしてはいけないことは「悪い行為である」ということを明確に示す必要がある。

　ただし，幼児であっても，友達とのやり取りの中で，自分の行動の結果，友達が泣いたり，怒ったり，喜んだりするのを見て，自分が何をやったのか，それがよいことなのか悪いことなのか自分なりに考えることはできる。教師は，ただ善悪を教え込むのではなく，幼児が自分なりに考えるように援助することが重要である。そして，幼児が自分で気付かないことに気付くようにすることが大切である。例えば，物を壊してしまったというような物理的な結果は分かっても，相手の心を傷つけたという心理的・内的側面には気付かない幼児に相手の意図や気持ち，そして，自分の行動が相手にもたらした心理的な結果に気付くように働き掛けることが必要である。また，自分の視点からしか物事を捉えられない幼児には，自分の行動がどのような結果をもたらしたのかを自分の視点とは異なった視点，特に，他者の立場から考えるように，幼児一人一人に応じて繰り返し働き掛けることが重要である。

　こうした教師からの働き掛けを受け入れられるかどうかは，幼児との関係の有り様が深く関わる。信頼関係があれば，幼児は教師の言うことを受け入れ理解して，よい行動を行ったり悪い行動を抑えたりする気持ちになれる。また，自分で考えようとする気持ちをもち，自分の考え方をより適切なものにしていこうとするためにも，幼児が基本的に安定感をもち，教師や他の幼児から受け入れられている安心感をもっている必要がある。

（10）友達との関わりを深め，思いやりをもつ。

　他者の気持ちに共感したり，苦痛を示す相手を慰めたり，助けようとしたりする行動は，かなり幼い頃から見られる。ただし，幼い頃は自分と他者の気持ちの区別ができず，自分にとっていいことは他者にとってもいいことと思ってしまうため，直ちに適切な行動をとるようにすることは困難である。他者と様々なやり取りをする中で，自他の気持ちや欲求は異なることが分かるようになっていくにつれて，自分の気持ちとは異なった他者の気持ちを理解した上での共感や思いやりのある行動ができるようになっていく。自己中心的な感情理解ではなく，相手の立場に立って考えられるようになるためには，友達と関わり，感情的な行き違いや自他の欲求の対立というような経験も必要である。

　幼児は次第に気の合う友達や一緒にいたいと思う友達ができ，そうした友達に対して，共感し，思いやりのある行動をする傾向があるので，共によく遊ぶ仲の良い友達をもつことが思いやりをもつ上で重要である。また，肯定的な気分のときの方が他者に対して思いやりのある行動をしやすいので，教師や友達に受け入れられ，自分が発揮されていることも必要である。

　このように，幼児が友達との関わりを深められるように援助するとともに，教師が幼児一人一人を大切にし，思いやりのある行動をするモデルになることや他者の感情や相手の視点に気付くような働き掛けをすることも重要である。

（11）友達と楽しく生活する中できまりの大切さに気付き，守ろうとする。

　幼稚園生活には，生活上の様々なきまりがある。幼児は，集団生活や友達との遊びを通して，これらのきまりがあることに気付き，それに従って自分を抑制するなどの自己統制力を徐々に身に付けていく。しかし，なぜそのきまりが必要なのかが幼児には分からない場合もある。この場合，先生に言われたから，決まっているから，守らないとしかられるからという形できまりは守られるようになっていくこともある。一方で，きまりによってはなぜ守る必要があるのか，守らないとどうなるのかが幼児に容易に分かるものもある。例えば，順番を守らない幼児がいると守っている幼児は待たされてしまうといったことである。日々の遊びや生活の中できまりを守らなかったために起こった問題に気付き，きまりの必要性を幼児なりに理解できるようにし，単にきまりを守らせることだけでなく，必要性を理解した上で，守ろうとする気持ちをもたせることが大切である。

　特に，遊びの中で，ルールを守ると友達との遊びが楽しくなるという実感をもてるようにすることが大切である。他者と共に遊ぶということは，自他に共有された何らかのルールに従うということであり，ルールを守らない幼児がいると楽しい遊びにならず，その遊びも継続しない。友達と一緒に遊ぶ中で，楽しく遊ぶためには参加者がルールに従うことが必要であることや，より楽しくするために自分たちでルールをつくったり，つくり変えたりすることもできることが分かっていくことは，生活上のきまりを理解し，守ろうとする力の基盤になっていく。

（12）共同の遊具や用具を大切にし，皆で使う。

　物を大切にするという気持ちの根底には，それが大切だと思える経験が重要である。したがって，最初から皆の物ということだけを強調するのではなく，初めは遊具や用具を使って十分に遊び，楽しかったという経験を積み重ねることによって，その物へのこだわりや愛着を育てることが必要である。

　さらに，次第にそれを自分も使いたいが，友達も使いたいということで起こる衝突やいざこざ，葛藤などを体験することを通して，個人の物と皆の物とがあることに気付かせていくことが大切である。例えば，共同の物は初めに使い始めた者に優先権があることが多いが，場合によっては相手の使いたい気持ちにも気付き，徐々に交替で譲り合って使う必要のあることも知らせていく。しかし，そのような際も，その時々の状況や幼児の気持ちを無視して，教師が一方的に順番を指示したり機械的にじゃんけんなどで決めたりするような安易なやり方ではなく，自分たちの生活を豊かにしていくために，自分の要求と友達の要求に折り合いを付けたり，自分の要求を修正したりする必要があることを理解していくようにすることが大切である。

> (13) 高齢者をはじめ地域の人々などの自分の生活に関係の深いいろいろな人に親しみをもつ。

　近年は，家庭においても地域においても人間関係が希薄化し，子供たちの人と関わる力が弱まってきている。そのような状況の中で幼稚園において，地域の人たちと積極的に関わる体験をもつことは，人と関わる力を育てる上で大切である。すなわち，地域の人たちとの関わりを通して，人間は一人だけで孤立して生きているのではなく，周囲の人たちと関わり合い，支え合って生きているのだということを実感することが大切である。そのためには，日常の保育の中で，地域の人々や障害のある幼児などとの交流の機会を積極的に取り入れることも必要である。とりわけ，高齢社会を生きていく幼児にとって，高齢者と実際に交流し，触れ合う体験をもつことは重要である。このため，地域の高齢者を幼稚園に招き，例えば，運動会や生活発表会を一緒に楽しんだり，昔の遊びを教えてもらったり，昔話や高齢者の豊かな体験に基づく話を聞いたりするとともに，高齢者福祉施設を訪問して交流したりするなど，高齢者と触れ合う活動を工夫していくことが大切である。

　なお，地域の人々との交流を図る上で重要なことは，それが幼児の発達にとって有意義であることはもとより，幼児と関わる地域の人たちにとっても，幼児に接することによって人との関わりが豊かになり，夢と希望が育まれるなどの点で有意義なものとなることである。

［内容の取扱い］

> （1）教師との信頼関係に支えられて自分自身の生活を確立していくことが人と関わる基盤となることを考慮し，幼児が自ら周囲に働き掛けることにより多様な感情を体験し，試行錯誤しながら諦めずにやり遂げることの達成感や，前向きな見通しをもって自分の力で行うことの充実感を味わうことができるよう，幼児の行動を見守りながら適切な援助を行うようにすること。

　幼児の行動を見守りながら，適切な援助を行うためには，教師と一人一人の幼児との間に信頼関係をつくり出し，同時に，幼児の言動や表情から，その幼児が今何を感じているのか，何を実現したいと思っているのかを受け止め，幼児が試行錯誤しながら自分の力で課題を乗り越えられるようにしていくことが必要である。このような援助をするには，教師は幼児と向き合い，幼児が時間を掛けてゆっくりとその幼児なりの速さで心を解きほぐし，自分で自分を変えていく姿を温かく見守るというカウンセリングマインドをもった接し方が大切である。ここでいうカウンセリングマインドとは，カウンセリング活動そのものではない。カウンセリングの基本的な姿勢を教育の場に生かしていくことである。

　幼児が自分自身の生活を確立し，自分の力で行うことの充実感を味わうようになるために，教師は次の点に配慮することが大切である。

　第一は，幼児の行動に温かい関心を寄せることである。それは，やたらに褒めたり，励ましたり，付きまとったりすることではない。大人がもっている判断の基準にとらわれることなく，幼児のありのままの姿をそのまま受け止め，期待をもって見守ることである。このような肯定的な教師のまなざしから，幼児は，自分が教師に見守られ，受け入れられていることを感じ取っていく。しかし，「待つ」とか「見守る」ということは，幼児のすることをそのまま放置して何もしないことではない。幼児が他者を必要とするときに，それに応じる姿勢を教師は常にもつことが大切なのである。それは，幼児の発達に対する理解と自分から伸びていく力をもっている存在としての幼児という見方に支えられて生まれてくる教師の表情やまなざし，あるいは言葉や配慮なのである。

　第二は，心の動きに応答することである。幼児が多様な感情を体験し，

試行錯誤しながら自分の力で行うことの充実感や満足感を味わうことができるようにするには，その心の動きに対して柔軟な応じ方をすることが重要である。教師が答えを示すのではなく，幼児の心の動きに沿って共に心を動かしたり，知恵を出し合ったりする関わり方が求められる。心の動きに沿った教師の応答は，幼児と生活を共にしながら心の動きを感じ取ろうとする過程の中で生まれてくる。教師の応じ方は全て幼児の内面を理解することと表裏一体となり，切り離せないものなのである。
　第三は，共に考えることである。それは，言葉だけで意見や知恵を出し合うことではない。相手の立場に立って，相手の調子に合わせて考えようとする姿勢が必要となる。相手と同じことをやってみることやそばに寄ったり，手をつないだりすることなどによって，体の動かし方や視線といった言葉にならないサインを感じ取っていくことが大切であり，結果よりも，むしろ，幼児と一緒に過ごし，その心に寄り添いながらその幼児らしい考え方や思いを大切にすることが重要である。併せて幼児一人一人の発達に応じて，思いや考えを引き出したり，考えが広がるようなきっかけを与えたりするなどの関わりも大切である。
　第四は，幼児なりの達成感を味わう経験を支えることである。幼児が何かをやろうとしている過程では，うまくいかずにくじけそうになることもある。また，「やりたくない」と言っていても，自分には難しいと思えて諦めていることもある。教師は，幼児の表情や仕草，体の動きから幼児の気持ちを読み取り，見通しがもてるように共に考えたり，やり方を知らせて励ましたりしながら，幼児が自分の力でやり遂げることができるよう幼児の心に寄り添いながら支えることが大切である。また，やり遂げた達成感を幼児が十分に味わえるよう，共に喜び言葉にして伝えるなどのことも大切である。これらのことが，幼児が前向きな見通しをもちながら，自信をもって取り組む姿へつながっていく。

> (2) 一人一人を生かした集団を形成しながら人と関わる力を育てていくようにすること。その際，集団の生活の中で，幼児が自己を発揮し，教師や他の幼児に認められる体験をし，自分のよさや特徴に気付き，自信をもって行動できるようにすること。

　一人一人の幼児の発達は，同年代の幼児と教師が共に生活する中で促されていく。集団生活の中で幼児同士がよい刺激を受け合い，相互にモデルになるなど影響しながら育ち合うのである。このような育ち合いがなされるためには，その集団が一人一人の幼児にとって安心して十分に自己を発揮できる場になっていなければならない。

　幼児は，周囲の人々に温かく見守られ，ありのままの姿を認められている場の中で，自分らしい動き方ができるようになり，自己を発揮するようになる。教師の重要な役割の一つは，教師と幼児一人一人との信頼関係を基盤に，さらに，幼児同士の心のつながりのある温かい集団を育てることにある。

　このような互いの信頼感で結ばれた温かい集団は，いわゆる集団行動の訓練のような画一的な指導からは生まれてこない。集団の人数が何人であろうとも，その一人一人がかけがえのない存在であると捉える教師の姿勢から生まれてくるのである。

　様々な活動を思い思いに展開しながら，幼児は絶えず教師にいろいろなサインを送り，メッセージを発している。教師がその思いを受け止めることにより，どの幼児も受け止められる喜びを味わうと同時に，幼児は受け止める教師の姿勢をも無意識のうちに自分の中に取り入れていくのである。

　どの幼児に対しても集団の一員としてこのような姿勢で接する教師と生活を共にする中で，幼児は互いを大切にする姿勢を身に付けていく。そのことがやがて，心のつながりをもった温かい集団をつくり出すことにつながっていくのである。

　一人一人のよさや特徴が生かされた集団を形成するためには，まず教師が，幼児の心に寄り添い，その幼児のよさを認めることが大切である。幼児は，自己発揮する中で，ときにはうまく自己を表出できなかったり，失敗を繰り返し「うまくできないかもしれない」と不安になったりする

ことがある。このような場面では，教師が，その幼児なりに取り組んでいる姿を認めたり，ときには一緒に行動しながら励ましたりして，幼児が，安心して自分らしい動き方ができるような状況をつくっていく必要がある。幼児は，ありのままの自分が認められているという安心感や，日々の遊びや生活の中でその幼児なりのよさを捉える教師のまなざしに支えられ，自分のよさや特徴に気付き，自分に力があると信じて取り組み，自信をもって行動することができるようになっていくだろう。また，他の幼児からもその幼児のよさを認められることにより，更に幼児は活力を得て，自信を高めていく。この自信を基盤として，人と関わる力も育っていく。さらに，幼児は自分が認められることで友達のよさも認められるようになっていく。

　このように，幼児は集団の生活を通して，相互に影響し合い，育ち合っていく。幼児が集団の中で自信をもって行動できるようになるためには，一人一人が集団の中で認められ，そのよさや特徴が生かされる学級集団の在り方を考えることが必要である。

> (3) 幼児が互いに関わりを深め，協同して遊ぶようになるため，自ら行動する力を育てるようにするとともに，他の幼児と試行錯誤しながら活動を展開する楽しさや共通の目的が実現する喜びを味わうことができるようにすること。

　幼児が協同して遊ぶようになるためには，まず一人一人がその子らしく遊ぶことができるように，自発性を育てることが基盤におかれなければならない。幼児は，教師や他の幼児との関わりの中で自発性を獲得していく。例えば，幼児は，他の幼児が作った物やしていることに憧れて，自分もそのような物を作ろうとしたり，知らず知らずのうちに他の幼児の動きをまねしたりする中で，周囲のものや遊具などとの多様な関わり方を学んだり，新たな感覚を体感したりして，自分の中に取り込み，自ら行動するようになる。このように，幼児は，他の幼児との関わりの中で自発性を獲得し，この自発性を基盤として，より生き生きとした深みのある人間関係を繰り広げていく。

　幼児が互いに関わりを深め，共に活動する中で，皆でやってみたい目的が生まれ，工夫したり，協力したりするようになっていく。この過程の中で，幼児は，自分の思いを伝え合い，話し合い，新しいアイデアを生み出したり，自分の役割を考えて行動したりするなど，力を合わせて協力するようになる。また，皆で一緒に活動する中では，自分の思いと友達の思いが異なることもあり，ときには自己主張がぶつかり合い，ある部分は互いに我慢したり友達の思いを受け入れたりしながら活動を展開していくこともある。

　このように，幼児同士が試行錯誤して活動を展開していくようになるが，大切なことは，幼児自身が活動自体を楽しむことである。共通の目的は実現したり実現しなかったりする。実現しなかった場合でも，幼児が活動そのものを楽しんでいれば，また皆で一緒に活動しようという気持ちになる。また，共通の目的が実現した場合，その喜びを十分に味わうことが次の活動につながる。幼児の行う活動は，幼児同士の小さな集団での活動から，修了前には学級全体で活動するようになることを踏まえ，それぞれの時期にふさわしく展開されることが重要である。

　さらに，このような経験を通して，集団の中で一人一人のよさが発揮

され影響し合って，一人ではできないことも力を合わせれば可能になるという気持ちが育つようにすることが大切である。そのことを通じて，幼児自身が集団の中のかけがえのない一員であることを知り，同時に仲間への信頼感をもつことができるようになっていく。

　特に行事などでは，結果やできばえを重視し過ぎたりすることのないよう，共に進める教師同士が，その行事を取り入れた意図などを共通に理解した上で，活動の過程での幼児の変容を読み取ることが大切である。

　幼児一人一人のよさを生かしながら協同して遊ぶようになるためには，集団の中のコミュニケーションを通じて共通の目的が生まれてくる過程や，幼児が試行錯誤しながらも一緒に実現に向かおうとする過程，いざこざなどの葛藤体験を乗り越えていく過程を大切に受け止めていくことが重要である。その際，教師は，幼児一人一人の人との関わりの経験の違いを把握しておく必要がある。幼児によっては，自分に自信がもてなかったり，他者に対して不安になったり，人への関心が薄かったりすることもあることを踏まえて，適切な援助を行うようにすることが大切である。

> （4）道徳性の芽生えを培うに当たっては，基本的な生活習慣の形成を図るとともに，幼児が他の幼児との関わりの中で他人の存在に気付き，相手を尊重する気持ちをもって行動できるようにし，また，自然や身近な動植物に親しむことなどを通して豊かな心情が育つようにすること。特に，人に対する信頼感や思いやりの気持ちは，葛藤やつまずきをも体験し，それらを乗り越えることにより次第に芽生えてくることに配慮すること。

　幼児は幼稚園生活において，他の幼児と関わりながら生活する中で，生活に必要な行動の仕方を身に付け，また，友達と楽しく過ごすためには，守らなければならないことがあることに気付いていく。幼児は基本的には他律的で，大人の言うことが正しく，言われたから，しかられるから従うという傾向がある。一方，幼児期から繰り返し経験する生活の中で規則性や秩序に気付いたり，物を壊したり，相手を泣かしたりすると顔色を変えたり，あるいは泣いている子を慰めようとするなど，道徳性の芽生えは存在している。

　幼児は他者と様々なやり取りをする中で，自分や他者の気持ち，自他の行動の結果などに徐々に気付くようになり，道徳性の芽生えをより確かなものにしていく。特に，仲間と楽しく過ごす一方で，いざこざや葛藤の体験を重ね，それについて考えたり，教師や仲間と話し合ったりすることは，自他の気持ちや欲求は異なることに気付かせ，自分の視点からだけでなく相手の視点からも考えることを促して，他者への思いやりや善悪の捉え方を発達させる。葛藤の体験は幼児にとって大切な学びの機会であるが，いざこざや言葉のやり取りが激しかったり，長い間続いたりしている場合には仲立ちをすることも大切である。さらに，幼児がなかなか気持ちを立て直すことができそうにない場合には，教師が幼児の心のよりどころとなり，適切な援助をする必要もある。

　幼児は信頼し，尊敬している大人の言葉や行動に基づいて何がよくて何が悪いのかの枠をつくっており，教師の言動の影響は大きい。特に，生命や人権に関わることなど人としてしてはいけないことに対しては，悪いと明確に示す必要がある。このように，教師はときには，善悪を直接的に示したり，また，集団生活のきまりに従うように促したりするこ

とも必要になる。また，それだけでなく，他者とのやり取りの中で幼児が自他の行動の意味を理解し，何がよくて何が悪かったのか考えることができるように，それまで気付かなかったことに気付くように働き掛け，援助していくことが重要である。

　さらに，他者とのやり取りだけでなく，自然の美しさに触れたり，身近な動植物に親しみ，世話をしたりする中で，生命あるものへの感性や弱いものをいたわる気持ちなど，豊かな心情を育てることも必要である。

　いうまでもないが，基本的な生活習慣の形成において，自立心を育み，自己発揮と自己抑制の調和のとれた自律性を育てることは，道徳性の芽生えを培うことと深く関わることである。(**第2章　第2節　1　心身の健康に関する領域「健康」[内容の取扱い](5)　163頁を参照**)

(5) 集団の生活を通して，幼児が人との関わりを深め，規範意識の芽生えが培われることを考慮し，幼児が教師との信頼関係に支えられて自己を発揮する中で，互いに思いを主張し，折り合いを付ける体験をし，きまりの必要性などに気付き，自分の気持ちを調整する力が育つようにすること。

　人と人とが尊重し合い，協調して社会生活を営んでいくためには，守らなくてはならない社会のきまりがある。しかし，社会のきまりを守ることは，初めからできるわけではなく，日々，繰り返される生活や人との関わりを通して徐々に規範意識が形成され，きまりを守ることができるようになっていく。特に，幼児期では，教師や友達と共にする集団の生活を通して，体験を重ねながら規範意識の芽生えを培うことが重要である。

　このため，初めての集団の生活となる幼稚園では，幼児が教師との信頼関係に支えられて自己を発揮するとともに，友達と関わりを深め，互いに思いを主張し合う中で，自分の思いが受け入れられないこともあり，相手と折り合いを付けながら遊ぶ体験を重ねていくことが重要である。これらの体験を通して，幼児が，きまりを守ると友達と楽しく過ごせることに気付き，それを守ろうとして行動する中で，規範意識の芽生えを培っていくことが大切である。

　しかし，幼児は，きまりが大事であると思っても，必ずしもきまりを守ることができるとは限らない。例えば，遊びのルールを分かっていても，興奮すると忘れてしまったり，時間がかかると嫌になってしまい守らなかったりすることがある。この場合，幼稚園生活では自分の欲求を無理に通してきまりを守らなかったために，友達との遊びが壊れてしまったり，仲間関係がくずれてしまったりすることを体験するだろう。しかし，こうした体験を通して，幼児は，次第に自分の気持ちを調整することの必要性を理解していくようになる。幼児が教師や友達と関わりを深め，楽しい体験を積み重ねるにつれ，自分の気持ちを調整しつつ周囲との関係をつくることができるようになる中で，次第に自分の思いを大切にしながら，きまりを守ることができるように，教師は適切な援助をする必要がある。

> (6) 高齢者をはじめ地域の人々などの自分の生活に関係の深いいろいろな人と触れ合い，自分の感情や意志を表現しながら共に楽しみ，共感し合う体験を通して，これらの人々などに親しみをもち，人と関わることの楽しさや人の役に立つ喜びを味わうことができるようにすること。また，生活を通して親や祖父母などの家族の愛情に気付き，家族を大切にしようとする気持ちが育つようにすること。

幼児は，限られた人間関係の中で生活しているので，幼稚園生活において，高齢者をはじめ，異年齢の子供や働く人などの地域の人々で自分の生活と関係が深い人と触れ合ったり，交流したりすることは，人と関わる力を育てる上で重要である。特に，幼児が，日常の家庭や地域社会の生活とは立場が変わり相手の役に立つことをする経験も大切である。幼児は，「○○してあげる」という言葉を好んで使い，何かを手伝いたがる。そして，相手に喜ばれ，よくやってくれたと感謝されることによって，幼児は自分が有用な人間であることを自覚し，もっと人の役に立ついろいろなことができるようになろうと思うようになっていく。

将来のボランティア精神の基盤となる人の役に立つ喜びを幼児期に経験させるためには，このような自分のできる手伝いをすることなどにより，他者の役に立っているという満足感を得られるようにすることが大切である。

さらに，幼児は自分が信頼する大人のものの考え方や行動の仕方を素直に自分の中に取り入れ，生活の仕方や人間としての生き方などを学んでいくので，幼児期において家族との関わりが極めて重要である。このため，幼稚園生活を送る中で，機会を捉えて改めて親や祖父母などの家族のことを話題にしたり，その気持ちを考えたりする機会を設け，幼児が，家族の愛情に気付き，おのずとその家族を大切にしようとする気持ちをもつように働き掛けることも必要である。

また，幼児は，人に対する優しさや愛情を人間関係の中で学んでいくので，幼児の中に家族を大切にする心を育んでいくためには，幼児自身が家族から愛されているということを実感することも大切である。

このようなことについて，親や祖父母などの家族にも理解してもらう

よう働き掛けることが必要である。幼稚園での活動や家族への働き掛けなどを通じて，幼児と家族とのよりよい関係を育み，幼児の情緒の安定を図り，幼稚園生活の中で安心して自己発揮できるようにすることが大切である。

3 身近な環境との関わりに関する領域「環境」

> 周囲の様々な環境に好奇心や探究心をもって関わり,それらを生活に取り入れていこうとする力を養う。

1 ねらい
(1) 身近な環境に親しみ,自然と触れ合う中で様々な事象に興味や関心をもつ。
(2) 身近な環境に自分から関わり,発見を楽しんだり,考えたりし,それを生活に取り入れようとする。
(3) 身近な事象を見たり,考えたり,扱ったりする中で,物の性質や数量,文字などに対する感覚を豊かにする。

　幼児の周囲には,園内や園外に様々なものがある。人は暮らしを営み,また,動植物が生きていて,遊具などの日々の遊びや生活に必要な物が身近に置かれている。幼児はこれらの環境に好奇心や探究心をもって主体的に関わり,自分の遊びや生活に取り入れていくことを通して発達していく。このため,教師は,幼児がこれらの環境に関わり,豊かな体験ができるよう,意図的,計画的に環境を構成することが大切である。

　幼児は身近な環境に興味をもち,それらに親しみをもって自ら関わるようになる。また,園内外の身近な自然に触れて遊ぶ機会が増えてくると,その大きさ,美しさ,不思議さに心を動かされる。幼児はそれらを利用して遊びを楽しむようになる。幼児はこのような遊びを繰り返し,様々な事象に興味や関心をもつようになっていくことが大切である。

　幼児は身近な環境に好奇心をもって関わる中で,新たな発見をしたり,どうすればもっと面白くなるかを考えたりする。そして,この中で体験したことを,更に違う形や場面で活用しようとするし,遊びに用いて新たな使い方を見付けようとする。幼児にとっての生活である遊びとのつながりの中で,環境の一つ一つが幼児にとってもつ意味が広がる。したがって,まず何より環境に対して,親しみ,興味をもって積極的に関わるようになることが大切である。さらに,ただ単に環境の中にあるものを利用するだけではなく,そこで気付いたり,発見したりしようとする環境に関わる態度を育てることが大切である。幼児は,気付いたり,発見したりすることを面白く思い,別なところでも活用しようとするので

ある。
　身近な事象を見たり，考えたり，扱ったりする中で，物の性質や数量，文字などに対しての関わりを広げることも大切である。幼児を取り巻く生活には，物については当然だが，数量や文字についても，幼児がそれらに触れ，理解する手掛かりが豊富に存在する。それについて単に正確な知識を獲得することのみを目的とするのではなく，環境の中でそれぞれがある働きをしていることについて実感できるようにすることが大切である。

[内　容]

> **（1）自然に触れて生活し，その大きさ，美しさ，不思議さなどに気付く。**

　自然に触れて遊ぶ中で，幼児は全身で自然を感じ取る体験により，心がいやされると同時に，多くのことを学んでいる。特に，幼児期において，自然に触れて生活することの意味は大きい。幼稚園生活の中でも，できるだけ身近な自然に触れる機会を多くし，幼児なりにその大きさ，美しさ，不思議さなどを全身で感じ取る体験をもつようにすることが大切である。

　自然と触れ合う体験を十分に得られるようにするためには，園内の自然環境を整備したり，地域の自然と触れ合う機会をつくったりして，幼児が身近に関わる機会をつくることが大切である。また，幼児が心を動かされる場面は，必ずしも大人と同じではないことにも留意しなければならない。例えば，クモの巣に光る露に心を動かされたり，自分で育てた花から取れた種をそっとポケットにしまい込んだりなど，幼児は日常の何気ない生活場面で心を揺り動かしている。このような幼児の自然との出会いを見逃さないようにすることが教師の関わりとして大切である。

　自然と出会い，感動するような体験は，自然に対する畏敬の念，親しみ，愛情などを育てるばかりでなく，科学的な見方や考え方の芽生えを培う上で基礎となるものである。テレビやビデオなどを通しての間接体験の機会が増えてきている現代，幼稚園で自然と直接触れる機会を設けることは大きな意味をもってきている。

（2）生活の中で，様々な物に触れ，その性質や仕組みに興味や関心をもつ。

　幼児は，様々な物に囲まれて生活し，それらに触れたり，確かめたりしながら，その性質や仕組みなどを知っていく。初めは，感触を試し，物との関わりを楽しんでいるが，興味をもって繰り返し関わる中で，次第にその性質や仕組みに気付き，幼児なりに使いこなすようになる。物の性質や仕組みが分かり始めるとそれを使うことによって一層遊びが面白くなり，物との関わりが深まる。物の性質や仕組みに気付くことと遊びが面白くなることが循環していく。例えば，土の団子作りに興味をもっている幼児は，何度も作りながら，同じ土であっても，湿り気の具合によってその性質が異なることを体験的に理解し，しんにする土，しんの周囲を固める土，湿り気を取るための土など，うまく使い分けている。このように，遊びを通して，物の性質の理解が深まっていく。

　さらに，遊びの深まりや仲間の存在は，幼児が物と多様な関わりをすることを促す。幼児が周囲にある様々な物に触発されて遊びを生み出し，多様な見立てを楽しむと，その遊びに興味をもった仲間が集まり，新しいアイデアが付加され，その物の性質や仕組みについて新たな一面を発見する。その発見を生かして更に遊びが広がり，深まるといった過程を繰り返す。このような流れの中で，幼児が自分のリズムで遊びを展開し，興味をもった物に自分から関わる，多様な見立てや関わりを楽しむ，試行錯誤をする，仲間と情報を交流するといったことを通して，物の性質や仕組みに興味をもち，物との関わりを楽しみ，興味や関心を深めていくことを踏まえることが大切である。

（3）季節により自然や人間の生活に変化のあることに気付く。

　幼稚園内外の自然や地域社会の人々の生活に日常的に触れ，季節感を取り入れた幼稚園生活を体験することを通して，季節により自然や人間の生活に変化があることに幼児なりに関心をもつようにすることが大切である。

　春の草花や木の芽，真夏の暑い日差し，突風にさらされて舞い散る落ち葉など，幼児は日々の生活の中で季節の変化を感じる場面に出会うことが多い。また，幼児が意識する，しないに関わらず，その変化に伴い，食べ物や衣服，生活の仕方などが変化している。大切なことは，日常的に自然に触れる機会を通して，幼児が季節の変化に気付いていくようにすることである。そのためには，園内の自然環境を整備したり，季節感のある遊びを取り入れたりするなどして，幼稚園生活の自然な流れの中で，幼児が季節の変化に気付き，感じ取れるようにすることが大切である。

　季節により変化のあることに気付くということは，必ずしも，変化の様子を完全に理解したり，言葉に表したりするということではない。夏の暑い日に浴びるシャワーの水は心地よいが，冬の寒い日に園庭で見付けた氷混じりの水は刺すような冷たさを感じるなど，何気なく触れているものでも季節によって感触や感じ方が異なるといったように，幼児自身が全身で感じ取る体験を多様に重ねることが大切である。

　幼稚園の外に出掛けると，季節による自然や生活の変化を感じる機会が多い。幼児が四季折々の変化に触れることができるように，園外保育を計画していくことも必要である。かつては，地域の人々の営みの中にあふれていた季節感も失われつつある傾向もあり，秋の収穫に感謝する祭り，節句，正月を迎える行事などの四季折々の地域や家庭の伝統的な行事に触れる機会をもつことも大切である。

（4）自然などの身近な事象に関心をもち，取り入れて遊ぶ。

　幼児の身の回りにある自然などの様々な事象に触れる機会を多くもつようにし，それらを取り入れて遊ぶ楽しさを十分に味わうことが必要である。幼児は自然の様々な恵みを巧みに遊びに取り入れて，遊びを楽しんでいる。どんぐりなどの木の実はもちろん，それぞれの季節の草花，さらに，川原の石や土なども遊ぶための大切な素材である。

　また，幼児は，目に見えるものだけではなく，見えないものと対話し，幼児の遊びの中に取り入れている。例えば，風の動きを肌で感じ，自分で作った紙飛行機や凧などを少しでも高く，遠くに飛ばそうと高い所を見付け，飛ばしたり，風の向きを考えたりして遊んでいる。

　このような遊びが幼児の興味や関心に基づいて十分に繰り返されるように援助しながら，幼児の自然などの身近な事象への関心が高まるようにすることが大切である。単に自然の事象についての知識を得ることではなく，自然の仕組みに心を動かし，ささいなことであってもその幼児なりに遊びの中に取り入れていくことが大切である。

(5) 身近な動植物に親しみをもって接し，生命の尊さに気付き，いたわったり，大切にしたりする。

　親しみやすい動植物に触れる機会をもたせるとともに，教師など周囲の人々が世話をする姿に接することを通して，次第に身近な動植物に親しみをもって接するようにし，実際に世話をすることによって，いたわったり，大切にしたりしようとする気持ちを育てることが大切である。
　園内で生活を共にした動植物は，幼児にとって特別な意味をもっている。例えば，小動物と一緒に遊んだり，餌を与えたり，草花を育てたりする体験を通して，生きている物への温かな感情が芽生え，生命を大切にしようとする心が育つ。生命の誕生や終わりといったことに遭遇することも，幼児の心をより豊かに育てる意味で大切な機会となる。幼児期にこのような生命の営み，不思議さを体験することは重要である。
　ときに幼児は小さな生き物に対して，物として扱うようなことがある。しかし，このようなときにも小さな生き物にも生命があり，生きているのだということを幼児に繰り返し伝えることが大切である。また，例えば，幼児が，初めはウサギを人間の赤ちゃんのように抱き，語り掛けることもある。生き物を擬人的に理解し，扱ったりしている場合には，次第に人とは違うその生き物の特性が分かるようになり，その生き物が過ごしやすい飼い方にも目を向けるようにすることが大切である。
　このような体験を繰り返しながら，幼児は次第に生命の尊さに気付き，いたわったり，大切にしたりするようになっていく。生命の大切さを伝えることは難しいが，このことは幼児期から育んでいかなければならないことである。

> (6) 日常生活の中で，我が国や地域社会における様々な文化や伝統に親しむ。

　幼児が，日常生活の中で我が国や地域社会における様々な文化や伝統に触れ，長い歴史の中で育んできた文化や伝統の豊かさに気付くことは大切なことである。
　このため，例えば，教師と一緒に飾りを作りながら七夕の由来を聞くなどして，次第にそのいわれやそこにこめられている人々の願いなどにも興味や関心をもつことができるようになることが大切である。
　また，幼稚園においては，例えば地域の祭りに合わせて，地域の人が幼稚園で太鼓のたたき方を見せてくれる機会をつくるなど，地域の人々との関わりを通して，自分たちの住む地域に親しみを感じたりすることが大切である。なお，身近な地域社会の文化や伝統に触れる際には，異なる文化にも触れるようにすることで，より豊かな体験にしていくことも考えられる。
　さらに，幼稚園生活で親しんだ伝統的な遊びを家族や地域の人々と一緒に楽しむことなどにより幼児が豊かな体験をすることも大切である。

（7）身近な物を大切にする。

　幼稚園生活の中で，身近な物を大切にし，無駄なことをしないようにする気持ちを育てることが大切である。幼児は物に愛着をもつことから，次第にそれを大切にする気持ちが育つので，一つ一つの物に愛着を抱くことができるように援助することが大切である。幼児は物を使って遊ぶ中で，その物があることによって遊びが楽しくなることに気付き，その物に愛着をもつようになる。そのため，教師は，幼児が遊びを十分に楽しめるように援助することが大切である。また，教師自身が物に愛着をもち，大切に取り扱っている様子を幼児に示すことも大切である。

　幼児が自分と物と他者のつながりを自然に意識できるように，教師はそれぞれの状況に合わせて様々な関わり方をすることが大切である。

　また，教師が紙の切れ端などを利用して何かを作って見せたりするなど，工夫の仕方で活用することができることを知らせ，幼児の物への関わりをより豊かに発展させていくことも大切である。

　このように，日常的な幼児とのいろいろな関わりの中で，物を大切にしようとする心を育てるようにすることが大切である。

　さらに，物を用いて友達と一緒に遊ぶ中で，その物への愛着を共有し，次第に自分たちの物，皆の物であるという意識が芽生えてくる。また，友達との関わりが深まる中で，自分が大切にしている物だけでなく，友達が大切にしている物も大切にしようという気持ちをもつようにもなっていく。このように，集団の生活を通して，公共の物を大切にしようとする気持ちを育むことも大切である。

> (8) 身近な物や遊具に興味をもって関わり，自分なりに比べたり，関連付けたりしながら考えたり，試したりして工夫して遊ぶ。

　身近にある物や遊具，用具などを使って試したり，考えたり，作ったりしながら，探究していく態度を育てることが大切である。身近にある物を使って工夫して遊ぶようになるためには，教師は，幼児が心と体を働かせて物とじっくりと関わることができるような環境を構成し，対象となるその物に十分に関わることができるようになることが大切である。幼児は，手で触ったり，全身で感じてみたり，あることを繰り返しやってみたり，自分なりに比べたり，これまでの体験と関連付けて考えたりしながら物に関わっていく。このような関わりを通して，幼児は物や遊具，用具などの特性を探り当て，その物や遊具，用具などに合った工夫をすることができるようになる。それゆえ，教師はこのような幼児の力を信頼し，その上でどのような援助が必要か考えていくことが大切である。

　大人には単調な繰り返しに見えることが，幼児にとっては重要な意味をもっている場合もある。このような幼児なりの物との関わりを十分に楽しむことが大切であるが，ときには他の幼児が工夫していることに注目するよう促したり，また，ときには教師自らが工夫の仕方を示したりするなど，いろいろな物に興味をもって関わる機会をつくることも必要である。

　幼児は物や遊具，用具などで遊びながら，その物や遊具，用具などの仕組みそのものに興味を示すことがある。その際，教師はそのような幼児の関心を大切にし，幼児がその仕組みについてより探究できるよう援助していくことも必要である。

(9) 日常生活の中で数量や図形などに関心をもつ。

　幼児は日常生活の中で，人数や事物を数えたり，量を比べたり，また，様々な形に接したりすることを体験している。教師はこのような体験を幼児がより豊かにもつことができるようにして幼児が生き生きと数量や図形などに親しむことができるように環境を工夫し，援助していく必要がある。

　数量や図形についての知識だけを単に教えるのではなく，生活の中で幼児が必要感を感じて数えたり，量を比べたり，様々な形を組み合わせて遊んだり，積み木やボールなどの様々な立体に触れたりするなど，多様な経験を積み重ねながら数量や図形などに関心をもつようにすることが大切である。

　幼児は，例えば，皆が席に座った際に，誰も座っていないいすを数えて休みの幼児を確認したり，ごっこ遊びで友達が持っている棒より長い物を持ちたくて作ったりするなど，日常的に知らず知らずのうちに数や量に触れて生活している。また，教師や友達と一緒にグループの人数を確認してからおやつを配ったり，どちらの砂山が高いかを比べたりするなど，意識して数量を用いることもある。このような体験を通して，教師や友達との日常的なやり取りをしながら，数量に親しむ経験を多様に重ねていくことが大切である。

　さらに，花びらや葉，昆虫や魚の体形など，幼児の身の回りの自然界は多様な形に満ちている。幼児がこのような多様な形に触れたり，教師が注目を促すことを通して，様々な形に気付いたりして，次第に図形に関心をもつようになることが大切である。

　このように，日常生活の中で数えたり，量ったりすることの便利さと必要感に幼児が次第に気付き，また，様々な図形に関心をもって関わろうとすることができるよう援助していくことが重要である。

（10）日常生活の中で簡単な標識や文字などに関心をもつ。

　幼児にとって，自分が話している言葉がある特定の文字や標識に対応しているのを知ることは新鮮な驚きである。例えば，日常で使っている「はさみ」という言葉が，整理棚などに書いてある「は」，「さ」，「み」という文字に対応していることを知ったときの幼児の驚きと喜びを大切にしなければならない。このため，教師はまず幼児が標識や文字との新鮮な出会いを体験できるよう環境を工夫する必要がある。

　また，生活の中で様々な標識（交通標識など）に触れたり，自分たちで標識（学級の標識，グループの標識，トイレの標識など）を作って生活したり，遊んだりする中で，標識が意味やメッセージをもっていることに気付くことも大切である。標識が人が人に向けたメッセージであり，コミュニケーションの手段の一つであることを感じ取れるよう環境を工夫していく必要がある。

　また，絵本や手紙ごっこを楽しむ中で自然に文字に触れられるような環境を構成することを通して，文字が様々なことを豊かに表現するためのコミュニケーションの道具であることに次第に気付いていくことができるよう，幼児の発達に沿って援助していく必要がある。

　幼児が文字を道具として使いこなすことを目的にするのではなく，人が人に何かを伝える，あるいは人と人とがつながり合うために文字が存在していることを自然に感じ取れるように環境を工夫し，援助していくことが重要である。

(11) 生活に関係の深い情報や施設などに興味や関心をもつ。

　幼稚園生活の中で，身近に感じられる情報に接したり，それを生活に取り入れたりする体験を重ねる中で，次第に自分の生活に関係の深い情報に興味や関心をもつようにすることが大切である。

　特に，３歳や４歳の時期，あるいは幼稚園生活に慣れていない時期には，様々な情報を断片的にしか理解できないことが多い。友達とのつながりが深まるにつれて，自分の得た情報を友達に伝えたり，友達のもっている情報に関心をもったりして，情報の交換を楽しむようになる。友達同士が目的をもって遊ぶようになると，遊びに必要な情報を獲得し，活用する姿が見られるようになり，生活の豊かさにつながっていく。

　幼児が周りの情報に関心をもつようになるためには，例えば，教師自身が興味深く見た放送の内容，地域の催しや出来事などの様々な情報の中から幼児の生活に関係の深い情報を適切に選択し，折に触れて提示していくなど，幼児の興味や関心を引き出していくことも大切である。

　また，図書館や高齢者福祉施設などの様々な公共の施設を利用したり，訪問したりする機会を設け，幼児が豊かな生活体験を得られるようにすることが大切である。公共の施設などを利用する際は，幼児の生活に関わりが深く，幼児が興味や関心をもてるような施設を選択したり，訪問の仕方を工夫したりする必要がある。その際，このような施設が皆のものであり，大切に利用しなければならないことを指導することにより，公共心の芽生えを培っていくことも大切である。

(12) 幼稚園内外の行事において国旗に親しむ。

　幼児期においては，幼稚園や地域の行事などに参加したりする中で，日本の国旗に接し，自然に親しみをもつようにし，将来の国民としての情操や意識の芽生えを培うことが大切である。幼稚園においては，国旗が掲揚されている運動会に参加したり，自分で国旗を作ったりして，日常生活の中で国旗に接するいろいろな機会をもたせることにより，自然に日本の国旗に親しみを感じるようにさせることが大切である。
　また，そのようなことから，国際理解の芽生えを培うことも大切である。

[内容の取扱い]

> （1）幼児が，遊びの中で周囲の環境と関わり，次第に周囲の世界に好奇心を抱き，その意味や操作の仕方に関心をもち，物事の法則性に気付き，自分なりに考えることができるようになる過程を大切にすること。また，他の幼児の考えなどに触れて新しい考えを生み出す喜びや楽しさを味わい，自分の考えをよりよいものにしようとする気持ちが育つようにすること。

　幼児は，遊びを通して周りの環境の一つ一つに関わる。そこから何か特定のことを分かろうとして関わるわけではなく，知りたいとか，面白く遊びたいから関わるのである。このため，教師は，環境の中にあるそれぞれのものの特性を生かし，その環境から幼児の興味や関心を引き出すことができるような状況をつくらなければならない。

　幼児は初めからどう扱ったらよいか分かっていたり，必ず面白くなると分かっていたりするものだけでなく，どうすれば面白くなるのかよく分からないものにも積極的に関わっていく。つまり，幼児にとっては，周りにあるあらゆるものが好奇心の対象となっていくのである。このため，幼児が扱いやすい遊具や用具，物を用意することだけでなく，幼児の能動性を引き出す自由な空間や物を配置し，あるいは幼児がどうしてよいか分からないときなどに教師が援助することが大切になる。

　また，幼児は好奇心を抱いたものに対してより深い興味を抱き，探究していく。そのものはどういう意味をもつのだろうか，どのように用いればよいのだろうかと不思議に思い，探索する。さらに，試行錯誤を行う中でその動きや働きにある規則性を見付けられるかもしれない。それが同じようなものにも同様に当てはまれば，法則性と呼んでもよいものである。例えば，ボールを上に投げると落ちてくる，何回投げても落ちてくる，力一杯投げても，大きさや重さを変えても落ちてくることが分かってくる。幼児期において，物事の法則性に気付くということは，科学的に正しい法則を発見することを求めることではない。その幼児なりに規則性を見いだそうとする態度を育てることが大切である。

　また，幼児一人一人によって環境との関わり方が異なっており，興味や関心，発想の仕方，考え方なども異なっている。幼稚園生活の中で，

幼児は，自分とは違った考え方をする友達が試行錯誤している姿を見たり，その考えを聞いたり，友達と一緒に試したり工夫したりする。その中で，幼児は友達の考えに刺激を受け，自分だけでは発想しなかったことに気付き，新しい考えを生み出す。このような体験を通して，幼児は考えることの楽しさや喜びに気付き，自分の考えをよりよいものにしようという気持ちが育っていく。そのため，教師は，幼児が自分なりに環境に関わる姿を大切にするとともに，場やものの配置を工夫したり，教師も一緒にやってみたりして，幼児が互いの考えに触れることができるような環境を構成することが大切である。

> (2) 幼児期において自然のもつ意味は大きく,自然の大きさ,美しさ,不思議さなどに直接触れる体験を通して,幼児の心が安らぎ,豊かな感情,好奇心,思考力,表現力の基礎が培われることを踏まえ,幼児が自然との関わりを深めることができるよう工夫すること。

　自然は多彩でその折々に変化しつつも,なお変わらない姿は雄大であると同時に,繊細さに富み,人に感動と不思議の念を呼び起こす。しかし,幼児は,大人と違って,自然を目の前にすれば,おのずと自然の姿に目を留め,心を動かされるとは限らない。教師自らが感性を豊かに保ち,自然とその変化のすばらしさに感動することや幼児がちょっとした折に示すささやかな自然への関わりに共鳴していくことが大切になる。さらに,例えば,どのような樹木を植えておくかといった園内の環境から,保育室内でどのような生き物を育てるのかといった環境の工夫が必要になる。つまり,幼児が身体的感覚を呼び覚まされ,心がわき立つような思いのできる出会いが大切である。

　自然との出会いを通して,幼児の心は安定し,安らぎを取り戻せる。そして,落ち着いた気持ちの中から,自然に繰り返し直接関わることによって自然への不思議さや自然と交わる喜びの感情がわき上がるだろう。主体的に自然のいろいろな面に触れることで好奇心が生まれ,探究心がわき出てくる。どうしてこうなっているのだろうと思いを巡らせ,思考力を働かせる。さらに,その考えや思いを言葉や動きに表し,音楽や造形的な表現にも表して,確認しようともする。

　このような自然との出会いは,豊かな感情や好奇心を育み,思考力や表現力の基礎を形成する重要な役割をもっている。

> （3）身近な事象や動植物に対する感動を伝え合い，共感し合うことなどを通して自分から関わろうとする意欲を育てるとともに，様々な関わり方を通してそれらに対する親しみや畏敬の念，生命を大切にする気持ち，公共心，探究心などが養われるようにすること。

　身近な環境にある様々なものに対して積極的に関わろうとする態度は，身近な事物や出来事，自然などに対して幼児が思わず感動を覚え，もっと関わりたいと思う経験をすることから生まれる。このような感動を周りの友達や教師にも伝えたいと思い，共感してもらえることによってますます関わりたくなる。そして，共に遊んだり，世話をしたり，驚きをもって見つめたりするといった様々な身近な動植物などとの関わりを通して，命あるものに対して，親しみや畏敬の念を感じ，自分と違う生命をもった存在として意味をもってくる。そして，生命を大切にする気持ちをもち，生命のすばらしさに友達や教師と共に感動するようになる。

　さらに，例えば，植物の栽培において，その植物が皆の世話によって徐々に生長していくにつれて，生命のあるものを大切にしようとする気持ちと同時に，皆と一緒に育てたから大切にしなければならないといった気持ちももつようになったりする。また，植物が生長する姿を通して，どんな花が咲くだろう，どんな実がなるだろうなど，探究心もわいてくる。

　このような様々な気持ちを引き起こすような豊かな環境の構成と身近な事象や動植物との関わりを深めることができるように援助することが大切である。

> （4）文化や伝統に親しむ際には，正月や節句など我が国の伝統的な行事，国歌，唱歌，わらべうたや我が国の伝統的な遊びに親しんだり，異なる文化に触れる活動に親しんだりすることを通じて，社会とのつながりの意識や国際理解の意識の芽生えなどが養われるようにすること。

　幼児は，地域の人々とのつながりを深め，身近な文化や伝統に親しむ中で，自分を取り巻く生活の有り様に気付き，社会とのつながりの意識や国際理解の意識が芽生えていく。

　このため，生活の中で，幼児が正月の餅つきや七夕の飾りつけなど四季折々に行われる我が国の伝統的な行事に参加したり，国歌を聞いたりして自然に親しみを感じるようになったり，古くから親しまれてきた唱歌，わらべうたの楽しさを味わったり，こま回しや凧揚げなど我が国の伝統的な遊びをしたり，様々な国や地域の食に触れるなど異なる文化に触れたりすることを通じて，文化や伝統に親しみをもつようになる。

　幼児期にこのような体験をすることは，将来の国民としての情操や意識の芽生えを培う上で大切である。

　このような活動を行う際には，文化や伝統に関係する地域の人材，資料館や博物館などとの連携・協力を通して，異なる文化にも触れながら幼児の体験が豊かになることが大切である。

> (5) 数量や文字などに関しては，日常生活の中で幼児自身の必要感に基づく体験を大切にし，数量や文字などに関する興味や関心，感覚が養われるようにすること。

　数量や文字は，記号として表すだけに，その働きを幼児期に十分に活用することは難しい。しかし，例えば，数字や文字などに親しんだり，物を数えたり，長さや重さに興味をもったり，絵本や保育室にある文字表現に関心を抱いたりすることは，幼児にとって日常的なことである。数量や文字に関する指導は，幼児の興味や関心から出発することが基本となる。その上で，幼児の遊びや生活の中で文字を使ったり，数量を扱ったりする活動が生まれることがあり，このような活動を積み重ねることにより，ごく自然に数量や文字に関わる力は伸びていくものである。

　幼児期における数量や文字に関する指導は，確実に数を数えられたり，文字を正確に読めたり，書けたりすることを目指すものではない。なぜなら，個人差がなお大きいこともあるが，それ以上に，確実にできるために必要な暗記などの習熟の用意が十分に整っているとは言い難いからである。幼児期に大切にしたいことは，習熟の指導に努めるのではなく，幼児が興味や関心を十分に広げ，数量や文字に関わる感覚を豊かにできるようにすることである。このような感覚が，小学校における数量や文字の学習にとって生きた基盤となるものである。（第2章　第2節　4　言葉の獲得に関する領域「言葉」［内容］(10)　224頁，［内容の取扱い］(5)　231頁を参照）

▶4 言葉の獲得に関する領域「言葉」

> 経験したことや考えたことなどを自分なりの言葉で表現し，相手の話す言葉を聞こうとする意欲や態度を育て，言葉に対する感覚や言葉で表現する力を養う。

1 ねらい
(1) 自分の気持ちを言葉で表現する楽しさを味わう。
(2) 人の言葉や話などをよく聞き，自分の経験したことや考えたことを話し，伝え合う喜びを味わう。
(3) 日常生活に必要な言葉が分かるようになるとともに，絵本や物語などに親しみ，言葉に対する感覚を豊かにし，先生や友達と心を通わせる。

言葉は，身近な人との関わりを通して次第に獲得されるものである。人との関わりでは，見つめ合ったり，うなずいたり，微笑んだりなど，言葉以外のものも大切である。幼児は気持ちを自分なりの言葉で表現したとき，それに相手がうなずいたり，言葉で応答してもらうと楽しくなり，もっと話そうとする。教師は，幼児が言葉で伝えたくなるような経験を重ね，その経験したことや考えたことを自分なりに話すこと，また友達や教師の話を聞くことなどを通じ，言葉を使って表現する意欲や，相手の言葉を聞こうとする態度を育てることが大切である。また，幼児のものの見方や考え方も，そのように言葉によって伝え合う中で確かなものになっていく。

幼児は，幼稚園生活の中で心を動かされる体験を通して，様々な思いをもつ。この思いが高まると，幼児は，その気持ちを思わず口に出したり，親しい相手に気持ちを伝え，共感してもらうと喜びを感じるようになる。このような体験を通じて，自分の気持ちを表現する楽しさを味わうことが大切である。

また，幼児は，自分の話を聞いてもらうことにより，自分も人の話をよく聞こうとする気持ちになる。人の話を聞き，自分の経験したことや考えたことを話す中で，相互に伝え合う喜びを味わうようになることが大切である。

幼児は，教師や友達と一緒に行動したりやり取りしたりすることを通

して，次第に日常生活に必要な言葉が分かるようになっていく。また，幼児が絵本を見たり，物語を聞いたりして楽しみ，言葉の楽しさや美しさに気付いたり，想像上の世界や未知の世界に出会い，様々な思いを巡らし，その思いなどを教師や友達と共有したりすることが大切である。

このような経験は，言葉に対する感覚を養い，状況に応じた適切な言葉の表現を使うことができるようになる上でも重要である。

[内　容]

> （1）先生や友達の言葉や話に興味や関心をもち，親しみをもって聞いたり，話したりする。

　言葉は，いつでも誰とでも交わすことができるわけではない。初めて出会う人には不安感から話す気持ちになれないこともあるし，緊張すると自分の思うことを言葉でうまく表現できないこともある。相手との間に安心して言葉を交わせる雰囲気や関係が成立して，初めて言葉で話そうとするのである。

　幼稚園において，幼児が周囲の人々と言葉を交わすようになるには，教師や友達との間にこのような安心して話すことができる雰囲気があることや，気軽に言葉を交わすことができる信頼関係が成立していくことが必要となる。このように，言葉を交わすことができる基盤が成立していることにより，幼児は親しみを感じている教師や友達の話や言葉に興味や関心をもち，自分から聞くようになり，安心して自分の思いや意志を積極的に言葉などで表現しようとするのである。

　幼稚園においては，周囲の教師や友達が使う様々な言葉や表現に興味や関心をもち，自分でもそれらを積極的に使ってみることによって，お互いの思いや意志をより的確に伝え合えるようになっていく過程が大切である。

（2）したり，見たり，聞いたり，感じたり，考えたりなどしたことを自分なりに言葉で表現する。

　幼児は，生活の中で心を動かされるような体験をしたときに，それを親しい人に言葉で伝えたくなる。心を動かされる体験には，自然の美しさや不思議さに触れたとき，楽しい活動に参加したとき，面白い物語を聞いたときなどの感動的な体験ばかりでなく，友達ともめたり，失敗したときに悔しい思いをしたりするなどの感情的な体験もある。また，遊びの中で新たなことを思い付いたり，何かに気付いたり，疑問を感じたりしたときに，それを教師や友達にも話したくなる。

　また，幼児が心を動かされる体験の場は，幼稚園だけとは限らない。家庭や地域でのそのような体験を，幼稚園で親しい教師や友達に伝えることも次第に増えていく。

　したこと，見たこと，聞いたこと，感じたこと，考えたことなどを伝えることは，入園当初の時期，特に３歳児にはまだ言葉で表すことが難しい場合も多く，表情や動作などを交えて精一杯伝えていることもある。このようなその幼児なりの動きを交えた表現を教師が受け止め，積極的に理解することによって，相手に自分の思いを分かってもらいたいという気持ちが芽生えていく。そして，教師が的確にその思いを言葉で表現していくことによって，幼児が表現しようとする内容をどう表現すればよいかを理解させていくことも大切になる。教師や友達の言葉による表現を聞きながら，幼児は自分の気持ちや考えを言葉で人に伝える表現の仕方を学んでいくのである。

　幼児が様々な体験を言葉で表現できるようになっていくためには，自分なりの表現が教師や友達，さらには異なる年齢や地域の人々など，様々な人へと伝わる喜びと，自分の気付きや考えから新たなやり取りが生まれ，活動が共有されていく満足感を味わうようにすることが大切である。その喜びや満足感を基盤にして，幼児の言葉で表現しようとする意欲は更に高まっていく。そして相手に分かるように言葉で伝えようとすることで，自分の考えがまとまったり，深まったりするようになり，思考力の芽生えも培われていくのである。

（3）したいこと，してほしいことを言葉で表現したり，分からないことを尋ねたりする。

　幼児は，他の幼児が使っている面白そうな遊具などを見付けると，自分でもそれらの遊具に触れたり，使ったりしてみたくなる。しかし，例えば，他の幼児の使っている遊具を自分も使いたいからといって，それを無断で使ったりすれば，相手から非難されたり，抗議されたりすることになる。このように，自分がこうしたいと思っても，相手にその気持ちを伝えることなく自分の欲求を満たそうとすれば，相手ともめることになるだろう。また，幼稚園における集団での遊びの中では，相手にこうしてほしいと思う場面がよくある。しかし，相手にこのような願いを抱いたときも，それを一方的に要求しても受け入れられないことがある。ごっこ遊びなどの中で，友達にある役をしてほしいと思っても，相手の気持ちを確かめることなく自分だけで一方的に役を決めてしまえば，友達ともめることになるだろう。

　このような集団生活の中での人との関わりを通して，幼児は，自分のしたいこと，相手にしてほしいことの言葉による伝え方や，相手の合意を得ることの必要性を理解していくのである。

　さらに，初めて集団生活を体験する幼児にとっては，使い方が分からない遊具や，どう行動したらよいのか分からない場面などに出会うこともある。その場合には，自分が分からないことや知りたいことなどを教師や友達に伝え，教えてもらうことが必要になる。このようにして，幼児は幼稚園での集団生活を通して，自分の分からないことや知りたいことなどを，相手に分かる言葉で表現し，伝えることが必要であることを理解していくのである。

（4）人の話を注意して聞き，相手に分かるように話す。

　幼稚園生活では，人の話を聞いたり，自分の考えや気持ちを人に伝えたりする場面がたくさんある。例えば，教師の説明を聞いたり，絵本を読むのを聞いたり，遊びの中で友達の要求や考えを聞くこともある。ときには，幼稚園を訪問してきた人々の話を聞くこともある。

　このような場面で幼児が話を聞くときは，初めは静かに聞いたり，話の内容の全てに注意を向けて聞いたりしているとは限らない。特に，3歳児は話を聞いていても，自分に興味のある事柄にしか注意を向けないこともあったり，関心のあることが話されるとすぐに反応し，静かにしていられなくなったりすることもある。また，友達の話を聞かないで，友達ともめることもある。

　このような話を聞くことに関わる様々な体験を積み重ねることを通して，相手が伝えようとしている内容に注意を向けることへの必要感をもち，次第に幼児は話を聞けるようになっていくのである。

　また，自分では考えや要求などを伝えたつもりでも，それを相手に分かるように言わずに，意味や内容が正しく伝わらないことから，相手ともめることもある。同じ話でも相手に応じて異なる話し方が求められることがある。例えば，教師に話すときと年下の者に話すときでは，同じ話でも相手に応じてその言葉の使い方や表現の仕方を変えた方がよい場合もある。幼児は，周囲の人々の会話の仕方や話し方を聞きながら，自分も相手により分かるように話し方を変えていくことを学んでいくのである。

(5) 生活の中で必要な言葉が分かり，使う。

　幼稚園生活は，少人数の家族で過ごす家庭生活と異なり，教師や友達，異年齢の幼児などから成る集団で生活する場である。そのために，幼稚園生活では，家庭生活ではあまり使わない言葉を使用することがある。例えば，幼児にとっては，「先生」，「組」という言葉は幼稚園に入園して初めて耳にする言葉かもしれない。また，「当番の仕事」という言葉を耳にしても初めは何をどうすることなのか理解できないだろう。幼児は，教師や友達と一緒に行動することを通して，次第にその言葉を理解し，戸惑わずに行動できるようになっていく。

　また，幼稚園での友達との遊びの中では，役割や順番を決めたり，物の貸し借りなどをしたりする場面がある。このようなときには，「順番」や「交替」というような言葉や「貸して」，「いいよ」という表現もよく用いられるが，このような言葉や表現が分からないと友達との遊びを楽しく展開できないこともある。

　このように，集団で遊びや生活を進めていく上で必要な言葉は多くあるが，このような言葉の意味を理解していく上で，教師は，実際に行動する中でその意味に幼児自身が気付くように援助していくことが大切である。

　特に，3歳児では，生活に必要な言葉の意味や使い方が分からないことがよくある。「みんな」と言われたときに，自分も含まれているとはすぐには理解できないこともあったり，「順番」と言われても，まだどうすればよいのか分からなかったりすることもよくある。教師は，幼児の生活に沿いながらその意味や使い方をその都度具体的に分かるように伝えていくことにより，幼児も次第にそのような言葉の意味が分かり，自分でも使うようになっていくことから，一人一人の実情に沿ったきめ細かな関わりが大切である。

（6）親しみをもって日常の挨拶をする。

　集団生活の場では，親しい人や友達と交わす挨拶から，顔見知り程度の人と交わす挨拶，さらには，初めて出会う人と交わす挨拶まで，それぞれの親しさに応じて様々な挨拶が交わされる。幼児は，これまで家庭において家族との挨拶は経験しているが，幼稚園生活においては，教師や友達，さらには，他の学級の幼児や訪問者など，家庭とは比較にならないほど様々な人々と出会い，挨拶を交わすことになる。

　幼稚園で日常的に交わされる挨拶としては，朝の挨拶のように出会いを喜び合うことや帰りの挨拶のように別れを惜しみ，再会を楽しみにする気持ちを伝え合うことなどが中心となる。また，名前を呼ばれたときに返事をすること，相手に感謝の気持ちやお礼を伝えること，さらには，相手のことを心配したり，元気になったことを喜んだりすることなども含まれる。また，このような挨拶を交わすことにより，互いに親しさが増すことにもなる。

　幼児は，このような日常の挨拶を初めからできるわけではない。特に，入園当初は，担任の教師やごく親しい友達にしか挨拶ができないことが多いであろうし，また，その挨拶の仕方も言葉よりも動作や表情が中心になることが多いであろう。幼稚園生活に沿いながら，教師が朝や帰りに幼児たちに気軽に言葉を掛けたり，また，教師同士や保護者や近隣の人々とも気軽に挨拶を交わしたり，感謝やお礼の気持ちを言葉で伝えたりする姿などを示すことにより，幼児も挨拶を交わす心地よさと大切さを学んでいく。

　このように，親しみをもっていろいろな挨拶を交わすことができるようになるためには，何よりも教師と幼児，幼児同士の間で温かな雰囲気のつながりがつくられていることが大切である。

（7）生活の中で言葉の楽しさや美しさに気付く。

　言葉はただ単に，意味や内容を伝えるだけのものではない。声として発せられた音声の響きやリズムには，音としての楽しさや美しさがある。

　例えば，「ゴロゴロ　ゴロゴロ」というように言葉の音を繰り返すリズムの楽しさや「ウントコショ　ドッコイショ」というような言葉の音の響きの楽しさなどもある。また「サラサラ　サラサラ」というような言葉の音の響きの美しさもある。言葉を覚えていく幼児期は，このような言葉の音がもつ楽しさや美しさに気付くようになる時期でもある。

　幼児は，幼稚園生活において絵本や物語などの話や詩などの言葉を聞く中で，楽しい言葉や美しい言葉に出会うこともある。教師や友達が言葉を楽しそうに使用している場面に出会い，自分でも同じような言い方をし，口ずさむことでその楽しさを共有することもある。また，教師の話す言葉に耳を傾けることにより，言葉の響きや内容に美しさを感じ，改めて言葉の世界の魅力にひかれることもある。さらに，同じ意味を表す言葉であっても，その表現の仕方を変化させることが必要な場合もある。例えば，友達を呼ぶときにも名前を呼んだり，愛称を呼んだりするなど，様々な呼び方がある。相手や状況に応じて言葉を使い分けることが，言葉の楽しさや美しさに通じることがある。

　このように，幼児期においては，幼稚園生活を通して言葉の様々な楽しさや美しさに気付くことが，言葉の感覚を豊かにしていくことにつながるのである。

（8）いろいろな体験を通じてイメージや言葉を豊かにする。

　幼児は，自分が感じたことや見たことの全てを言葉で表現できるわけではない。また，自分なりに想像して思い描いた世界を言葉でうまく表現できないこともある。しかし，言葉ではなかなかうまく表現できなくても，具体的なイメージとして心の中に蓄積されていくことは，言葉の感覚を豊かにする上で大切である。また同じ体験をした教師や友達の言葉を聞くことで，イメージがより確かなものになり，言葉も豊かになっていく。

　特に，幼児は，初めて出会い，体験したことを言葉でうまく表現できず，それは感覚的なイメージとして蓄積されることが多い。生き生きとした言葉を獲得し，その後の幼児の表現活動を豊かにしていくためには，幼稚園生活はもとより，家庭や地域での様々な生活体験が具体的なイメージとして心の中に豊富に蓄積されていくことが大切であり，体験に裏付けされたものとして言葉を理解していくことが大切である。

　このような心に蓄積された具体的なイメージは，それに関連する情景やものなどに出会ったとき，刺激を受け，生き生きと想起され，よみがえってくることがある。特に，3歳児では，例えば，「まぶしいこと」を「目がチクチクする」と感じたことをそのまま表現することがある。このような感覚に基づく表現を通して幼児がそれぞれの言葉にもつイメージが豊かになり，言葉の感覚は磨かれていく。したがって，教師は，このような幼児らしい表現を受け止めていくことが大切である。

　このように蓄積されたイメージをその意味する背景や情景などを理解した上で，徐々に言葉として表現することが，言葉の豊かさにつながっていくのである。つまり，幼児のイメージの豊かさは，言葉の豊かさにつながっていくことになるのである。

(9) 絵本や物語などに親しみ，興味をもって聞き，想像をする楽しさを味わう。

　幼児は，絵本や物語などで見たり，聞いたりした内容を自分の経験と結び付けながら，想像したり，表現したりすることを楽しむ。一人で絵本を見て想像を巡らせて楽しむこともあれば，教師が絵本や物語，紙芝居を読んだり，物語や昔話を話したりすることもある。皆でビデオやテレビ，映画などを見ることもある。家庭でもこのような絵本や物語を保護者に読んでもらったり，テレビやビデオを見たりするが，幼稚園で教師や友達と一緒に聞いたり，見たりするときには，皆で同じ世界を共有する楽しさや心を通わせる一体感などが醸し出されることが多い。

　また，家庭ではどちらかというと自分の興味のあることを中心に見たり，読んだりすることになるが，幼稚園では教師や友達の興味や関心にも応じていくので幅の広いものとなる。家庭ではなかなか触れない内容にも触れるようになっていく。このようにして，教師や友達と共に様々な絵本や物語，紙芝居などに親しむ中で，幼児は新たな世界に興味や関心を広げていく。絵本や物語，紙芝居などを読み聞かせることは，現実には自分の生活している世界しか知らない幼児にとって，様々なことを想像する楽しみと出会うことになる。登場人物になりきることなどにより，自分の未知の世界に出会うことができ，想像上の世界に思いを巡らすこともできる。このような過程で，なぜ，どうしてという不思議さを感じたり，わくわく，どきどきして驚いたり，感動したりする。また，悲しみや悔しさなど様々な気持ちに触れ，他人の痛みや思いを知る機会にもなる。このように，幼児期においては，絵本や物語の世界に浸る体験が大切なのである。

（10）日常生活の中で，文字などで伝える楽しさを味わう。

　幼児の日常生活の中にある文字，絵，標識などの記号には，名前などのように所属や所有を示すこと，看板や値札などのように内容を表示すること，さらには，書物や手紙などのように書き手の意志を伝達することなど様々な機能がある。幼児期は，大人と共に生活する中で文字などの記号のこのような機能に気付き，日常生活の中で使用する意味を学んでいく時期である。

　幼児は，家庭や地域の生活で，文字などの記号の果たす役割とその意味を理解するようになると，自分でも文字などの記号を使いたいと思うようになる。また，幼稚園生活においては，複数の学級や教師，さらには，多くの友達などがいるために，その所属や名前の文字を読んだり，理解したりすることが必要になる。このような様々な必要感を背景にして幼児は文字などの記号に親しんでいくのである。

　特に，友達と展開するごっこ遊びなどの中では，看板やメニュー，値段や名前などをそれぞれの幼児なりに読んだり，書いたりすることが少なくない。しかし，まだ読み書きする関心や能力は個人差が大きいため，文字などの記号に親しむことができるように教師は幼児一人一人に対して配慮する必要がある。また，文字などの記号に関心を抱く幼児は，5歳児になるとある程度平仮名は読めるようになっていく。しかし，書くことはまだ難しく，自分なりの書き方であることが多い。そのようなときにおいても，文字を使う喜びを味わうことができることを念頭に置いた指導をすることが大切である。

　幼稚園生活の中で，名前や標識，連絡や伝言，絵本や手紙などに触れながら，文字などの記号の果たす機能と役割に対する関心と理解が，それぞれの幼児にできるだけ自然な形で育っていくよう環境の構成に配慮することが必要である。また，それぞれの幼児なりの文字などの記号を使って楽しみたいという関心を受け止めて，その幼児なりに必要感をもって読んだり，書いたりできるような一人一人への援助が大切である。

[内容の取扱い]

> (1) 言葉は，身近な人に親しみをもって接し，自分の感情や意志などを伝え，それに相手が応答し，その言葉を聞くことを通して次第に獲得されていくものであることを考慮して，幼児が教師や他の幼児と関わることにより心を動かされるような体験をし，言葉を交わす喜びを味わえるようにすること。

　幼児は，幼稚園生活の中で教師や友達と関わりをもち，親しみを感じると，互いに自分の気持ちを相手に伝えようとする。

　幼児は，そのような温かな人間関係の中で，言葉を交わす喜びを味わい，自分の話したことが伝わったときの嬉しさや相手の話を聞いて分かる喜びを通して，もっと話したいと思うようになる。しかし，心の中に話したいことがたくさんあっても，まだうまく言葉で表現できない幼児，友達には話せるが教師には話せない幼児など，自分の思いどおりに話せない場合も多い。そのような場合にも，教師や友達との温かな人間関係を基盤にしながら，幼児が徐々に心を開き，安心して話ができるように援助していくことが大切である。

　幼児期の言葉の発達は，個人差が大きく，表現の仕方も自分本位なところがあったりする。しかし，教師や友達との関わりの中で，心を動かされるような体験を積み重ね，それを言葉で伝えたり，教師や友達からの言葉による働き掛けや様々な表現に触れたり，言葉でやり取りしたりすることによって，次第に自分なりの言葉から人に伝わる言葉になっていき，場面に応じた言葉が使えるようになっていくのである。

　教師は，このような幼児の言葉の発達や人との関わりを捉えそれに応じながら，正しく分かりやすく，美しい言葉を使って幼児に語り掛け，言葉を交わす喜びや豊かな表現などを伝えるモデルとしての役割を果たしていくことが大切である。

> (2) 幼児が自分の思いを言葉で伝えるとともに，教師や他の幼児などの話を興味をもって注意して聞くことを通して次第に話を理解するようになっていき，言葉による伝え合いができるようにすること。

　幼児は幼稚園生活を楽しいと感じられるようになると，自分の気持ちや思いを自然に教師や友達に言葉や表情などで伝えるようになり，友達との生活の中で自分の思いを言葉にすることの楽しさを感じ始める。そして，教師や友達が話を聞いてくれることによって，言葉でのやり取りの楽しさを感じるようになる。やり取りを通して相手の話を聞いて理解したり共感したりして，言葉による伝え合いができるようになっていく。

　幼児は，相手に自分の思いが伝わり，その思いが共感できることで喜びを感じたり，自分の言ったことが相手に通じず，言葉で伝えることの難しさやもどかしさを体験したりする。また，相手に自分の思いを伝えるだけでなく，教師や友達の話を聞く中で，その思いに共感したり，自分のこととして受け止めたりしながら，熱心に聞くようにもなっていく。例えば，相手の話が面白いと，その話に興味をもち，目を輝かせて聞き入り，楽しい気分になることもある。また，ときには友達とのいざこざなどを通じて，そのときの相手の気持ちや行動を理解したいと思い，必要感をもって聞くこともある。このような体験を繰り返す中で，自分の話や思いが相手に伝わり，また，相手の話や思いが分かる楽しさや喜びを感じ，次第に伝え合うことができるようになっていく。

　その際，教師が心を傾けて幼児の話やその背後にある思いを聞きとり，友達同士で自由に話せる環境を構成したり，幼児同士の心の交流が図られるように工夫したりすることで，幼児の伝えたいという思いや相手の話を理解したいという気持ちを育てることが大切である。また，言葉が伝わらないときや分からないときに，状況に応じて教師が仲立ちをして言葉を付け加えたり，思いを尋ねたりすることで，話が伝わり合うよう援助をすることも必要である。活動を始める前やその日の活動を振り返るような日常的な集まり，絵本や物語などのお話を聞く場面などを通して，皆で一緒に一つのまとまった話を集中して聞く機会をもつことで，聞くことの楽しさや一緒に聞くことで生まれる一体感を感じるようにな

る。幼児が集中して聞けるようになっていくためには，話し手や話の内容に興味や関心をもつことができるように，落ち着いた場を設定し，伝え合うための工夫や援助を行い，教師も幼児と共に聞くことを楽しむという姿勢をもつことが大切である。

> （3）絵本や物語などで，その内容と自分の経験とを結び付けたり，想像を巡らせたりするなど，楽しみを十分に味わうことによって，次第に豊かなイメージをもち，言葉に対する感覚が養われるようにすること。

　幼児は，その幼児なりの感じ方や楽しみ方で絵本や物語などの世界に浸り，その面白さを味わう。絵本の絵に見入っている幼児，物語の展開に心躍らせている幼児，読んでくれる教師の声や表情を楽しんでいる幼児など様々である。教師は，その幼児なりの感じ方や楽しみ方を大切にしなければならない。

　また，幼児は，絵本や物語などの中に登場する人物や生き物，生活や自然などを自分の体験と照らし合わせて再認識したり，自分の知らない世界を想像したりして，イメージを一層豊かに広げていく。そのために，絵本や物語などを読み聞かせるときには，そのような楽しさを十分に味わうことができるよう，題材や幼児の理解力などに配慮して選択し，幼児の多様な興味や関心に応じることが必要である。

　幼児は，絵本や物語などの読み聞かせを通して，幼児と教師との心の交流が図られ，読んでもらった絵本や物語に特別な親しみを感じるようになっていく。そして皆で一緒に見たり，聞いたりする機会では，一緒に見ている幼児同士も共感し合い，皆で見る楽しさを味わっていることが多い。そうした中で，一層イメージは広がっていくので，皆で一緒に見たり，聞いたりする機会にも，落ち着いた雰囲気をつくり，一人一人が絵本や物語の世界に浸り込めるようにすることが大切である。

　また，幼児は，教師に読んでもらった絵本などを好み，もう一度見たいと思い，一人で絵本を開いて，読んでもらったときのイメージを思い出したり，新たにイメージを広げたりする。このような体験を繰り返す中で，絵本などに親しみを感じ，もっといろいろな絵本を見たいと思うようになっていく。その際，絵本が幼児の目に触れやすい場に置かれ，落ち着いてじっくり見ることができる環境があることで，一人一人の幼児と絵本との出会いは一層充実したものとなっていく。そのために，保育室における幼児の動線などを考えて絵本のコーナーを作っていくようにすることが求められる。

> （4）幼児が生活の中で，言葉の響きやリズム，新しい言葉や表現などに触れ，これらを使う楽しさを味わえるようにすること。その際，絵本や物語に親しんだり，言葉遊びなどをしたりすることを通して，言葉が豊かになるようにすること。

　幼児は，遊びや生活の中で様々な言葉に出会い，その響きやリズムに興味をもったりする。やがて，その意味や使い方にも関心をもつようになり，いろいろな場面でその言葉に繰り返し出会う中で，徐々に自分が使える言葉として獲得していく。そして，考えるときや，感じたり考えたりしたことを表現するときに，その言葉を使うようになる。

　幼児が言葉を使って表現することを楽しむようになるためには，単に言葉を覚えさせるのではなく，日常生活の中で見たり，聞いたりしたこととそのときに聞いた言葉を重ね合わせながら，意味あるものとして言葉に出会わせていくことが望ましい。

　例えば，雨が降っている様子を表すときに「雨が降っている」と言うだけではなく，「雨がしとしと降っている」「今日は土砂降りだね」と雨の降り方を表す言葉を一言付け加えると，その様子をより細やかに表現することができる。そのような表現に出会うと，幼児は「雨が降る」にも，いろいろな言葉があることを感じることができる。

　また，絵本や物語，紙芝居の読み聞かせなどを通して，お話の世界を楽しみつつ，いろいろな言葉に親しめるようにすることも重要である。特に語り継がれている作品は，美しい言葉や韻を踏んだ言い回しなど幼児に出会わせたい言葉が使われていることが多い。繰り返しの言葉が出てきて，友達と一緒に声を出して楽しめるものもある。お話の世界を通していろいろな言葉と出会い親しむ中で，自然に言葉を獲得していく。言葉を獲得する時期である幼児期にこそ，絵本や物語，紙芝居などを通して，美しい言葉に触れ，豊かな表現や想像する楽しさを味わうようにしたい。

　また，幼児期の発達を踏まえて，言葉遊びを楽しむことも，いろいろな言葉に親しむ機会となる。例えば，リズミカルな節回しの手遊びや童謡を歌うことは，体でリズムを感じながらいろいろな言葉を使って表現する楽しさにつながる。しりとりや，同じ音から始まる言葉を集める遊

びをする中では，自分の知っている言葉を使うことや，友達の発言から新しい言葉に出会う楽しみが経験できる。短い話をつなげて皆で一つの物語をつくるお話づくりのような遊びでは，イメージを広げ，それを表現することを経験できる。幼児の言葉を豊かにしていくためには，このような言葉を使った遊びを楽しむ経験を積み重ねていくことも必要である。

> （5）幼児が日常生活の中で，文字などを使いながら思ったことや考えたことを伝える喜びや楽しさを味わい，文字に対する興味や関心をもつようにすること。

　幼児を取り巻く生活の中では，様々な形の記号が使われており，文字もその中の一つとして幼児の身近なところに存在している。したがって，幼児にとっては，文字も様々にある環境の一つであり，興味をもつと，分かる文字を周囲に探してみたり，まねして使ってみようとしたりするなど，自分の中に取り入れようとする姿が自然に見られる。第三者には読めないが，かなり早い時期から文字らしい形を書いたりすることもあり，年齢が進むにつれて，文字の読み方を教師や友達に聞いたり，文字をまねして書いたりする姿が多く見られるようになる。

　例えば，レストランごっこをしている幼児が，自分の体験からメニューには何か書いてあることに気付いて，それを遊びの中で表現したいと考えたり，店を閉める前に「おやすみ」と書いて，閉店を友達に伝えたいと思ったりするなど，遊びと密着した形で文字の意味や役割が認識されたり，記号としての文字を獲得する必要性が次第に理解されたりしていく。教師は，文字に関わる体験が幼稚園生活の中に豊かにあることを認識し，幼児一人一人のこのような体験を見逃さず，きめ細かく関わる必要がある。もとより，幼児の興味や関心の状況は個人差が大きいことにも配慮し，生活と切り離した形で覚え込ませる画一的な指導ではなく，一人一人の興味に合わせ，遊びなどの中で，その幼児が必要に応じて文字を読んだり書いたりする楽しさを感じる経験を重ねていくことが大切である。

　このように，幼児は遊びの中で，文字を遊具のように見立て，使っていることもあり，このような姿を捉えて，その指導を工夫することが大切である。教師は，文字について直接指導するのではなく，幼児の，話したい，表現したい，伝えたいという気持ちを受け止めつつ，幼児が日常生活の中で触れてきた文字を使うことで，文字を通して何らかの意味が伝わっていく面白さや楽しさが感じられるように，日頃の保育の中で伝える喜びや楽しさを味わえるようにすることが大切である。　　（第2章
第2節　3　身近な環境との関わりに関する領域「環境」　　［内容］

(10) 204頁，［内容の取扱い］(5) 212頁を参照）

　このような一人一人の幼児の文字に対する興味や関心，出会いを基盤にして，小学校以降において文字に関する系統的な指導が適切に行われることを保護者や小学校関係者にも理解されるよう更に働き掛けていくことが大切である。

▶5　感性と表現に関する領域「表現」

> 感じたことや考えたことを自分なりに表現することを通して，豊かな感性や表現する力を養い，創造性を豊かにする。
>
> 　1　ねらい
> 　（1）　いろいろなものの美しさなどに対する豊かな感性をもつ。
> 　（2）　感じたことや考えたことを自分なりに表現して楽しむ。
> 　（3）　生活の中でイメージを豊かにし，様々な表現を楽しむ。

　幼児は，毎日の生活の中で，身近な周囲の環境と関わりながら，そこに限りない不思議さや面白さなどを見付け，美しさや優しさなどを感じ，心を動かしている。そのような心の動きを自分の声や体の動き，あるいは素材となるものなどを仲立ちにして表現する。幼児は，これらを通して，感じること，考えること，イメージを広げることなどの経験を重ね，感性と表現する力を養い，創造性を豊かにしていく。さらに，自分の存在を実感し，充実感を得て，安定した気分で生活を楽しむことができるようになる。

　幼児の自己表現は，極めて直接的で素朴な形で行われることが多い。ときには，泣くことや一見乱暴に見える行為などでそのときの自分の気持ちを訴えることも見られる。自分の表現が他者に対してどのように受け止められるかを予測しないで表現することもある。あるいは，表す内容が，他者には理解しにくく，教師の推察や手助けで友達に伝わったりする場合もあるが，そのような場合にも幼児は，自分の気持ちを表したり，他者に伝えたりすることによって，満足していることが多い。

　また，幼児は音楽を聴いたり，絵本を見たり，つくったり，かいたり，歌ったり，音楽や言葉などに合わせて身体を動かしたり，何かになったつもりになったりなどして，楽しんだりする。これらの表現する活動の中で，幼児は内面に蓄えられた様々な事象や情景を思い浮かべ，それらを新しく組み立てながら，想像の世界を楽しんでいる。また，自分の気持ちを表すことを楽しんだり，表すことから友達や周囲の事物との関係が生まれることを楽しんだりもする。

　豊かな感性や自己を表現する意欲は，幼児期に自然や人々など身近な環境と関わる中で，自分の感情や体験を自分なりに表現する充実感を味

わうことによって育てられる。したがって，幼稚園においては，日常生活の中で出会う様々な事物や事象，文化から感じ取るものやそのときの気持ちを友達や教師と共有し，表現し合うことを通して，豊かな感性を養うようにすることが大切である。また，そのような心の動きを，やがては，それぞれの素材や表現の手段の特性を生かした方法で表現できるようにすること，あるいは，それらの素材や方法を工夫して活用することができるようにすること，自分の好きな表現の方法を見付け出すことができるようにすることが大切である。

　また，自分の気持ちを一番適切に表現する方法を選ぶことができるように，様々な表現の素材や方法を経験させることも大切である。

[内 容]

> (1) 生活の中で様々な音，形，色，手触り，動きなどに気付いたり，感じたりするなどして楽しむ。

　幼児は，生活の中で，例えば，身近な人の声や語り掛けるような調子の短い歌，園庭の草花の形や色，面白い形の遊具，あるいは心地よい手触りのものなど，様々なものに心を留め，それに触れることの喜びや快感を全身で表す。

　幼児は，生活の中で様々なものから刺激を受け，敏感に反応し，諸感覚を働かせてそのものを素朴に受け止め，気付いて楽しんだり，その中にある面白さや不思議さなどを感じて楽しんだりする。そして，このような体験を繰り返す中で，気付いたり感じたりする感覚が磨かれ，豊かな感性が養われていく。

　豊かな感性を養うためには，何よりも幼児を取り巻く環境を重視し，様々な刺激を与えながら，幼児の興味や関心を引き出すような魅力ある豊かな環境を構成していくことが大切である。その際，教師は，幼児が周囲の環境に対して何かに気付いたり感じたりして，その気持ちを表現しようとする姿を温かく見守り，共感し，心ゆくまで対象と関わることを楽しめるようにすることが，豊かな感性を養う上で重要である。

（2）生活の中で美しいものや心を動かす出来事に触れ，イメージを豊かにする。

　幼児が出会う美しいものや心を動かす出来事には，完成された特別なものだけではなく，生活の中で出会う様々なものがある。例えば，園庭の草花や動いている虫を見る，飼っている動物の生命の誕生や終わりに遭遇することなどである。それらとの出会いから，喜び，驚き，悲しみ，怒り，恐れなどといった情動が生じ，心が揺さぶられ，何かを感じ取り，幼児なりのイメージをもつことになる。

　幼児は，日常の生活の中でこのような自然や社会の様々な事象や出来事と出会い，それらの多様な体験を幼児のもっている様々な表現方法で表そうとする。このような体験を通して，幼児は，具体的なイメージを心の中に蓄積していく。幼児が生き生きとこれらのイメージを広げたり，深めたりして，心の中に豊かに蓄積していくには，教師が幼児の感じている心の動きを受け止め，共感することが大切である。

　そのためには，柔軟な姿勢で一人一人の幼児と接し，教師自身も豊かな感性をもっていることが重要である。その際，教師のもつイメージを一方的に押し付けたりするのではなく，幼児のイメージの豊かさに関心をもって関わりそれを引き出していくようにすることが大切である。

　幼児の心の中への豊かなイメージの蓄積は，それらが組み合わされて，やがてはいろいろなものを思い浮かべる想像力となり，新しいものをつくり出す力へとつながっていくのである。

(3) 様々な出来事の中で,感動したことを伝え合う楽しさを味わう。

　様々な出来事と出会い，心を動かされる体験をすると，幼児はその感動を教師や友達に伝えようとする。その感動を相手と共有できることで，更に感動が深まる。しかし，その感動が教師や友達などに受け止められないと，次第に薄れてしまうことが多い。感動体験が幼児の中にイメージとして蓄えられ，表現されるためには，日常生活の中で教師や友達と感動を共有し，伝え合うことを十分に行えるようにすることが大切である。

　幼児が感動体験を表したり，伝えようとしたりするためには，何よりも安定した温かい人間関係の中で，表現への意欲が受け止められることが必要である。幼児は，その幼児なりに様々な方法で表現しているが，それはそばから見てすぐに分かる表現だけではない。特に3歳児では，じっと見る，歓声を上げる，身振りで伝えようとするなど言葉以外の様々な方法で感動したことを表現しているので，教師はそれを受容し，共感をもって受け止めることが大切である。さらに，そのことを教師が仲立ちとなって周りの幼児に伝えながら，その幼児の感動を皆で共有することや伝え合うことの喜びを十分に味わえるようにしていくことが必要である。このような経験を積み重ねることを通して幼児同士が伝え合う姿が見られるようになる。

　また，教師自身にも，幼稚園生活の様々な場面で幼児が心を動かされている出来事を共に感動できる感性が求められる。例えば，絵の具の色の変化に驚いたり，悲しい物語に心を動かされたりするなど，幼児と感動を共有することが大切である。

> **(4) 感じたこと，考えたことなどを音や動きなどで表現したり，自由にかいたり，つくったりなどする。**

　幼児は，感じたり，考えたりしたことをそのまま率直に表現することが多い。また，幼児は，感じたり，考えたりしたことを身振りや動作，顔の表情や声など自分の身体そのものの動きに託したり，音や形，色などを仲立ちにしたりするなどして，自分なりの方法で表現している。
　その表現は，言葉，身体による演技，造形などに分化した単独の方法でなされるというより，例えば，絵を描きながらその内容に関連したイメージを言葉や動作で表現するなど，それらを取り混ぜた未分化な方法でなされることが多い。特に3歳児は，手近にある物を仲立ちにしたり，声や動作など様々な手段で補ったりしながら自分の気持ちを表したり，伝えたりしようとする。教師は，表現の手段が分化した専門的な分野の枠にこだわらず，このような幼児の素朴な表現を大切にして，幼児が何に心を動かし，何を表そうとしているのかを受け止めながら，幼児が表現する喜びを十分に味わえるようにすることが大切である。
　このように，幼児は，自分なりの表現が他から受け止められる体験を繰り返す中で，安心感や表現の喜びを感じる。これらを基盤として，幼児の思いを音や声，身体の動き，形や色などに託して日常的な行為として自由に表現できるようにすることが大切である。幼児は，様々な場面でこのような表現する楽しみを十分に味わうことにより，やがて，より分化した表現活動に取り組むようになる。

(5) いろいろな素材に親しみ,工夫して遊ぶ。

　幼児は,思わぬものを遊びの中に取り込み,表現の素材とすることがある。また,例えば,木の枝や空き箱をいろいろに見立てたり,組み合わせを楽しんだりして,自分なりの表現の素材とすることもある。このような自分なりの素材の使い方を見付ける体験が創造的な活動の源泉である。このため,音を出したり,形を作ったり,身振りを考えたりして表現を楽しむ上で,幼児がイメージを広げたり,そのイメージを表現したりできるような魅力ある素材が豊かにある環境を準備することが大切である。

　幼児は,遊びの中で,例えば,紙の空き箱をたたいて音を出したり,高く積み上げたり,それを倒したり,並べたり,付け合わしたり,押しつぶして形を変えたりして様々に手を加えて楽しむ。ときには,それを頭にかぶり,何かの振りをして面白がることもある。また,身近な空き箱を工夫して,ままごとに使う器にしたり,周囲にきれいな包装紙を貼って大切な物をしまっておく容器に利用したりする。このようにして一つの素材についていろいろな使い方をしたり,あるいは,一つの表現にこだわりながらいろいろな物を工夫して作ったりする中で,その特性を知り,やがては,それを生かした使い方に気付いていく。このような素材に関わる多様な体験は,表現の幅を広げ,表現する意欲や想像力を育てる上で重要である。

> (6) 音楽に親しみ，歌を歌ったり，簡単なリズム楽器を使ったりなどする楽しさを味わう。

　幼児は，一般に音楽に関わる活動が好きで，心地よい音の出るものや楽器に出会うと，いろいろな音を出してその音色を味わったり，リズムをつくったり，即興的に歌ったり，音楽に合わせて身体を動かしたり，ときには友達と一緒に踊ったりしている。

　このように，幼児が思いのままに歌ったり，簡単なリズム楽器を使って遊んだりしてその心地よさを十分に味わうことが，自分の気持ちを込めて表現する楽しさとなり，生活の中で音楽に親しむ態度を育てる。ここで大切なことは，正しい発声や音程で歌うことや楽器を正しく上手に演奏することではなく，幼児自らが音や音楽で十分遊び，表現する楽しさを味わうことである。そのためには，教師がこのような幼児の音楽に関わる活動を受け止め，認めることが大切である。また，必要に応じて様々な歌や曲が聴ける場，簡単な楽器が自由に使える場などを設けて，音楽に親しみ楽しめるような環境を工夫することが大切である。

　一方，教師と一緒に美しい音楽を聴いたり，友達と共に歌ったり，簡単な楽器を演奏したりすることも，幼児の様々な音楽に関わる活動を豊かにしていくものである。このような活動を通して，幼児は想像を巡らし，感じたことを表現し合い，表現を工夫してつくり上げる楽しさを味わうことができるようになる。

　さらには，教師などの大人が，歌を歌ったり楽器の演奏を楽しんだりしている姿に触れることは，幼児が音楽に親しむようになる上で，重要な経験である。このように，幼児期において，音楽に関わる活動を十分に経験することが将来の音楽を楽しむ生活につながっていくのである。

> **（7）かいたり，つくったりすることを楽しみ，遊びに使ったり，飾ったりなどする。**

　幼児は，生活の中で体験したことや思ったことをかいたり，様々なものをつくったり，それを遊びに使ったり，飾ったりして楽しんでいる。幼児の場合，必ずしも，初めにはっきりとした必要性があって，かいたり，つくったりしているのではない。身近な素材に触れて，その心地よさに浸っていることも多い。やがて線がかけることや形が組み合わされて何かに見立て，遊びのイメージをもち，それに沿ってかき加えたり，つくり直したりする場合もある。また，自分でかいたり，つくったりすることそのことを楽しみながら，次第に遊びのイメージを広げたりする場合もある。いずれの場合においても，その幼児なりの楽しみや願い，遊びのイメージを大切にして，幼児の表現意欲を満足させていくことが重要である。

　また，幼児が遊びの中で，かいたり，つくったりするものは，形や色にこだわらない素朴なものもあるが，その幼児なりの思いや願いが込められている。特に3歳児では，例えば，単に広告紙を巻いて棒をつくり，それを手に持って遊んでいるという姿は，その幼児なりの見立てやイメージの世界を楽しんでいる姿である。教師が，幼児の視点に立ち，その幼児がそれらに託しているイメージを受け止めることが大切である。

　さらに，友達と共通の目的をもって遊びを楽しめるようになってくると，遊びの中での必要性から，幼児自らが形や色にこだわり，工夫して，かいたり，つくったりする姿も見られるようになる。例えば，お店屋さんごっこでは，いろいろな品物を工夫してつくる姿が見られる。それは，遊びの中での必要性から生まれてきたものであり，幼児の思いや願いを実現する行為であると同時に，形や色の変化や組み合わせを楽しむ行為でもある。幼児は，かいたり，つくったりすることを楽しみながら，同時に，自分の思いを表したり，伝えたりして遊んでいる。

　このように，それぞれの遊びの中で，幼児が自己表現をしようとする気持ちを捉え，必要な素材や用具を用意したり，援助したりしながら，幼児の表現意欲を満足させ，表現する喜びを十分に味わわせることが必要である。

(8) 自分のイメージを動きや言葉などで表現したり，演じて遊んだりするなどの楽しさを味わう。

　幼児は，家庭や幼稚園の生活の中で体験を通して，心の中に様々なイメージを思い描いている。そして，身近な環境から刺激を受け，その心の内にあるイメージを様々に表現している。例えば，ままごとの道具を見ることから家庭生活を思い起こし，そのイメージに沿って母親や父親などの役になってままごとを楽しんだり，あるいは物語を聞いてその登場人物に対する憧れの気持ちからごっこ遊びを楽しんだり，自分たちの物語をつくって演じたりする。

　入園当初は，一人一人がそれぞれの見立てを楽しんだり，自分が物語の登場人物になって振る舞うことによって一人で満足したりする姿が多く見られる。同じ場にいながらも，あるいは同じものに触れながらも，そこからイメージすることは一人一人異なっている。特に，3歳児は一人一人の世界を楽しんでいることが多く，何かのつもりになってごっこ遊びをするというよりは，1本の棒を持っただけで何かになりきることさえできる。

　幼児が安心して自分なりのイメージを表現できるように，教師は，一人一人の発想や素朴な表現を共感をもって受け止めることが大切である。共感する教師や他の幼児がそばにいることにより，幼児は安心し，その幼児自身の動きや言葉で表現することを楽しむようになる。

　幼稚園の中で一緒に生活を重ね，共通の経験や感動を伝え合う中で，幼児は次第にイメージを共有し合い，そして，相手と一緒になって見立てをし，役割を相互に決めて，それらしく動くことを楽しむようになる。ときにはそれが断片的な遊びから，目的やストーリーをもった遊び方へと変化することがある。さらに，それぞれのイメージを相手に分かるように表現し，共有して，共通のストーリーやルールをつくり出し，「○○ごっこをしよう」などと遊ぶことができるようになってくる。教師は，幼児のもっているイメージがどのように遊びの中に表現されているかを理解しながら，そのイメージの世界を十分に楽しめるように，イメージを表現するための道具や用具，素材を用意し，幼児と共に環境を構成していくことが大切である。

なお,どのようなものを幼児の周りに配置するかは,多様な見立てや豊かなイメージを引き出すことと密接な関わりをもつ。それは必ずしも本物らしくなりきることができるものが必要ということではない。むしろ,幼児は,1枚の布を身にまといながらいろいろなものになりきって遊ぶ。さらに,幼児は,ものに触れてイメージを浮かべ,そのものをいろいろに使うことからイメージの世界を広げるといったように,ものと対話しながら遊んでいる。この意味で,多様なイメージを引き出す道具や用具,素材を工夫し,それらに幼児が日常的に触れていく環境を工夫することが,表現する楽しさを味わうことにつながるのである。

[内容の取扱い]

> （1）豊かな感性は，身近な環境と十分に関わる中で美しいもの，優れたもの，心を動かす出来事などに出会い，そこから得た感動を他の幼児や教師と共有し，様々に表現することなどを通して養われるようにすること。その際，風の音や雨の音，身近にある草や花の形や色など自然の中にある音，形，色などに気付くようにすること。

　幼児の豊かな感性は，幼児が身近な環境と十分に関わり，そこで心を揺さぶられ，何かを感じ，考えさせられるようなものに出会って，感動を得て，その感動を友達や教師と共有し，感じたことを様々に表現することによって一層磨かれていく。そのためには，幼児が興味や関心を抱き，主体的に関われるような環境が大切である。このような環境としては，幼児一人一人の感動を引き出せる自然から，絵本，物語などのような幼児にとって身近な文化財，さらに，心を弾ませたり和ませたりするような絵や音楽がある生活環境など幅広く考えられる。また，教師を含めた大人自身が絵や歌を楽しんだりしている姿に触れることで憧れをもち，心を揺さぶられることもある。

　幼児は，風の音や雨の音，身近にある草や花の形や色など，自然の中にある音，形，色などに気付き，それにじっと聞き入ったり，しばらく眺めたりすることがある。そのとき，幼児はその対象に心を動かされていたり，様々にイメージを広げたりしていることが多い。

　このように幼児は，あるものに出会い，心が揺さぶられて感動すると，感じていることをそのまま表そうとする。その表れを教師が受け止め，認めることによって，幼児は自分の感動の意味を明確にすることができる。また，自分と同じ思いをもっている幼児に出会うと自分の感性に自信をもち，違う思いをもっている幼児に出会うと違う感性を知ることになり，結果としていろいろな感性があることに気付く。このような友達との感動の共有が，幼児一人一人の豊かな感性を養っていくことになるのである。

> （2）幼児の自己表現は素朴な形で行われることが多いので，教師は
> そのような表現を受容し，幼児自身の表現しようとする意欲を受
> け止めて，幼児が生活の中で幼児らしい様々な表現を楽しむこと
> ができるようにすること。

　幼児の自己表現は，内容の面でも，方法の面でも，大人からは素朴に見える形で行われることが多い。幼児は，幼児なりに周囲の物事に興味や関心を抱く。大人からするとささいなことと思えるものでも，しばしば，すごいこと，大切なこととして受け止めている。また，幼児は，自分の気持ちを自分の声や表情，身体の動きそのもので表現することも多い。特に３歳児では，自分の気持ちを表現するというより，自分の気持ちがそのまま声や表情，身体の動きになって表れることが多い。独り言をつぶやいたり，一人で何かになりきっていたりする姿もよく見掛ける。

　そのような幼児の表現は，率直であり，直接的である。大人が考えるような形式を整えた表現にはならない場合や表現される内容が明快でない場合も多いが，教師は，そのような表現を幼児らしい表現として受け止めることが大切である。はっきりとした表現としては受け止められない幼児の言葉や行為でさえも，教師はそれを表現として受け止め共感することにより，幼児は様々な表現を楽しむことができるようになっていく。

　このように受け止めることによって，教師と幼児の間にコミュニケーションが図られ，信頼関係が一層確かなものになる。このことは，幼児同士が表現し，相互で受け止め合う場合についてもいえる。他の幼児の表現を受け止め，理解しようとする態度は，幼児期においては，その発達にふさわしい形で培われなければならない。幼児は，自分の素朴な表現が教師や他の幼児などから受け止められる体験の中で，表現する喜びを感じ，表現への意欲を高めていく。

　その際，幼児が自分の気持ちや考えを素朴に表現することを大切にするためには，特定の表現活動のための技能を身に付けさせるための偏った指導が行われることのないように配慮する必要がある。

> （3）生活経験や発達に応じ，自ら様々な表現を楽しみ，表現する意欲を十分に発揮させることができるように，遊具や用具などを整えたり，様々な素材や表現の仕方に親しんだり，他の幼児の表現に触れられるよう配慮したりし，表現する過程を大切にして自己表現を楽しめるように工夫すること。

　幼児は，生活の中で感じたことや考えたことを様々に表現しようとする。その姿は，その幼児がこれまで家庭や幼稚園の生活の中で体験したことを再現して楽しんだり，友達や教師に伝えようとしたり，さらに，工夫を重ねてイメージを広げたりするもので，その幼児の生活経験によって様々である。また，同時に，その表現は，幼児の発達に応じて，その幼児なりの素朴なものから，友達と相談しながら相互に役割を決めて楽しむものなどまで幅広く展開する。

　そのような幼児の表現する楽しみや意欲を十分に発揮させるためには，特定の表現活動に偏るのではなく，幼児が幼稚園生活の中で喜んで表現する場面を捉え，表現を豊かにする環境としての遊具や用具などを指導の見通しをもって準備したり，他の幼児の表現に触れられるよう配慮することが大切である。

　それぞれの遊具や用具などの特性により，幼児の表現の仕方や楽しみ方が異なるので，材質，形態，使いやすさなどを考慮し，幼児の発達，興味や関心に応じて様々な表現を楽しめるように整備することが重要である。また，教師が様々な素材を用意したり，多様な表現の仕方に触れるように配慮したりして，幼児が十分楽しみながら表現し親しむことで，他の素材や表現の仕方に新たな刺激を受けて，表現がより広がったりするようになることが考えられる。

　さらに，幼児が心に感じていることは，それを表現する姿を通して他の幼児にも伝わり，他の幼児の心に響き，幼児同士の中で広がっていく。このように，幼児同士の表現が影響し合い，幼児の表現は一層豊かなものとなっていく。教師は，幼児がお互いの活動を見たり聞いたりして相手の表現を感じ取れるように，場や物の配置に配慮したり，教師も一緒にやってみたりして，相互に響き合う環境を工夫することが大切である。

　このように，幼児は，遊具や用具に関わったり，他の幼児の表現など

に触れて，心を動かされ，その感動を表現するようになる。教師は，幼児が表現する過程を楽しみ，それを重ねていき，その幼児なりの自己表現が豊かになっていくように，幼児の心に寄り添いながら適切な援助をすることが大切である。

第3節　環境の構成と保育の展開

▶1　環境の構成の意味

　環境の構成において重要なことは，その環境を具体的なねらいや内容にふさわしいものとなるようにすることである。ある具体的なねらいを目指して指導を進めるためには，幼児の生活する姿に即して，その時期にどのような経験を積み重ねることが必要かを明確にし，そのための状況をものや人，場や時間，教師の動きなどと関連付けてつくり出していくことが必要となる。その際，以下に示す環境の構成の意味を踏まえて，幼児が自ら発達に必要な経験を積み重ねていくことができるような環境をつくり出すことが大切である。

（1）　状況をつくる

　幼児の活動への意欲や主体的な活動の展開はどのような環境においても自然に生じるというわけではない。まず，環境全体が緊張や不安を感じさせるような雰囲気では，活動意欲は抑制されてしまう。幼児が安心して周囲の環境に関われるような雰囲気が大切である。その上で，幼児の中に興味や関心がわいてきて，関わらずにはいられないように，そして，自ら次々と活動を展開していくことができるように，配慮され，構成された環境が必要である。例えば，製作活動をしようと思っても，それに必要な素材や用具が容易に使えるように用意されていなければ，十分に活動を展開することはできない。また，いかにものが豊富にあったとしても，幼児がものとものの間に何のつながりも見いだせなかったり，これまでの自分の生活経験の中に位置付けられなかったりすれば，やはり，主体的な活動を展開することはできない。幼児が主体的に環境に関わり，豊かな体験をしていくことができるためには，それが可能であるような適切な環境を教師が構成しなければならない。その際必要なことは，幼児の発達だけでなく，幼児の興味や関心の対象，意欲の程度，気分の状態，これまでの経験などを考慮することである。

　このように，環境を通して教育を行うためには，幼児が興味や関心をもって関わることができる環境条件を整えることが必要であるが，それだけでは十分ではない。幼児が環境に関わることにより，その発達に必

要な経験をし，望ましい発達を実現していくようになることが必要である。ただ単に幼児が好き勝手に遊んでいるだけでは，必ずしも発達にとって重要な価値ある体験をするとは限らない。例えば，幼児が楽しんでいるからといって，いたずらに生き物を痛め付けたり，殺したりすることがよい体験だとはいえない。すなわち，幼稚園は幼児が発達に必要な経験をすることができるように配慮された環境でなければならないのである。それは，幼稚園教育が意図的な教育である以上，教師の責任に関わる事柄である。教師は，一人一人の幼児の中に何を育みたいのか，一人一人の幼児がどのような体験を必要としているのかを明確にし，幼児がどのような活動の中でどのような体験をしているのかを考慮しながら，教師としての願いを環境の中に盛り込んでいかなければならない。幼児の主体的な活動を通しての発達は，教師が，幼児の周りにある様々なものの教育的価値を考慮しながら，綿密に配慮し，構成した環境の下で促されるのである。

　環境を考えるに当たって，遊具や用具，素材など物的環境をどうするかは大切な問題である。しかし，幼児の活動に影響を与えている環境の要素は物だけではない。その場にいる友達や教師，そのときの自然事象や社会事象，空間的条件や時間的条件，さらには，その場の雰囲気なども幼児の主体的活動や体験の質に影響を与えている。

　例えば，幼児数人が園庭で探検ごっこをし，小道具を作って「明日続きをしよう」と約束して今日になったとしよう。今日の保育室での製作は，昨日友達とした約束，この後仲間と探検ごっこをするという期待，天気がよくて早く外に行きたいという気持ちの高まり，先に作った友達が待っている状況などの条件の下で行われることになる。

　このような様々な事柄が相互に関連して，幼児にとって意味のある一つの状況を形成しており，その状況の下で，主体的な活動が展開するのである。すなわち，環境を構成するということは，物的，人的，自然的，社会的など，様々な環境条件を相互に関連させながら，幼児が主体的に活動を行い，発達に必要な経験を積んでいくことができるような状況をつくり出すことなのである。

(2) 幼児の活動に沿って環境を構成する

　教師は，幼児が自ら環境に関わり，豊かな体験をしていくことができるように環境を構成するのであるが，その際，教師は，幼児の活動に沿って環境を構成する必要がある。このためには，教師は幼児の視点に立って環境の構成を考えなければならない。一人一人の幼児が今何に関心をもっており，何を実現しようとしているのか，活動に取り組む中で苦労しているところはあるのか，その困難はその幼児にとって乗り越えられそうなものなのか，あるいはこの後どんなことに興味が広がっていきそうなのかなど，幼児の内面の動きや活動への取り組み方，その取組の中で育ちつつあるものを理解することが大切である。

　幼児の行っている活動は，一人一人にとって固有の意味をもっている。段ボールで家を作って遊んでいる場合でも，外装や内装など家を作ること自体を楽しんでいる幼児もいれば，お家ごっことして，友達や教師とのやり取りを楽しんでいる幼児もいる。この場合，一見一緒に同じ遊びをしているようでも，その活動の意味は異なっているといえる。したがって，体験の内容も違ってくる。前者の幼児の場合，教師は家を作っていくための素材や用具の準備をすることを考える必要があるだろう。一方，後者の幼児に対しては，ごっこ遊びとして展開していくための配慮をする必要があるだろう。

　また，幼児はものと関わることを通して，そのもののもつ性質に応じて関わり方を変えなければならないことを学んでいく。そのことを学んでいく過程において，ものへの関わり方は幼児一人一人によって異なっている。例えば，クッキーを作ろうと粘土を薄く延ばしていく幼児もいれば，ひも状にしたり，ちぎったりする幼児もいる。同じものに対してでも，どのように関わるかにより必要となる用具も異なり，環境の構成を変える必要もある。

　幼児一人一人の活動の意味や取り組み方，環境への関わり方などを正しく把握するためには，ものの性質をよく知った上で，幼児の活動にいつでも参加しようとする姿勢をもち，幼児の内面の動きに目を向け続けていることが必要である。その上で，教師は，幼児の発達や興味関心に応じつつ，発達に必要な経験を満たす可能性をもつ環境を構成しなければならない。

　幼児の活動に沿って環境を構成することは，教師が環境を全て準備し，

お膳立てをしてしまうことではない。このような状況で幼児が活動をした場合，やり遂げたという充実感や満足感を必ずしも十分に感じられないこともあるであろう。また，困難な状況を自分で考え，切り開く力が育たなくなってしまうこともあるであろう。例えば，色水遊びに関心をもったからといって，教師があらかじめ何種類もの色水を作っておいたのでは，色水遊びの楽しさを半減させてしまうであろう。幼児が自分たちでいろいろな素材を集め，工夫しながら，どんな色ができるか期待しながら遊ぶところに楽しさがあり，そのことにより充実感や満足感も高まるのである。幼児が自分たちの遊びのイメージに合った状況を自分たちで考え，つくり出し，遊びを展開していくことで，望ましい発達が実現していく場合もあるということである。

　幼児が何らかの活動をしているときには，その活動をしていることによって絶えず状況は変わっていく。例えば，2～3人の幼児が大型積み木を積んで家を作り始めたとする。家ができることでその前の状況とは既に変わっている。家ができたことで，今度はその幼児たちはごちそうを用意しようということになり，小さな積み木を持ってくるかもしれない。それにより，また，状況が変わる。さらに，家があることに気付いた他の幼児たちが集まってきて，仲間に加わるかもしれず，そばで別の家を作り出すかもしれない。それによって更に状況が変わることになる。このように，幼児は遊ぶことによりその遊びの状況を変え，状況を変えつつ遊びを展開させていく。教師は幼児の遊びに関わるとき，幼児の遊びのイメージや意図が実現するようにアドバイスしたり，手助けしたりして幼児が発達に必要な経験を得られるような状況をつくり出すことが大切である。

　このように，教師は幼児の活動の流れに即して，幼児が実現したいことを捉え，幼児の思いやイメージを生かしながら環境を構成していくことが大切である。このようにして，幼児自身が自ら学び，自ら考える力の基礎を育むことができ，主体性を育てることができるのである。

▶2 保育の展開

(1) 幼児の生活する姿と指導

　幼児の活動に沿った保育の展開に当たっては，幼児の主体性と指導の計画性を関連付けることが重要である。この意味で，生活，計画，保育実践，評価，計画の修正，保育実践という循環の過程が大切である。保育を展開する際には，まず日々の幼児の生活する姿を十分に捉え，それに基づいて指導計画を立てることが求められる。すなわち，幼児は何に関心を抱いているのか，また，何に意欲的に取り組んでいるのか，あるいは取り組もうとしているのか，何に行き詰まっているのかなどの状況を捉え，さらに，次の時期の幼児の生活を見通して指導計画を立てることが必要である。幼児が今取り組んでいることを十分できるようにすることや新たな活動を生み出せるようにすることなど，これまでの生活の流れや幼児の意識の流れを考慮して指導計画を作成することになる。

　しかし，どんなに願い，工夫して計画しても，その中で幼児が何を体験するかは教師の予想をこえる場合が見られる。その幼児の活動が教師の当初の意図どおりでなかったとしても，それもその幼児にとって必要な体験であったかもしれない。しかし，だからといって「幼児をただ遊ばせている」だけでは教育は成立しない。教師が幼児を見守ったり，一緒に活動したりしながら，一人一人の幼児に今どのような経験が必要なのか，そのためにはどうしたらよいかを常に考え，必要な援助を続けることが大切である。

(2) 活動の理解と援助

　幼児の活動は，教師の適切な援助の下で，幼児が環境と関わることを通して生み出され，展開されるものである。教師は幼児が環境に関わって展開する具体的な活動を通して発達に必要な経験が得られるよう，援助することが重要である。

　幼児が環境と関わり，活動を生み出すきっかけは様々である。使ってみたい遊具や用具，素材と出会い，それらに触れることから生み出されることもある。教師や友達に誘われて一緒の活動に関心を示すこともある。また，偶然出会った動植物や自然の変化などに興味をもつことから生まれることもある。さらに，異年齢など他の幼児の遊びを見たり，その遊びに参加したりすることもきっかけとなる。幼稚園や地域の行事，

小学校との交流活動に参加することによって生み出されることもある。いずれの場合においても，その背景には人やもの，事象などのいくつかの環境の要素が関連しており，その関連の中で，教師や他の幼児の動きが大きな意味をもつものである。

　幼児が主体的に活動を展開するからといって，幼児が遊ぶまで何もせず放っておいたり，幼児が遊び始めたままに見守っていたりしていればいいというものではない。教師は，常に幼児が具体的な活動を通して発達に必要な経験を積み重ねていくよう必要な援助を重ねていくことが大切であり，そのためには活動のきっかけを捉え，幼児の活動の理解を深めることが大切である。

　活動が教師の期待するように展開しているからといって，幼児が発達に必要な経験をしているというわけでもない。また，幼児の活動は，そばから見た表面的な動きや人数などの規模で理解することは難しい。例えば，砂場で数人で楽しそうに池作りをしている姿とその横で一人黙々と泥団子作りをしている姿があったとする。見掛け上は，一方は人数も多く活動的であり，もう一方は一人で静かに活動をしているが，どちらが幼児の活動としてふさわしいかを比較することはできない。池作りをしている幼児たちは，それぞれの考えを出し合いながら人間関係を深めているであろうし，一人で泥団子を作っている幼児は，友達との交流は少ないが，どんな土をどのように混ぜ合わせると団子が固くなるかを考えたり，試したりして工夫しながら土との関わりを深めているかもしれない。教師は，幼児と活動を共にしながら，一人一人の幼児が心と体をどのように動かしているのかを感じ取り，それぞれの活動が幼児の発達にとってどのような意味をもつのかを考えつつ，指導を行うことが大切である。

(3) 環境の構成と再構成

　1日の保育が終わった後，教師は幼児の活動の姿を振り返りながら翌日の環境を考える。すなわち，今日から明日への流れを踏まえた上で，幼児の活動が充実し，一人一人が発達に必要な経験を得られるために指導計画を作成し，ものや空間などの環境を構成し，次の日に幼児を迎える。しかし，次の日の保育は必ずしも教師の予想どおりに展開するわけではない。実際の保育の場面では，幼児の心を揺り動かす環境は多種多

様にあり，幼児の活動は教師の予想やそれに基づく環境の構成をこえて様々に展開し，新たに幼児が自ら発達に必要な経験を得られる状況をつくり直すことが必要となる。また，教師が必要と考えて構成した環境が幼児に受け入れられないこともある。このようなときには，教師は活動に取り組む幼児の言動に注意し，幼児の活動が充実するよう援助を重ねながら柔軟に対応していくことが求められる。

例えば，保育室の空き段ボール箱に入って遊び始めた幼児がいたとする。友達の始めた面白そうな遊びであれば，その遊びに関わる幼児が増えていくだろう。そのような場合，教師は幼児の求めや反応を見ながら，別の段ボール箱や製作に使える道具を用意するなど，遊びに主体的に取り組みやすいように環境をつくり直していく必要があるだろう。また，段ボール箱という素材との関わりから，お家ごっこや乗り物遊びなど新たに遊びが展開する様子が見えたら，遊びに必要なものを作ることができるように，イメージが実現しやすいような素材を多様に用意することも重要である。

教師は，このような変化を的確に把握し，物や場といった物的環境をつくり直し，さらに，必要な援助を重ね，幼児の発達にとって意味のある状況をつくり出すことが求められる。この意味で環境の構成は固定的なものではなく，幼児の活動の展開に伴って，常に幼児の発達に意味のあるものとなるように再構成していく必要があるものとして捉えることが大切である。

▶3 留意事項

(1) 環境を構成する視点

環境の構成においては，幼児が自分を取り巻いている周囲の環境に意欲的に関わり，主体的に展開する具体的な活動を通して様々な体験をし，望ましい発達を遂げていくよう促すようにすることが重要である。そのために，次に示す視点から具体的な環境の構成を考えることが必要である。

① 発達の時期に即した環境

発達の時期に即した環境を構成するためには，幼児の長期的な生活の視点に立つことが必要である。幼児が生活する姿は，発達のそれぞれの時期によって特徴のある様相が見られる。それは，その時期の幼児の環

境への関わり方，環境の受け止め方の特徴でもあるということもできよう。具体的なねらいや内容に基づいた環境を構成する際には，発達の時期のこのような特徴を捉えて，どのようにしたらよいかを十分に考える必要がある。

例えば，入園当初の不安や緊張が解けない時期には，幼児は，日頃家庭で親しんでいる遊具を使って遊ぼうとしたり，自分が安心できる居場所を求めたりする。教師に対しても一緒に行動することを求める姿が見られる。このような時期には，一人一人の家庭での生活経験を考慮し，幼児が安心して自分の好きな遊びに取り組めるように，物や場を整えることが必要である。また，教師はできるだけ一人一人との触れ合いをもつようにし，その幼児なりに教師や友達と一緒に過ごす楽しさを感じていけるように穏やかな楽しい雰囲気をつくることが大切である。

次第に安定して遊ぶようになると，幼児は同じ場で遊ぶ他の幼児に関心を向けたり，行動の範囲や活動の場を広げるようになる。このような時期には，幼児が友達との遊びを安定した状態で進めたり，広げたりできるような場を構成すること，活動の充実に向けて必要な遊具や用具，素材を準備すること，幼児の新たな発想を生み出す刺激となるような働き掛けをすることが大切となる。

やがて，幼児は，友達と一緒に遊ぶ楽しさや様々な物や人との関わりを広げ深めていくようになる。このような時期には，友達と力を合わせ，継続して取り組む活動ができる場の構成を工夫することが大切である。また，友達の刺激を受けながら自分の力を十分発揮していけるように，探究心や挑戦する意欲を高めるような環境の構成が重要である。

② **興味や欲求に応じた環境**

幼児が環境に主体的に関わり，生き生きとした活動を展開するためには，その環境が幼児の興味や欲求に即したものでなければならない。今，幼児がどんなことに興味をもち，どんなことをしたいのかを感じ取り，それを手掛かりとして環境の構成を考えることが大切である。しかし，環境の構成は幼児の望ましい発達を促すためのものであるから，幼児の表面的な興味だけにとらわれるのではなく，今どのような経験をすることが大切なのかを併せて考えていく必要がある。つまり，教師が幼児の中に育ってほしいと思うことや指導のねらいによって，環境を構成することが重要である。幼児は，環境と関わることによって自分の興味や欲

求を満足させながら，自分で課題を見いだして，それを乗り越えることによって充実感や満足感を味わうのである。興味や欲求が安易に満たされるときには，幼児にとって本当の意味での充実感にならず，次に環境に自ら関わる意欲を生み出す結果とはならないことが少なくない。幼児が生活の中で，葛藤，挫折などの体験をしたり，達成感や満足感を味わったりすることが発達を促す上で大切なことであり，幼児が自分の力で乗り越えられるような困難といった要素も環境の構成の中に含める必要があろう。

さらに，具体的な遊具や用具，素材の配置については，幼児が遊びの中で，実現したいと思っている遊びのイメージや興味などによってそれらは異なってくることを考慮しておくことが大切である。例えば，ロボットを作りたいと思っても，大きさや形，目的など，そのイメージは様々である。一緒に遊んでいる人数，仲間関係の育ち，これまでの経験などによっても，遊具や用具，素材，場の構成は違ってくる。常に，幼児の興味や関心を大切にしながら，活動の充実に向けて幼児と共に環境を構成し，再構成し続けていくことが大切である。

③ 生活の流れに応じた環境

幼稚園教育は，1日を単位とした生活の流れを中心に展開される。幼児は前日の遊びが楽しければ，翌日も続きの遊びをしたいという期待をもち，喜んで登園して来るだろう。また，幼稚園での遊びや生活は家庭と連続して展開される。特に，登園時の幼児の生活行動や遊びへの取組は，家庭での生活とつながっている。降園後に地域や家庭で経験したことを幼稚園で再現して遊ぶこともある。前日から翌日，前週から翌週というように幼児の興味や意識の流れを大切にし，自然な幼稚園生活の流れをつくり出していくことが大切である。また，天気のよい日は戸外で過ごす，風のある日であれば風を感じながら遊ぶなど，季節の変化や自然事象と深く関わる幼児の生活を大切にして，自然な生活の流れの中で幼児が様々な自然環境に触れることができるようにすることも必要である。

さらに，意図性と偶発性，緊張と解放，動と静，室内と屋外，個と集団など，様々なものがバランスよく保たれた自然な生活の流れをつくり出すことが必要であり，偏った環境にならないよう配慮していくことが大切である。

(2) 保育の展開における教師の役割

　幼児が生き生きと活動を展開し，その中で一人一人が着実な発達を遂げていくためには，教師の役割について十分な理解をもつことが大切である。保育の展開において教師のなすべきことは，幼児の生活する姿の中から発達の実情を理解し，適切な環境を幼児の生活に沿って構成し，幼児の活動が充実するように援助することである。具体的には，

- 幼児の発達を見通し，具体的なねらいと内容を設定すること
- 幼児が発達に必要な経験が積み重ねられるような具体的な環境を考えること
- 環境と関わって生み出された幼児の活動に沿って幼児の発達を理解すること
- 一人一人の幼児にとっての活動のもつ意味を捉え，発達に必要な経験を積み重ねていくことができるように援助をしていくこと

などが挙げられる。

　このような保育の展開において，幼児が自ら活動に取り組むためには，何よりも幼児がやってみたいと思う活動に出会う機会がなければならない。しかし，幼児がある活動に興味や関心を抱いたからといって，そのままでは実現に向かうとは限らない。実現の方向に向かっていくためには，その幼児が誰とどのような場でどのような遊具や用具，素材などを用いるかを見守っていく必要がある。そして，その活動に取り組みやすい場をどのようにつくり出すか，どのような遊具や用具，素材が必要か，幼児は何を望んでいるかを考えながら状況づくりをしていかなければならない。さらに，教師は，幼児がその環境にどのように関わっていくかを捉え，関わりの過程を支え，遊びに没頭して充実感や満足感を味わっていけるようにしていくことが重要である。この場合の環境の構成や援助の仕方は，その活動を通してその幼児に対してどのような成長を願うかという教師の願いと密接な関連をもっている。どのような願いをもっているかによって環境の在り方も援助の仕方も異なってくるからである。

　教師は，幼児の生活する姿の中から発達の実情を理解し，適切な環境を幼児の生活に沿って構成し，幼児の活動が充実するように援助することが大切である。そのためには，教師は，幼児理解とともに，幼児の身の回りの環境がもつ特性や特質について日頃から研究し，その教育的価

値について理解し，実際の指導場面で必要に応じて活用できるようにしておくことも大切である。その際には，それぞれの環境を大人の視点から捉えるのではなく，自由な発想をする幼児の視点に立って捉え，幼児がその対象との関わりを通して，どのような潜在的な学びの価値を引き出していくのかを予想し，その可能性を幅広く捉えておくことが大切である。例えば，粘土は造形遊びをするもの，縄跳びは縄を跳ぶものという固定化したものの見方では，幼児の活動も広がらない。粘土はパラシュートごっこの重りとして用いることもでき，縄跳びは跳ぶのではなくくぐることもできる。教師は，環境を見る目を磨いておくことにより，実際の指導場面において，幼児の活動の広がりや深まりに応じて環境を構成することができる。このように，環境のもつ特性や特質について研究を重ねた教師が，計画的に，あるいはそのときの状況に応じて，幼児が発達に必要な体験ができるよう環境を構成していくことにより，幼児は発達に必要な経験をすることができる。

　さらに，保育の展開において大切なことは，環境と関わる教師の姿勢である。環境には，物的環境や人的環境，自然環境や社会環境など様々な環境があるが，そのような環境に教師自身がどのように関わっているかということも環境として大きな意味をもってくる。幼児の中には，このような様々な環境に初めて触れる者やどう関わったらよいか分からない者もいる。そのようなときに，幼児は教師や周囲の幼児がその環境にどう関わるかを見て学んでいく。

　このように，自ら環境に関わる教師の姿は幼児のモデルとして重要な意味をもっている。教師が他の幼児に関わっている姿を見ることも，幼児にとっては大切な環境としての意味をもつ。例えば，挨拶の口調や立ち居振る舞い，言葉の掛け方や抑揚など，幼児は教師のするようにする。また，遊具や用具をどのように使うのか，どのように操作するのかなど，日々の遊びや生活の中で，教師の言動をよく見てまね，自分たちの遊びに取り入れていく。

　また，自然への関わり方も同様である。家庭などで自然とあまり触れたことのない幼児は，教師などの触れ方や世話の仕方から学んでいき，自然に触れて遊んだり，生活の中で必要感をもって身近な植物や飼育動物の世話をしたりするようになる。教師が生命を大切にする関わり方をすれば，幼児もそのような関わり方を身に付けていくだろう。その意味

で，教師は自分自身の自然や生命への関わり方が幼児に大きな影響を及ぼすことを認識する必要がある。

　教師が遊びや幼児に関わる姿を見て，幼児は遊びの楽しさを感じ，また，他の幼児への関わり方を学んでいく。教師がある遊びに否定的に関われば，幼児はその遊びをしなくなるだろう。このように，教師は遊びへの関わり方が，同様に重要であることを改めて認識することが大切である。また，教師間で連携する姿や保護者と関わる姿なども幼児へ影響を及ぼすことになるといえよう。

　このように，教師は幼児にとって人的環境として重要な役割を果たしている。教師自身がどのように生活し，環境とどのように関わっているかを常に振り返り，考えながらよりよい方向を目指していくことが大切である。

第3章

教育課程に係る教育時間の終了後等に行う教育活動などの留意事項

▶1　教育課程に係る教育時間の終了後等に行う教育活動

> 1　地域の実態や保護者の要請により，教育課程に係る教育時間の終了後等に希望する者を対象に行う教育活動については，幼児の心身の負担に配慮するものとする。また，次の点にも留意するものとする。

　教育課程に係る教育時間外の教育活動は，通常の教育時間の前後や長期休業期間中などに，地域の実態や保護者の要請に応じて，幼稚園が，当該幼稚園の園児のうち希望者を対象に行う教育活動である。この活動に当たって，まず配慮しなければならないのは，幼児の健康と安全についてであり，これらが確保されるような環境をつくることが必要である。また，家庭での過ごし方などにより幼児一人一人の生活のリズムや生活の仕方が異なることに十分配慮して，心身の負担が少なく，無理なく過ごせるように，1日の流れや環境を工夫することが大切である。特に，入園当初や進級当初においては，幼稚園生活に対して不安感や緊張感が大きい幼児もいるので，家庭生活との連続性を図りながら幼児一人一人の実情に合った居場所づくりを行うことが重要である。さらに，幼児の心や体の健康状態，季節などに配慮して，必要に応じて午睡の時間を設けたり，いつでも幼児が休めるようにくつろげる場を設けたりすることも大切である。

> （1）教育課程に基づく活動を考慮し，幼児期にふさわしい無理の
> ないものとなるようにすること。その際，教育課程に基づく活動
> を担当する教師と緊密な連携を図るようにすること。

　教育課程に係る教育時間の終了後等の教育活動を行うに当たっては，教育課程に係る教育時間中の活動を考慮する必要がある。例えば，教育課程に係る教育時間中に，室内での遊びを中心に活動を行った場合には，教育課程に係る教育時間の終了後等に行う教育活動において，戸外で自然に触れたり，体を動かして遊んだりすることを積極的に取り入れることが必要となろう。また，幼児が夢中になって遊びに取り組んでいる場合には，教育課程に係る教育時間の終了後等に行う教育活動においても幼児は同じ活動をやってみたいと思うこともあろう。教育課程に基づく活動を考慮するということは，必ずしも活動を連続させることではない。教育課程に係る教育時間中における幼児の遊びや生活など幼児の過ごし方に配慮して，教育課程に係る教育時間の終了後等の教育活動を考えることを意味するものであり，幼児にとって充実し，無理のない１日の流れをつくり出すことが重要である。

　教育課程に基づく活動を考慮して展開するためには，教育課程に基づく活動を担当する教師と教育課程に係る教育時間の終了後等に行う教育活動を担当する者が，幼児の活動内容や幼児の心と体の健康状態についてお互いに引き継ぎをするなど，緊密な連携を図るようにすることが大切である。両者が連携し，お互いの教育活動について理解した上で，教育課程に係る教育時間の終了後等の教育活動を展開することにより，幼児の生活が幼児期にふさわしい無理のないものとなっていくとともに，幼児への関わり方や見方が多様になり，幼児の生活全体を充実したものとしていくことができる。また，日々の活動について連携するのみではなく，例えば，指導計画の作成や教育課程に係る教育時間の終了後等に行う教育活動の計画の作成などにおいて連携をすることも大切である。

> (2) 家庭や地域での幼児の生活も考慮し，教育課程に係る教育時間の終了後等に行う教育活動の計画を作成するようにすること。その際，地域の人々と連携するなど，地域の様々な資源を活用しつつ，多様な体験ができるようにすること。

　教育課程に係る教育時間の終了後等に行う教育活動は，幼稚園の行う教育活動であり，その計画を作成する必要がある。その際，幼稚園の教育目標を共有し，教育課程との関連を考慮して作成する必要がある。
　また，他の幼児は，教育課程に係る教育時間の終了後等に行う教育活動の時間は家庭や地域で過ごし，幼稚園での体験とは異なる体験をしている。教育課程に係る教育時間の終了後等に行う教育活動の計画を作成する際には，このことを考慮して作成する必要がある。例えば，家庭では，おやつを食べたり，午睡をしたりなど，落ち着いた家庭的な雰囲気の中でゆったりと過ごすこともあろう。また，地域では，異年齢の子供と遊んだり，高齢者を含む地域の人々と交流したり，地域の行事に参加したりするなどの多様な生活を過ごしていると考えられる。このような家庭や地域で体験することも，幼児の健やかな成長にとっては大切なことである。
　教師は，このことを踏まえ，教育課程に係る教育時間の終了後等に行う教育活動をする際に，地域の人的・物的資源を生かしていくことが大切である。例えば，地域に伝わる民話や伝承的な遊びに詳しい方を招いたり，公園や図書館などの施設を活用したりすることも考えられる。
　なお，教育課程に係る教育時間の終了後等に行う教育活動については，地域の実態などによって，希望日数や希望時間が異なることを考慮し，計画を作成する必要がある。

> （3）家庭との緊密な連携を図るようにすること。その際，情報交換の機会を設けたりするなど，保護者が，幼稚園と共に幼児を育てるという意識が高まるようにすること。

　教育課程に係る教育時間の終了後等に行う教育活動を行うに当たっては，幼児の家庭での過ごし方や幼稚園での幼児の状態などについて，保護者と情報交換するなど家庭と緊密な連携を図ることが必要である。

　また，教育課程に係る教育時間の終了後等に行う教育活動は，家庭の教育力を損なうものであってはならない。そのため，保護者と幼児の様子等について情報交換などを行う中で，教育課程に係る教育時間の終了後等に行う教育活動の趣旨や家庭における教育の重要性を保護者に十分に理解してもらい，保護者が，幼稚園と共に幼児を育てるという意識が高まるようにすることが大切である。

　さらに，教育課程に係る教育時間の終了後等に行う教育活動の対象となる幼児については，幼稚園で過ごす時間が比較的長時間となるので，家庭における教育が充実するよう家庭への働き掛けを十分に行うことも大切である。例えば，保護者が参加する機会を提供したり，写真等で活動の様子を掲示して分かりやすく伝えたりするなどして，教育課程に係る教育時間の終了後等に行う教育活動の様子を知ったり，幼児との関わり方について理解を深めたりすることを通じて，家庭の教育の充実につなげていくことなどが考えられる。

(4) 地域の実態や保護者の事情とともに幼児の生活のリズムを踏まえつつ，例えば実施日数や時間などについて，弾力的な運用に配慮すること。

　教育課程に係る教育時間の終了後等に行う教育活動については，地域の実態や保護者の事情を考慮することが大切である。例えば，教育課程に係る教育時間の終了後等に行う教育活動を毎日希望する場合又は週の何日かを希望する場合，あるいは，幼稚園の設定した終了時間よりも早く帰ることを希望する場合など様々なケースが考えられるが，できるだけそれぞれの要請に応えるよう弾力的な運用を図ることが必要である。

　弾力的な運用に当たり，地域の実態や保護者の事情とともに大切なことは，幼児の健康な心と体を育てる観点から幼児の生活のリズムに配慮することである。このため，例えば，夕食や就寝時間が遅くなったりすることのないよう，活動時間を設定するなどの配慮が必要である。

(5) 適切な責任体制と指導体制を整備した上で行うようにすること。

　教育課程に係る教育時間の終了後等の教育活動を実施するに当たっては，教師が学級数に対応した人数しかいない場合などには，新たな人員を確保するなどして適切な指導体制を整えることが必要である。
　この活動の実施方法としては，
　①　日ごとや週ごとに担当者を交代させる方法
　②　一定の者を担当者として決める方法
　③　①，②を組み合わせた方法
など，多様な方法が考えられる。
　また，教育課程に係る教育時間の終了後等に行う教育活動は幼稚園が行うものであることを踏まえ，教育活動として安全で適切な活動となるよう教育活動の内容を確認したり，緊急時の連絡体制を整える等，責任体制を整えておくことも大切である。
　さらに，教育課程に基づく活動と教育課程に係る教育時間の終了後等に行う教育活動は，両方とも幼稚園の教育活動であることから，それぞれを担当する教師が日頃から合同で研修を行うなど緊密な連携を図るとともに，それぞれの担当者がそれぞれの教育活動を等しく担っているという共通理解をもち，幼稚園全体の教師間の協力体制を整備することなども大切である。

▶2　子育ての支援

> 2　幼稚園の運営に当たっては，子育ての支援のために保護者や地域の人々に機能や施設を開放して，園内体制の整備や関係機関との連携及び協力に配慮しつつ，幼児期の教育に関する相談に応じたり，情報を提供したり，幼児と保護者との登園を受け入れたり，保護者同士の交流の機会を提供したりするなど，幼稚園と家庭が一体となって幼児と関わる取組を進め，地域における幼児期の教育のセンターとしての役割を果たすよう努めるものとする。その際，心理や保健の専門家，地域の子育て経験者等と連携・協働しながら取り組むよう配慮するものとする。

　幼児の家庭や地域での生活を含め，生活全体を豊かにし，健やかな成長を確保していくためには，幼稚園が家庭や地域社会との連携を深め，地域の実態や保護者及び地域の人々の要請などを踏まえ，地域における幼児期の教育のセンターとしてその施設や機能を開放し，積極的に子育てを支援していく必要がある。

　このような子育ての支援の観点から，幼稚園には多様な役割を果たすことが期待されている。その例として，地域の子供の成長，発達を促進する場としての役割，遊びを伝え，広げる場としての役割，保護者が子育ての喜びを共感する場としての役割，子育ての本来の在り方を啓発する場としての役割，子育ての悩みや経験を交流する場としての役割，地域の子育てネットワークづくりをする場としての役割などが挙げられるが，このほかにも，各幼稚園を取り巻く状況に応じて，様々な役割が求められる。

　このような役割を踏まえ，現在，全国の幼稚園において実際に行われている子育ての支援活動の具体例としては，子育て相談の実施（現職教員，教職経験者，大学教員，カウンセラーなどによるもの），子育てに関する情報の提供（園だよりでの子育ての情報など），親子登園などの未就園児の保育活動，絵本クラブなどの保護者同士の交流の機会の企画などがある。これらの事例の他にも，園庭・園舎の開放，子育て公開講座の開催，高齢者，ボランティア団体，子育てサークルなどとの交流など，様々な活動が行われている。各幼稚園においては，地域の実態や保

護者の要請に応じて創意工夫し，子育ての支援活動をできるところから着実に進めることが重要である。

　各幼稚園において，このような子育ての支援活動を行う際には，地域の様々な人々が気軽に利用できるような雰囲気をつくり，自然に足が向くような憩いの場を提供するよう配慮することが大切である。例えば，子育ての支援活動の一環として園庭・園舎を開放している場合には利用している地域の人々に幼稚園の教師が気軽に話しかけ，地域の人々の子育ての相談に応じたりするようになることなど，日々の生活の中で取り組めることから取り組んでいくことである。そして，参加者同士が親しくなり，考えていることや思っていることを話し合うようになったときに，幼稚園が子育てサークルをつくることに協力したり，子育て相談や子育てに関する情報の提供など，保護者や地域の実態に合わせた子育ての支援を行うことが大切である。

　さらに，子供への関わり方や自分の子育てについて悩みや不安を感じている保護者に対しては，その思いを十分に受け止めながら，保護者自身が自分の子育てを振り返るきっかけをつくったり，子育てについて学ぶ場面をつくったりするなどして，家庭の教育力の向上につなげていくことが大切である。

　このような子育ての支援は，幼稚園の園児の関係者に限らず，広く地域の人々を対象として行うことが大切である。例えば，子育て相談や未就園児の親子登園などを通じて，未就園児と保護者との温かなつながりがより深まることは，幼稚園入園後の生活をより豊かなものとしていく。さらに，未就園児の親子登園は，幼稚園への円滑な接続に資するという側面もある。教師にとっても，未就園児の姿に触れることで，入園前の子供の人やものとの関わりから幼児理解を深めることに役立つ面がある。このような意義も踏まえ，幼稚園は，園児に限らず地域の幼児の健やかな成長を支えていくことが大切である。

　また，子育ての支援活動は多様であるが，幼稚園の実態に応じ，できることから着実に実施していくことが必要である。その際，教育課程に基づく活動の支障となることのないように配慮する必要がある。

　幼稚園の子育ての支援活動の実施に当たっては，園内研修や幼稚園全体の教師間の協力体制の整備などの園内の体制整備を整えるとともに，他の幼稚園・小学校や保育所・児童相談所などの教育・児童福祉機関，

子育ての支援に取り組んでいるＮＰＯ法人，地域のボランティア団体，カウンセラーや保健師等の専門家，地域の子育て経験者等との連携及び協力も大切である。例えば，複数の幼稚園が共同で子育ての支援講座を開催したり，ＮＰＯ法人や地域のボランティア団体の協力を得ながら子育ての支援活動を展開したりすることなどがある。

なお，保護者の養育が不適切である場合や家庭での育ちの状況が気になる子供がいた場合の保護者支援については，子供の最善の利益を重視しつつ，幼稚園のみで抱え込むことなく，カウンセラーや保健師等の専門家や，市町村などの関係機関と連携して，適切な支援を行っていくことも大切である。

特に，保護者による児童虐待のケースについては，児童相談所などの関係機関との連携が必要となる。児童虐待の防止等に関する法律では，児童虐待を受けたと思われる子供を発見した場合には，市町村又は児童相談所などに通告しなければならないとしている。この場合において，守秘義務は通告義務の遵守を妨げるものではない。

また，この法律では，国や地方公共団体は，児童虐待の予防や虐待を受けた子供の保護などをするため，関係機関の連携体制を整備する責務を負うとともに，幼稚園や教師も国や地方公共団体の施策への協力に努めることとしている。このような関係機関の連携のための仕組みとしては，児童福祉法の規定に基づき，各市町村などにおける要保護児童対策地域協議会（子どもを守る地域ネットワーク）の整備が進んでおり，幼稚園においても日頃からこの協議会を通じて連携体制を構築し，個別の虐待ケースへの対応についてもこの協議会における連携の下，進めていくことが求められる。

第3章

子育ての支援

(資料)

教育課程の基準の改訂の経過

　平成29年の幼稚園教育要領は，昭和31年に作成されてから，昭和39年，平成元年，10年，20年に続く5回目の改訂である。

(1)昭和31年の教育要領

　昭和31年に作成された幼稚園教育要領は，実質的には，その暫定的前身である昭和23年の「保育要領」(昭和23年文部省著作)が改訂されたものである。改訂の要点は次のとおりであった。

① 幼稚園の保育内容について小学校との一貫性をもたせるようにしたこと。

② 幼稚園教育の目標を具体化し，指導計画の作成の上に役立つようにしたこと。

③ 幼稚園教育における指導上の留意点を明らかに示したこと。

(2)昭和39年の教育要領

　昭和39年に公示された幼稚園教育要領は，昭和38年9月の教育課程審議会の答申「幼稚園教育課程の改善について」を受け，次のような方針により改善が行われた。

① 幼稚園教育の意義と独自性を明確にし，その本来の目的を達成するようにすること。

② 幼稚園教育要領に盛るべき目標，内容を精選し，指導上の留意事項を明示して，その効果を一層高めるようにすること。

③ 幼稚園教育が，家庭教育と密接な関連をもって行われるようにすること。

④ 幼稚園における教育日数は，幼児の発達段階や土地の状況などについて特別の事情のある場合を除き，220日以上が望ましいこと。なお，1日の教育時間については，幼児の心身の発達の程度や季節などに応じて適切に配慮する必要があること。

⑤ 幼稚園の教育課程の基準を明確に公示し，幼稚園教育の水準の維持向上を図ること。

この改訂の際に，学校教育法施行規則76条を「幼稚園の教育課程については，この章に定めるもののほか，教育課程の基準として文部大臣が別に公示する幼稚園教育要領によるものとする。」と改正し，幼稚園教育要領を文部省告示として公示することとし，教育課程の基準としての性格を明確にした。

この幼稚園教育要領においては，幼稚園教育における137の具体的な「ねらい」が，健康，社会，自然，言語，音楽リズム，絵画製作という六つの領域に区分して列記され，指導及び指導計画作成上の留意事項が明示されていた。

(3)平成元年の教育要領

平成元年に公示された幼稚園教育要領は，昭和62年12月の教育課程審議会の答申「幼稚園，小学校，中学校及び高等学校の教育課程の基準の改善について」を受け，昭和39年の幼稚園教育要領を全面的に改訂し，平成2年4月1日から施行された。

幼稚園から高等学校までの一貫した視点で検討が行われたのは，今回が初めてであり，改訂された幼稚園教育要領の主要な改善点は，次のとおりである。

① 幼稚園教育の基本の明示

　幼稚園教育は，幼児期の特性を踏まえ環境を通して行うものであることが幼稚園教育の基本であると明示し，次の事項を重視して教育を行わなければならないとしている。

　(ア) 幼児の主体的な活動を促し幼児期にふさわしい生活が展開されるようにすること。

　(イ) 遊びを通しての指導を中心として幼稚園教育のねらいが総合的に達成されるようにすること。

　(ウ) 幼児一人一人の特性に応じ発達の課題に即した指導を行うよ

うにすること。
② 社会の変化に対応した教育内容の見直し

　幼児及び幼児を取り巻く環境の変化に対応して，次の視点による教育内容の改善を行っている。

　　(ｱ)　人とのかかわりをもつ力を育成すること。
　　(ｲ)　自然との触れ合いや身近な環境とのかかわりを深めること。
　　(ｳ)　基本的な生活習慣や態度を育成すること。

③ 教育内容の示し方についての改善

　改訂前の教育要領では，指導することが望ましい「ねらい」を示し，それによって指導する内容を示唆していたが，改訂後の教育要領では，具体的な教育目標を示す「ねらい」とそれを達成するために教師が指導する「内容」を区別して示している。

④ 領域の編成についての改善

　領域は，総合的な指導を行うために教師がもつ視点であるということを明確にするため，幼児の発達の側面から，健康，人間関係，環境，言葉，表現の五つの領域で編成することとし，それぞれに「ねらい」と「内容」と「留意事項」を示した。

(4) 平成10年の教育要領

　平成10年に公示された幼稚園教育要領は，平成10年7月の教育課程審議会の答申「幼稚園，小学校，中学校，高等学校，盲学校，聾学校及び養護学校の教育課程の基準の改善について」を受け，完全学校週5日制の下で，ゆとりある生活の中で生きる力をはぐくむ観点から，次のような方針により改善が行われた。

① 遊びを中心とした生活を通して，一人一人に応じた総合的な指導を行うという幼稚園教育の基本的考え方を引き続き充実発展させること。

② 幼児の主体的活動が十分に確保されるための幼児理解に基づく教師による計画的な環境の構成や遊びへのかかわりなどにおける教師

の基本的な役割について明確化すること。
③ 豊かな生活体験を通して自我の形成を図り，生きる力の基礎を培うため，次のような事項が全体を通じて十分に達成できるように「ねらい」及び「内容」を改善すること。
　(ｱ) 心身の健康を培う活動を積極的に取り入れるとともに，幼児期にふさわしい道徳性を生活の中で身に付けるよう指導を充実すること。
　(ｲ) 自然体験，社会体験などの直接的，具体的生活体験を重視すること。
　(ｳ) 幼児期にふさわしい知的発達を促す教育の在り方を明示すること。
　(ｴ) 自我が芽生え，自己を抑制しようとする気持ちが生まれる幼児期の発達の特性に応じたきめ細かな対応を図ること。
　(ｵ) 集団とのかかわりの中で幼児の自己実現を図ること。
④ 小学校との連携を強化する観点から，幼稚園における主体的な遊びを中心とした総合的な指導から小学校への一貫した流れができるよう配慮すること。
⑤ 少子化の進行，家庭や社会のニーズの多様化に対応し，幼稚園が家庭や地域との連携を深め，積極的に子育てを支援していく地域に開かれた幼稚園づくりや教育課程に係る教育時間の終了後に行う教育活動など幼稚園運営の弾力化を推進すること。

(5)平成20年の教育要領

　平成20年に公示された幼稚園教育要領は，平成20年1月の中央教育審議会の答申「幼稚園，小学校，中学校，高等学校及び特別支援学校の学習指導要領等の改善について」を受け，教育基本法第11条に「幼児期の教育は，生涯にわたる人格形成の基礎を培う重要なものである」と規定されたことなどを踏まえ，生きる力の基礎を育成すること，豊かな心と健やかな体を育成する観点から次のような方針により改善が行われ

た。
① 幼稚園教育については，近年の子どもたちの育ちの変化や社会の変化に対応し，発達や学びの連続性及び幼稚園での生活と家庭などでの生活の連続性を確保し，計画的に環境を構成することを通じて，幼児の健やかな成長を促す。
② 子育ての支援と教育課程に係る教育時間の終了後等に行う教育活動については，その活動の内容や意義を明確化する。また，教育課程に係る教育時間の終了後等に行う教育活動については，幼稚園における教育活動として適切な活動となるようにする。

付　録

- 教育基本法
- 学校教育法（抄）
- 学校教育法施行規則（抄）
- 幼稚園教育要領
- 小学校学習指導要領（抄）
- 就学前の子どもに関する教育，保育等の総合的な提供の推進に関する法律（抄）
- 幼保連携型認定こども園教育・保育要領
- 保育所保育指針

教育基本法

平成十八年十二月二十二日法律第百二十号

　我々日本国民は，たゆまぬ努力によって築いてきた民主的で文化的な国家を更に発展させるとともに，世界の平和と人類の福祉の向上に貢献することを願うものである。
　我々は，この理想を実現するため，個人の尊厳を重んじ，真理と正義を希求し，公共の精神を尊び，豊かな人間性と創造性を備えた人間の育成を期するとともに，伝統を継承し，新しい文化の創造を目指す教育を推進する。
　ここに，我々は，日本国憲法の精神にのっとり，我が国の未来を切り拓（ひら）く教育の基本を確立し，その振興を図るため，この法律を制定する。

第一章　教育の目的及び理念

（教育の目的）
第一条　教育は，人格の完成を目指し，平和で民主的な国家及び社会の形成者として必要な資質を備えた心身ともに健康な国民の育成を期して行われなければならない。
（教育の目標）
第二条　教育は，その目的を実現するため，学問の自由を尊重しつつ，次に掲げる目標を達成するよう行われるものとする。
　一　幅広い知識と教養を身に付け，真理を求める態度を養い，豊かな情操と道徳心を培うとともに，健やかな身体を養うこと。
　二　個人の価値を尊重して，その能力を伸ばし，創造性を培い，自主及び自律の精神を養うとともに，職業及び生活との関連を重視し，勤労を重んずる態度を養うこと。
　三　正義と責任，男女の平等，自他の敬愛と協力を重んずるとともに，公共の精神に基づき，主体的に社会の形成に参画し，その発展に寄与する態度を養うこと。
　四　生命を尊び，自然を大切にし，環境の保全に寄与する態度を養うこと。
　五　伝統と文化を尊重し，それらをはぐくんできた我が国と郷土を愛するとともに，他国を尊重し，国際社会の平和と発展に寄与する態度を養うこと。
（生涯学習の理念）
第三条　国民一人一人が，自己の人格を磨き，豊かな人生を送ることができるよう，その生涯にわたって，あらゆる機会に，あらゆる場所において学習することがで

き，その成果を適切に生かすことのできる社会の実現が図られなければならない。
（教育の機会均等）
第四条　すべて国民は，ひとしく，その能力に応じた教育を受ける機会を与えられなければならず，人種，信条，性別，社会的身分，経済的地位又は門地によって，教育上差別されない。
2　国及び地方公共団体は，障害のある者が，その障害の状態に応じ，十分な教育を受けられるよう，教育上必要な支援を講じなければならない。
3　国及び地方公共団体は，能力があるにもかかわらず，経済的理由によって修学が困難な者に対して，奨学の措置を講じなければならない。

第二章　教育の実施に関する基本

（義務教育）
第五条　国民は，その保護する子に，別に法律で定めるところにより，普通教育を受けさせる義務を負う。
2　義務教育として行われる普通教育は，各個人の有する能力を伸ばしつつ社会において自立的に生きる基礎を培い，また，国家及び社会の形成者として必要とされる基本的な資質を養うことを目的として行われるものとする。
3　国及び地方公共団体は，義務教育の機会を保障し，その水準を確保するため，適切な役割分担及び相互の協力の下，その実施に責任を負う。
4　国又は地方公共団体の設置する学校における義務教育については，授業料を徴収しない。
（学校教育）
第六条　法律に定める学校は，公の性質を有するものであって，国，地方公共団体及び法律に定める法人のみが，これを設置することができる。
2　前項の学校においては，教育の目標が達成されるよう，教育を受ける者の心身の発達に応じて，体系的な教育が組織的に行われなければならない。この場合において，教育を受ける者が，学校生活を営む上で必要な規律を重んずるとともに，自ら進んで学習に取り組む意欲を高めることを重視して行われなければならない。
（大学）
第七条　大学は，学術の中心として，高い教養と専門的能力を培うとともに，深く真理を探究して新たな知見を創造し，これらの成果を広く社会に提供することにより，社会の発展に寄与するものとする。
2　大学については，自主性，自律性その他の大学における教育及び研究の特性が尊重されなければならない。

（私立学校）

第八条　私立学校の有する公の性質及び学校教育において果たす重要な役割にかんがみ，国及び地方公共団体は，その自主性を尊重しつつ，助成その他の適当な方法によって私立学校教育の振興に努めなければならない。

（教員）

第九条　法律に定める学校の教員は，自己の崇高な使命を深く自覚し，絶えず研究と修養に励み，その職責の遂行に努めなければならない。

2　前項の教員については，その使命と職責の重要性にかんがみ，その身分は尊重され，待遇の適正が期せられるとともに，養成と研修の充実が図られなければならない。

（家庭教育）

第十条　父母その他の保護者は，子の教育について第一義的責任を有するものであって，生活のために必要な習慣を身に付けさせるとともに，自立心を育成し，心身の調和のとれた発達を図るよう努めるものとする。

2　国及び地方公共団体は，家庭教育の自主性を尊重しつつ，保護者に対する学習の機会及び情報の提供その他の家庭教育を支援するために必要な施策を講ずるよう努めなければならない。

（幼児期の教育）

第十一条　幼児期の教育は，生涯にわたる人格形成の基礎を培う重要なものであることにかんがみ，国及び地方公共団体は，幼児の健やかな成長に資する良好な環境の整備その他適当な方法によって，その振興に努めなければならない。

（社会教育）

第十二条　個人の要望や社会の要請にこたえ，社会において行われる教育は，国及び地方公共団体によって奨励されなければならない。

2　国及び地方公共団体は，図書館，博物館，公民館その他の社会教育施設の設置，学校の施設の利用，学習の機会及び情報の提供その他の適当な方法によって社会教育の振興に努めなければならない。

（学校，家庭及び地域住民等の相互の連携協力）

第十三条　学校，家庭及び地域住民その他の関係者は，教育におけるそれぞれの役割と責任を自覚するとともに，相互の連携及び協力に努めるものとする。

（政治教育）

第十四条　良識ある公民として必要な政治的教養は，教育上尊重されなければならない。

2　法律に定める学校は，特定の政党を支持し，又はこれに反対するための政治教育その他政治的活動をしてはならない。

(宗教教育)
第十五条　宗教に関する寛容の態度，宗教に関する一般的な教養及び宗教の社会生活における地位は，教育上尊重されなければならない。
2　国及び地方公共団体が設置する学校は，特定の宗教のための宗教教育その他宗教的活動をしてはならない。

第三章　教育行政

(教育行政)
第十六条　教育は，不当な支配に服することなく，この法律及び他の法律の定めるところにより行われるべきものであり，教育行政は，国と地方公共団体との適切な役割分担及び相互の協力の下，公正かつ適正に行われなければならない。
2　国は，全国的な教育の機会均等と教育水準の維持向上を図るため，教育に関する施策を総合的に策定し，実施しなければならない。
3　地方公共団体は，その地域における教育の振興を図るため，その実情に応じた教育に関する施策を策定し，実施しなければならない。
4　国及び地方公共団体は，教育が円滑かつ継続的に実施されるよう，必要な財政上の措置を講じなければならない。

(教育振興基本計画)
第十七条　政府は，教育の振興に関する施策の総合的かつ計画的な推進を図るため，教育の振興に関する施策についての基本的な方針及び講ずべき施策その他必要な事項について，基本的な計画を定め，これを国会に報告するとともに，公表しなければならない。
2　地方公共団体は，前項の計画を参酌し，その地域の実情に応じ，当該地方公共団体における教育の振興のための施策に関する基本的な計画を定めるよう努めなければならない。

第四章　法令の制定

第十八条　この法律に規定する諸条項を実施するため，必要な法令が制定されなければならない。

学校教育法（抄）

昭和二十二年三月三十一日法律第二十六号
一部改正：平成二十九年五月三十一日法律第四十一号

第三章　幼稚園

第二十二条　幼稚園は，義務教育及びその後の教育の基礎を培うものとして，幼児を保育し，幼児の健やかな成長のために適当な環境を与えて，その心身の発達を助長することを目的とする。

第二十三条　幼稚園における教育は，前条に規定する目的を実現するため，次に掲げる目標を達成するよう行われるものとする。
　一　健康，安全で幸福な生活のために必要な基本的な習慣を養い，身体諸機能の調和的発達を図ること。
　二　集団生活を通じて，喜んでこれに参加する態度を養うとともに家族や身近な人への信頼感を深め，自主，自律及び協同の精神並びに規範意識の芽生えを養うこと。
　三　身近な社会生活，生命及び自然に対する興味を養い，それらに対する正しい理解と態度及び思考力の芽生えを養うこと。
　四　日常の会話や，絵本，童話等に親しむことを通じて，言葉の使い方を正しく導くとともに，相手の話を理解しようとする態度を養うこと。
　五　音楽，身体による表現，造形等に親しむことを通じて，豊かな感性と表現力の芽生えを養うこと。

第二十四条　幼稚園においては，第二十二条に規定する目的を実現するための教育を行うほか，幼児期の教育に関する各般の問題につき，保護者及び地域住民その他の関係者からの相談に応じ，必要な情報の提供及び助言を行うなど，家庭及び地域における幼児期の教育の支援に努めるものとする。

第二十五条　幼稚園の教育課程その他の保育内容に関する事項は，第二十二条及び第二十三条の規定に従い，文部科学大臣が定める。

第二十六条　幼稚園に入園することのできる者は，満三歳から，小学校就学の始期に達するまでの幼児とする。

（第二十七条　略）

第二十八条　第三十七条第六項，第八項及び第十二項から第十七項まで並びに第四十二条から第四十四条までの規定は，幼稚園に準用する。

第四章　小学校

第四十二条　小学校は，文部科学大臣の定めるところにより当該小学校の教育活動その他の学校運営の状況について評価を行い，その結果に基づき学校運営の改善を図るため必要な措置を講ずることにより，その教育水準の向上に努めなければならない。

第四十三条　小学校は，当該小学校に関する保護者及び地域住民その他の関係者の理解を深めるとともに，これらの者との連携及び協力の推進に資するため，当該小学校の教育活動その他の学校運営の状況に関する情報を積極的に提供するものとする。

第八章　特別支援教育

第八十一条　幼稚園，小学校，中学校，義務教育学校，高等学校及び中等教育学校においては，次項各号のいずれかに該当する幼児，児童及び生徒その他教育上特別の支援を必要とする幼児，児童及び生徒に対し，文部科学大臣の定めるところにより，障害による学習上又は生活上の困難を克服するための教育を行うものとする。

（第二項及び第三項　略）

学校教育法施行規則（抄）

昭和二十二年五月二十三日文部省令第十一号
一部改正：平成二十九年九月十三日文部科学省令第三十六号

第三章　幼稚園

第三十七条　幼稚園の毎学年の教育週数は，特別の事情のある場合を除き，三十九週を下つてはならない。

第三十八条　幼稚園の教育課程その他の保育内容については，この章に定めるもののほか，教育課程その他の保育内容の基準として文部科学大臣が別に公示する幼稚園教育要領によるものとする。

第三十九条　第四十八条，第四十九条，第五十四条，第五十九条から第六十八条まで（第六十五条の二及び第六十五条の三を除く。）の規定は，幼稚園に準用する。

第四章　小学校
第五節　学校評価

第六十六条　小学校は，当該小学校の教育活動その他の学校運営の状況について，自ら評価を行い，その結果を公表するものとする。

2　前項の評価を行うに当たつては，小学校は，その実情に応じ，適切な項目を設定して行うものとする。

第六十七条　小学校は，前条第一項の規定による評価の結果を踏まえた当該小学校の児童の保護者その他の当該小学校の関係者（当該小学校の職員を除く。）による評価を行い，その結果を公表するよう努めるものとする。

第六十八条　小学校は，第六十六条第一項の規定による評価の結果及び前条の規定により評価を行つた場合はその結果を，当該小学校の設置者に報告するものとする。

幼稚園教育要領

○文部科学省告示第六十二号

　学校教育法施行規則（昭和二十二年文部省令第十一号）第三十八条の規定に基づき，幼稚園教育要領（平成二十年文部科学省告示第二十六号）の全部を次のように改正し，平成三十年四月一日から施行する。
　　平成二十九年三月三十一日

文部科学大臣　松野　博一

幼稚園教育要領

目次
　前文
　第1章　総則
　　第1　幼稚園教育の基本
　　第2　幼稚園教育において育みたい資質・能力及び「幼児期の終わりまでに育ってほしい姿」
　　第3　教育課程の役割と編成等
　　第4　指導計画の作成と幼児理解に基づいた評価
　　第5　特別な配慮を必要とする幼児への指導
　　第6　幼稚園運営上の留意事項
　　第7　教育課程に係る教育時間終了後等に行う教育活動など
　第2章　ねらい及び内容
　　健康
　　人間関係
　　環境
　　言葉
　　表現
　第3章　教育課程に係る教育時間の終了後等に行う教育活動などの留意事項

教育は，教育基本法第1条に定めるとおり，人格の完成を目指し，平和で民主的な国家及び社会の形成者として必要な資質を備えた心身ともに健康な国民の育成を期すという目的のもと，同法第2条に掲げる次の目標を達成するよう行われなければならない。
　1　幅広い知識と教養を身に付け，真理を求める態度を養い，豊かな情操と道徳心を培うとともに，健やかな身体を養うこと。
　2　個人の価値を尊重して，その能力を伸ばし，創造性を培い，自主及び自律の精神を養うとともに，職業及び生活との関連を重視し，勤労を重んずる態度を養うこと。
　3　正義と責任，男女の平等，自他の敬愛と協力を重んずるとともに，公共の精神に基づき，主体的に社会の形成に参画し，その発展に寄与する態度を養うこと。
　4　生命を尊び，自然を大切にし，環境の保全に寄与する態度を養うこと。
　5　伝統と文化を尊重し，それらをはぐくんできた我が国と郷土を愛するとともに，他国を尊重し，国際社会の平和と発展に寄与する態度を養うこと。
　また，幼児期の教育については，同法第11条に掲げるとおり，生涯にわたる人格形成の基礎を培う重要なものであることにかんがみ，国及び地方公共団体は，幼児の健やかな成長に資する良好な環境の整備その他適当な方法によって，その振興に努めなければならないこととされている。
　これからの幼稚園には，学校教育の始まりとして，こうした教育の目的及び目標の達成を目指しつつ，一人一人の幼児が，将来，自分のよさや可能性を認識するとともに，あらゆる他者を価値のある存在として尊重し，多様な人々と協働しながら様々な社会的変化を乗り越え，豊かな人生を切り拓き，持続可能な社会の創り手となることができるようにするための基礎を培うことが求められる。このために必要な教育の在り方を具体化するのが，各幼稚園において教育の内容等を組織的かつ計画的に組み立てた教育課程である。
　教育課程を通して，これからの時代に求められる教育を実現していくためには，よりよい学校教育を通してよりよい社会を創るという理念を学校と社会とが共有し，それぞれの幼稚園において，幼児期にふさわしい生活をどのように展開し，どのような資質・能力を育むようにするのかを教育課程において明確にしながら，社会との連携及び協働によりその実現を図っていくという，社会に開かれた教育課程の実現が重要となる。
　幼稚園教育要領とは，こうした理念の実現に向けて必要となる教育課程の基準を大綱的に定めるものである。幼稚園教育要領が果たす役割の一つは，公の性質を有する幼稚園における教育水準を全国的に確保することである。また，各幼稚園がその特色を生かして創意工夫を重ね，長年にわたり積み重ねられてきた教育実践や学

術研究の蓄積を生かしながら，幼児や地域の現状や課題を捉え，家庭や地域社会と協力して，幼稚園教育要領を踏まえた教育活動の更なる充実を図っていくことも重要である。

　幼児の自発的な活動としての遊びを生み出すために必要な環境を整え，一人一人の資質・能力を育んでいくことは，教職員をはじめとする幼稚園関係者はもとより，家庭や地域の人々も含め，様々な立場から幼児や幼稚園に関わる全ての大人に期待される役割である。家庭との緊密な連携の下，小学校以降の教育や生涯にわたる学習とのつながりを見通しながら，幼児の自発的な活動としての遊びを通しての総合的な指導をする際に広く活用されるものとなることを期待して，ここに幼稚園教育要領を定める。

第1章　総　則

第1　幼稚園教育の基本

　幼児期の教育は，生涯にわたる人格形成の基礎を培う重要なものであり，幼稚園教育は，学校教育法に規定する目的及び目標を達成するため，幼児期の特性を踏まえ，環境を通して行うものであることを基本とする。

　このため教師は，幼児との信頼関係を十分に築き，幼児が身近な環境に主体的に関わり，環境との関わり方や意味に気付き，これらを取り込もうとして，試行錯誤したり，考えたりするようになる幼児期の教育における見方・考え方を生かし，幼児と共によりよい教育環境を創造するように努めるものとする。これらを踏まえ，次に示す事項を重視して教育を行わなければならない。

1　幼児は安定した情緒の下で自己を十分に発揮することにより発達に必要な体験を得ていくものであることを考慮して，幼児の主体的な活動を促し，幼児期にふさわしい生活が展開されるようにすること。
2　幼児の自発的な活動としての遊びは，心身の調和のとれた発達の基礎を培う重要な学習であることを考慮して，遊びを通しての指導を中心として第2章に示すねらいが総合的に達成されるようにすること。
3　幼児の発達は，心身の諸側面が相互に関連し合い，多様な経過をたどって成し遂げられていくものであること，また，幼児の生活経験がそれぞれ異なることなどを考慮して，幼児一人一人の特性に応じ，発達の課題に即した指導を行うようにすること。

　その際，教師は，幼児の主体的な活動が確保されるよう幼児一人一人の行動の理解と予想に基づき，計画的に環境を構成しなければならない。この場合において，教師は，幼児と人やものとの関わりが重要であることを踏まえ，教材を工夫し，物的・空間的環境を構成しなければならない。また，幼児一人一人の活動の場面に応じて，様々な役割を果たし，その活動を豊かにしなければならない。

第2　幼稚園教育において育みたい資質・能力及び「幼児期の終わりまでに育ってほしい姿」

1　幼稚園においては，生きる力の基礎を育むため，この章の第1に示す幼稚園教育の基本を踏まえ，次に掲げる資質・能力を一体的に育むよう努めるものとする。
　(1)　豊かな体験を通じて，感じたり，気付いたり，分かったり，できるようになったりする「知識及び技能の基礎」

(2) 気付いたことや,できるようになったことなどを使い,考えたり,試したり,工夫したり,表現したりする「思考力,判断力,表現力等の基礎」
(3) 心情,意欲,態度が育つ中で,よりよい生活を営もうとする「学びに向かう力,人間性等」

2　1に示す資質・能力は,第2章に示すねらい及び内容に基づく活動全体によって育むものである。

3　次に示す「幼児期の終わりまでに育ってほしい姿」は,第2章に示すねらい及び内容に基づく活動全体を通して資質・能力が育まれている幼児の幼稚園修了時の具体的な姿であり,教師が指導を行う際に考慮するものである。

(1) 健康な心と体

　幼稚園生活の中で,充実感をもって自分のやりたいことに向かって心と体を十分に働かせ,見通しをもって行動し,自ら健康で安全な生活をつくり出すようになる。

(2) 自立心

　身近な環境に主体的に関わり様々な活動を楽しむ中で,しなければならないことを自覚し,自分の力で行うために考えたり,工夫したりしながら,諦めずにやり遂げることで達成感を味わい,自信をもって行動するようになる。

(3) 協同性

　友達と関わる中で,互いの思いや考えなどを共有し,共通の目的の実現に向けて,考えたり,工夫したり,協力したりし,充実感をもってやり遂げるようになる。

(4) 道徳性・規範意識の芽生え

　友達と様々な体験を重ねる中で,してよいことや悪いことが分かり,自分の行動を振り返ったり,友達の気持ちに共感したりし,相手の立場に立って行動するようになる。また,きまりを守る必要性が分かり,自分の気持ちを調整し,友達と折り合いを付けながら,きまりをつくったり,守ったりするようになる。

(5) 社会生活との関わり

　家族を大切にしようとする気持ちをもつとともに,地域の身近な人と触れ合う中で,人との様々な関わり方に気付き,相手の気持ちを考えて関わり,自分が役に立つ喜びを感じ,地域に親しみをもつようになる。また,幼稚園内外の様々な環境に関わる中で,遊びや生活に必要な情報を取り入れ,情報に基づき判断したり,情報を伝え合ったり,活用したりするなど,情報を役立てながら活動するようになるとともに,公共の施設を大切に利用するなどして,社会とのつながりなどを意識するようになる。

(6) 思考力の芽生え

身近な事象に積極的に関わる中で，物の性質や仕組みなどを感じ取ったり，気付いたりし，考えたり，予想したり，工夫したりするなど，多様な関わりを楽しむようになる。また，友達の様々な考えに触れる中で，自分と異なる考えがあることに気付き，自ら判断したり，考え直したりするなど，新しい考えを生み出す喜びを味わいながら，自分の考えをよりよいものにするようになる。

(7) 自然との関わり・生命尊重

自然に触れて感動する体験を通して，自然の変化などを感じ取り，好奇心や探究心をもって考え言葉などで表現しながら，身近な事象への関心が高まるとともに，自然への愛情や畏敬の念をもつようになる。また，身近な動植物に心を動かされる中で，生命の不思議さや尊さに気付き，身近な動植物への接し方を考え，命あるものとしていたわり，大切にする気持ちをもって関わるようになる。

(8) 数量や図形，標識や文字などへの関心・感覚

遊びや生活の中で，数量や図形，標識や文字などに親しむ体験を重ねたり，標識や文字の役割に気付いたりし，自らの必要感に基づきこれらを活用し，興味や関心，感覚をもつようになる。

(9) 言葉による伝え合い

先生や友達と心を通わせる中で，絵本や物語などに親しみながら，豊かな言葉や表現を身に付け，経験したことや考えたことなどを言葉で伝えたり，相手の話を注意して聞いたりし，言葉による伝え合いを楽しむようになる。

(10) 豊かな感性と表現

心を動かす出来事などに触れ感性を働かせる中で，様々な素材の特徴や表現の仕方などに気付き，感じたことや考えたことを自分で表現したり，友達同士で表現する過程を楽しんだりし，表現する喜びを味わい，意欲をもつようになる。

第3 教育課程の役割と編成等

1 教育課程の役割

各幼稚園においては，教育基本法及び学校教育法その他の法令並びにこの幼稚園教育要領の示すところに従い，創意工夫を生かし，幼児の心身の発達と幼稚園及び地域の実態に即応した適切な教育課程を編成するものとする。

また，各幼稚園においては，6に示す全体的な計画にも留意しながら，「幼児期の終わりまでに育ってほしい姿」を踏まえ教育課程を編成すること，教育

課程の実施状況を評価してその改善を図っていくこと，教育課程の実施に必要な人的又は物的な体制を確保するとともにその改善を図っていくことなどを通して，教育課程に基づき組織的かつ計画的に各幼稚園の教育活動の質の向上を図っていくこと（以下「カリキュラム・マネジメント」という。）に努めるものとする。

2 各幼稚園の教育目標と教育課程の編成

教育課程の編成に当たっては，幼稚園教育において育みたい資質・能力を踏まえつつ，各幼稚園の教育目標を明確にするとともに，教育課程の編成についての基本的な方針が家庭や地域とも共有されるよう努めるものとする。

3 教育課程の編成上の基本的事項

(1) 幼稚園生活の全体を通して第2章に示すねらいが総合的に達成されるよう，教育課程に係る教育期間や幼児の生活経験や発達の過程などを考慮して具体的なねらいと内容を組織するものとする。この場合においては，特に，自我が芽生え，他者の存在を意識し，自己を抑制しようとする気持ちが生まれる幼児期の発達の特性を踏まえ，入園から修了に至るまでの長期的な視野をもって充実した生活が展開できるように配慮するものとする。

(2) 幼稚園の毎学年の教育課程に係る教育週数は，特別の事情のある場合を除き，39週を下ってはならない。

(3) 幼稚園の1日の教育課程に係る教育時間は，4時間を標準とする。ただし，幼児の心身の発達の程度や季節などに適切に配慮するものとする。

4 教育課程の編成上の留意事項

教育課程の編成に当たっては，次の事項に留意するものとする。

(1) 幼児の生活は，入園当初の一人一人の遊びや教師との触れ合いを通して幼稚園生活に親しみ，安定していく時期から，他の幼児との関わりの中で幼児の主体的な活動が深まり，幼児が互いに必要な存在であることを認識するようになり，やがて幼児同士や学級全体で目的をもって協同して幼稚園生活を展開し，深めていく時期などに至るまでの過程を様々に経ながら広げられていくものであることを考慮し，活動がそれぞれの時期にふさわしく展開されるようにすること。

(2) 入園当初，特に，3歳児の入園については，家庭との連携を緊密にし，生活のリズムや安全面に十分配慮すること。また，満3歳児については，学年の途中から入園することを考慮し，幼児が安心して幼稚園生活を過ごすことができるよう配慮すること。

(3) 幼稚園生活が幼児にとって安全なものとなるよう，教職員による協力体制の下，幼児の主体的な活動を大切にしつつ，園庭や園舎などの環境の配慮や

指導の工夫を行うこと。
5 小学校教育との接続に当たっての留意事項
 (1) 幼稚園においては，幼稚園教育が，小学校以降の生活や学習の基盤の育成につながることに配慮し，幼児期にふさわしい生活を通して，創造的な思考や主体的な生活態度などの基礎を培うようにするものとする。
 (2) 幼稚園教育において育まれた資質・能力を踏まえ，小学校教育が円滑に行われるよう，小学校の教師との意見交換や合同の研究の機会などを設け，「幼児期の終わりまでに育ってほしい姿」を共有するなど連携を図り，幼稚園教育と小学校教育との円滑な接続を図るよう努めるものとする。
6 全体的な計画の作成
  各幼稚園においては，教育課程を中心に，第3章に示す教育課程に係る教育時間の終了後等に行う教育活動の計画，学校保健計画，学校安全計画などとを関連させ，一体的に教育活動が展開されるよう全体的な計画を作成するものとする。

第4 指導計画の作成と幼児理解に基づいた評価

1 指導計画の考え方
  幼稚園教育は，幼児が自ら意欲をもって環境と関わることによりつくり出される具体的な活動を通して，その目標の達成を図るものである。
  幼稚園においてはこのことを踏まえ，幼児期にふさわしい生活が展開され，適切な指導が行われるよう，それぞれの幼稚園の教育課程に基づき，調和のとれた組織的，発展的な指導計画を作成し，幼児の活動に沿った柔軟な指導を行わなければならない。
2 指導計画の作成上の基本的事項
 (1) 指導計画は，幼児の発達に即して一人一人の幼児が幼児期にふさわしい生活を展開し，必要な体験を得られるようにするために，具体的に作成するものとする。
 (2) 指導計画の作成に当たっては，次に示すところにより，具体的なねらい及び内容を明確に設定し，適切な環境を構成することなどにより活動が選択・展開されるようにするものとする。
    ア 具体的なねらい及び内容は，幼稚園生活における幼児の発達の過程を見通し，幼児の生活の連続性，季節の変化などを考慮して，幼児の興味や関心，発達の実情などに応じて設定すること。
    イ 環境は，具体的なねらいを達成するために適切なものとなるように構成し，幼児が自らその環境に関わることにより様々な活動を展開しつつ必要

な体験を得られるようにすること。その際，幼児の生活する姿や発想を大切にし，常にその環境が適切なものとなるようにすること。
  ウ　幼児の行う具体的な活動は，生活の流れの中で様々に変化するものであることに留意し，幼児が望ましい方向に向かって自ら活動を展開していくことができるよう必要な援助をすること。

　その際，幼児の実態及び幼児を取り巻く状況の変化などに即して指導の過程についての評価を適切に行い，常に指導計画の改善を図るものとする。
3　指導計画の作成上の留意事項
　指導計画の作成に当たっては，次の事項に留意するものとする。
 (1) 長期的に発達を見通した年，学期，月などにわたる長期の指導計画やこれとの関連を保ちながらより具体的な幼児の生活に即した週，日などの短期の指導計画を作成し，適切な指導が行われるようにすること。特に，週，日などの短期の指導計画については，幼児の生活のリズムに配慮し，幼児の意識や興味の連続性のある活動が相互に関連して幼稚園生活の自然な流れの中に組み込まれるようにすること。
 (2) 幼児が様々な人やものとの関わりを通して，多様な体験をし，心身の調和のとれた発達を促すようにしていくこと。その際，幼児の発達に即して主体的・対話的で深い学びが実現するようにするとともに，心を動かされる体験が次の活動を生み出すことを考慮し，一つ一つの体験が相互に結び付き，幼稚園生活が充実するようにすること。
 (3) 言語に関する能力の発達と思考力等の発達が関連していることを踏まえ，幼稚園生活全体を通して，幼児の発達を踏まえた言語環境を整え，言語活動の充実を図ること。
 (4) 幼児が次の活動への期待や意欲をもつことができるよう，幼児の実態を踏まえながら，教師や他の幼児と共に遊びや生活の中で見通しをもったり，振り返ったりするよう工夫すること。
 (5) 行事の指導に当たっては，幼稚園生活の自然の流れの中で生活に変化や潤いを与え，幼児が主体的に楽しく活動できるようにすること。なお，それぞれの行事についてはその教育的価値を十分検討し，適切なものを精選し，幼児の負担にならないようにすること。
 (6) 幼児期は直接的な体験が重要であることを踏まえ，視聴覚教材やコンピュータなど情報機器を活用する際には，幼稚園生活では得難い体験を補完するなど，幼児の体験との関連を考慮すること。
 (7) 幼児の主体的な活動を促すためには，教師が多様な関わりをもつことが重

要であることを踏まえ，教師は，理解者，共同作業者など様々な役割を果たし，幼児の発達に必要な豊かな体験が得られるよう，活動の場面に応じて，適切な指導を行うようにすること。
(8) 幼児の行う活動は，個人，グループ，学級全体などで多様に展開されるものであることを踏まえ，幼稚園全体の教師による協力体制を作りながら，一人一人の幼児が興味や欲求を十分に満足させるよう適切な援助を行うようにすること。

4 幼児理解に基づいた評価の実施
　幼児一人一人の発達の理解に基づいた評価の実施に当たっては，次の事項に配慮するものとする。
(1) 指導の過程を振り返りながら幼児の理解を進め，幼児一人一人のよさや可能性などを把握し，指導の改善に生かすようにすること。その際，他の幼児との比較や一定の基準に対する達成度についての評定によって捉えるものではないことに留意すること。
(2) 評価の妥当性や信頼性が高められるよう創意工夫を行い，組織的かつ計画的な取組を推進するとともに，次年度又は小学校等にその内容が適切に引き継がれるようにすること。

第5 特別な配慮を必要とする幼児への指導

1 障害のある幼児などへの指導
　障害のある幼児などへの指導に当たっては，集団の中で生活することを通して全体的な発達を促していくことに配慮し，特別支援学校などの助言又は援助を活用しつつ，個々の幼児の障害の状態などに応じた指導内容や指導方法の工夫を組織的かつ計画的に行うものとする。また，家庭，地域及び医療や福祉，保健等の業務を行う関係機関との連携を図り，長期的な視点で幼児への教育的支援を行うために，個別の教育支援計画を作成し活用することに努めるとともに，個々の幼児の実態を的確に把握し，個別の指導計画を作成し活用することに努めるものとする。

2 海外から帰国した幼児や生活に必要な日本語の習得に困難のある幼児の幼稚園生活への適応
　海外から帰国した幼児や生活に必要な日本語の習得に困難のある幼児については，安心して自己を発揮できるよう配慮するなど個々の幼児の実態に応じ，指導内容や指導方法の工夫を組織的かつ計画的に行うものとする。

第6 幼稚園運営上の留意事項

1 　各幼稚園においては，園長の方針の下に，園務分掌に基づき教職員が適切に役割を分担しつつ，相互に連携しながら，教育課程や指導の改善を図るものとする。また，各幼稚園が行う学校評価については，教育課程の編成，実施，改善が教育活動や幼稚園運営の中核となることを踏まえ，カリキュラム・マネジメントと関連付けながら実施するよう留意するものとする。

2 　幼児の生活は，家庭を基盤として地域社会を通じて次第に広がりをもつものであることに留意し，家庭との連携を十分に図るなど，幼稚園における生活が家庭や地域社会と連続性を保ちつつ展開されるようにするものとする。その際，地域の自然，高齢者や異年齢の子供などを含む人材，行事や公共施設などの地域の資源を積極的に活用し，幼児が豊かな生活体験を得られるように工夫するものとする。また，家庭との連携に当たっては，保護者との情報交換の機会を設けたり，保護者と幼児との活動の機会を設けたりなどすることを通じて，保護者の幼児期の教育に関する理解が深まるよう配慮するものとする。

3 　地域や幼稚園の実態等により，幼稚園間に加え，保育所，幼保連携型認定こども園，小学校，中学校，高等学校及び特別支援学校などとの間の連携や交流を図るものとする。特に，幼稚園教育と小学校教育の円滑な接続のため，幼稚園の幼児と小学校の児童との交流の機会を積極的に設けるようにするものとする。また，障害のある幼児児童生徒との交流及び共同学習の機会を設け，共に尊重し合いながら協働して生活していく態度を育むよう努めるものとする。

第7 教育課程に係る教育時間終了後等に行う教育活動など

　幼稚園は，第3章に示す教育課程に係る教育時間の終了後等に行う教育活動について，学校教育法に規定する目的及び目標並びにこの章の第1に示す幼稚園教育の基本を踏まえ実施するものとする。また，幼稚園の目的の達成に資するため，幼児の生活全体が豊かなものとなるよう家庭や地域における幼児期の教育の支援に努めるものとする。

第2章　ねらい及び内容

　この章に示すねらいは，幼稚園教育において育みたい資質・能力を幼児の生活する姿から捉えたものであり，内容は，ねらいを達成するために指導する事項である。各領域は，これらを幼児の発達の側面から，心身の健康に関する領域「健康」，人との関わりに関する領域「人間関係」，身近な環境との関わりに関する領域「環境」，言葉の獲得に関する領域「言葉」及び感性と表現に関する領域「表現」としてまとめ，示したものである。内容の取扱いは，幼児の発達を踏まえた指導を行うに当たって留意すべき事項である。

　各領域に示すねらいは，幼稚園における生活の全体を通じ，幼児が様々な体験を積み重ねる中で相互に関連をもちながら次第に達成に向かうものであること，内容は，幼児が環境に関わって展開する具体的な活動を通して総合的に指導されるものであることに留意しなければならない。

　また，「幼児期の終わりまでに育ってほしい姿」が，ねらい及び内容に基づく活動全体を通して資質・能力が育まれている幼児の幼稚園修了時の具体的な姿であることを踏まえ，指導を行う際に考慮するものとする。

　なお，特に必要な場合には，各領域に示すねらいの趣旨に基づいて適切な，具体的な内容を工夫し，それを加えても差し支えないが，その場合には，それが第1章の第1に示す幼稚園教育の基本を逸脱しないよう慎重に配慮する必要がある。

健　康

〔健康な心と体を育て，自ら健康で安全な生活をつくり出す力を養う。〕

1　ねらい
(1) 明るく伸び伸びと行動し，充実感を味わう。
(2) 自分の体を十分に動かし，進んで運動しようとする。
(3) 健康，安全な生活に必要な習慣や態度を身に付け，見通しをもって行動する。

2　内　容
(1) 先生や友達と触れ合い，安定感をもって行動する。
(2) いろいろな遊びの中で十分に体を動かす。
(3) 進んで戸外で遊ぶ。
(4) 様々な活動に親しみ，楽しんで取り組む。
(5) 先生や友達と食べることを楽しみ，食べ物への興味や関心をもつ。
(6) 健康な生活のリズムを身に付ける。
(7) 身の回りを清潔にし，衣服の着脱，食事，排泄（せつ）などの生活に必要な活動を自分でする。

(8) 幼稚園における生活の仕方を知り，自分たちで生活の場を整えながら見通しをもって行動する。
　(9) 自分の健康に関心をもち，病気の予防などに必要な活動を進んで行う。
　(10) 危険な場所，危険な遊び方，災害時などの行動の仕方が分かり，安全に気を付けて行動する。
 3　内容の取扱い
　上記の取扱いに当たっては，次の事項に留意する必要がある。
　(1) 心と体の健康は，相互に密接な関連があるものであることを踏まえ，幼児が教師や他の幼児との温かい触れ合いの中で自己の存在感や充実感を味わうことなどを基盤として，しなやかな心と体の発達を促すこと。特に，十分に体を動かす気持ちよさを体験し，自ら体を動かそうとする意欲が育つようにすること。
　(2) 様々な遊びの中で，幼児が興味や関心，能力に応じて全身を使って活動することにより，体を動かす楽しさを味わい，自分の体を大切にしようとする気持ちが育つようにすること。その際，多様な動きを経験する中で，体の動きを調整するようにすること。
　(3) 自然の中で伸び伸びと体を動かして遊ぶことにより，体の諸機能の発達が促されることに留意し，幼児の興味や関心が戸外にも向くようにすること。その際，幼児の動線に配慮した園庭や遊具の配置などを工夫すること。
　(4) 健康な心と体を育てるためには食育を通じた望ましい食習慣の形成が大切であることを踏まえ，幼児の食生活の実情に配慮し，和やかな雰囲気の中で教師や他の幼児と食べる喜びや楽しさを味わったり，様々な食べ物への興味や関心をもったりするなどし，食の大切さに気付き，進んで食べようとする気持ちが育つようにすること。
　(5) 基本的な生活習慣の形成に当たっては，家庭での生活経験に配慮し，幼児の自立心を育て，幼児が他の幼児と関わりながら主体的な活動を展開する中で，生活に必要な習慣を身に付け，次第に見通しをもって行動できるようにすること。
　(6) 安全に関する指導に当たっては，情緒の安定を図り，遊びを通して安全についての構えを身に付け，危険な場所や事物などが分かり，安全についての理解を深めるようにすること。また，交通安全の習慣を身に付けるようにするとともに，避難訓練などを通して，災害などの緊急時に適切な行動がとれるようにすること。

人間関係

〔他の人々と親しみ,支え合って生活するために,自立心を育て,人と関わる力を養う。〕

1 ねらい
 (1) 幼稚園生活を楽しみ,自分の力で行動することの充実感を味わう。
 (2) 身近な人と親しみ,関わりを深め,工夫したり,協力したりして一緒に活動する楽しさを味わい,愛情や信頼感をもつ。
 (3) 社会生活における望ましい習慣や態度を身に付ける。

2 内容
 (1) 先生や友達と共に過ごすことの喜びを味わう。
 (2) 自分で考え,自分で行動する。
 (3) 自分でできることは自分でする。
 (4) いろいろな遊びを楽しみながら物事をやり遂げようとする気持ちをもつ。
 (5) 友達と積極的に関わりながら喜びや悲しみを共感し合う。
 (6) 自分の思ったことを相手に伝え,相手の思っていることに気付く。
 (7) 友達のよさに気付き,一緒に活動する楽しさを味わう。
 (8) 友達と楽しく活動する中で,共通の目的を見いだし,工夫したり,協力したりなどする。
 (9) よいことや悪いことがあることに気付き,考えながら行動する。
 (10) 友達との関わりを深め,思いやりをもつ。
 (11) 友達と楽しく生活する中できまりの大切さに気付き,守ろうとする。
 (12) 共同の遊具や用具を大切にし,皆で使う。
 (13) 高齢者をはじめ地域の人々などの自分の生活に関係の深いいろいろな人に親しみをもつ。

3 内容の取扱い
 上記の取扱いに当たっては,次の事項に留意する必要がある。
 (1) 教師との信頼関係に支えられて自分自身の生活を確立していくことが人と関わる基盤となることを考慮し,幼児が自ら周囲に働き掛けることにより多様な感情を体験し,試行錯誤しながら諦めずにやり遂げることの達成感や,前向きな見通しをもって自分の力で行うことの充実感を味わうことができるよう,幼児の行動を見守りながら適切な援助を行うようにすること。
 (2) 一人一人を生かした集団を形成しながら人と関わる力を育てていくようにすること。その際,集団の生活の中で,幼児が自己を発揮し,教師や他の幼児に認められる体験をし,自分のよさや特徴に気付き,自信をもって行動できるようにすること。

(3) 幼児が互いに関わりを深め，協同して遊ぶようになるため，自ら行動する力を育てるようにするとともに，他の幼児と試行錯誤しながら活動を展開する楽しさや共通の目的が実現する喜びを味わうことができるようにすること。
(4) 道徳性の芽生えを培うに当たっては，基本的な生活習慣の形成を図るとともに，幼児が他の幼児との関わりの中で他人の存在に気付き，相手を尊重する気持ちをもって行動できるようにし，また，自然や身近な動植物に親しむことなどを通して豊かな心情が育つようにすること。特に，人に対する信頼感や思いやりの気持ちは，葛藤やつまずきをも体験し，それらを乗り越えることにより次第に芽生えてくることに配慮すること。
(5) 集団の生活を通して，幼児が人との関わりを深め，規範意識の芽生えが培われることを考慮し，幼児が教師との信頼関係に支えられて自己を発揮する中で，互いに思いを主張し，折り合いを付ける体験をし，きまりの必要性などに気付き，自分の気持ちを調整する力が育つようにすること。
(6) 高齢者をはじめ地域の人々などの自分の生活に関係の深いいろいろな人と触れ合い，自分の感情や意志を表現しながら共に楽しみ，共感し合う体験を通して，これらの人々などに親しみをもち，人と関わることの楽しさや人の役に立つ喜びを味わうことができるようにすること。また，生活を通して親や祖父母などの家族の愛情に気付き，家族を大切にしようとする気持ちが育つようにすること。

環 境

> 周囲の様々な環境に好奇心や探究心をもって関わり，それらを生活に取り入れていこうとする力を養う。

1 ねらい
(1) 身近な環境に親しみ，自然と触れ合う中で様々な事象に興味や関心をもつ。
(2) 身近な環境に自分から関わり，発見を楽しんだり，考えたりし，それを生活に取り入れようとする。
(3) 身近な事象を見たり，考えたり，扱ったりする中で，物の性質や数量，文字などに対する感覚を豊かにする。

2 内 容
(1) 自然に触れて生活し，その大きさ，美しさ，不思議さなどに気付く。
(2) 生活の中で，様々な物に触れ，その性質や仕組みに興味や関心をもつ。
(3) 季節により自然や人間の生活に変化のあることに気付く。
(4) 自然などの身近な事象に関心をもち，取り入れて遊ぶ。
(5) 身近な動植物に親しみをもって接し，生命の尊さに気付き，いたわったり，

大切にしたりする。
(6) 日常生活の中で，我が国や地域社会における様々な文化や伝統に親しむ。
(7) 身近な物を大切にする。
(8) 身近な物や遊具に興味をもって関わり，自分なりに比べたり，関連付けたりしながら考えたり，試したりして工夫して遊ぶ。
(9) 日常生活の中で数量や図形などに関心をもつ。
(10) 日常生活の中で簡単な標識や文字などに関心をもつ。
(11) 生活に関係の深い情報や施設などに興味や関心をもつ。
(12) 幼稚園内外の行事において国旗に親しむ。

3 内容の取扱い

上記の取扱いに当たっては，次の事項に留意する必要がある。
(1) 幼児が，遊びの中で周囲の環境と関わり，次第に周囲の世界に好奇心を抱き，その意味や操作の仕方に関心をもち，物事の法則性に気付き，自分なりに考えることができるようになる過程を大切にすること。また，他の幼児の考えなどに触れて新しい考えを生み出す喜びや楽しさを味わい，自分の考えをよりよいものにしようとする気持ちが育つようにすること。
(2) 幼児期において自然のもつ意味は大きく，自然の大きさ，美しさ，不思議さなどに直接触れる体験を通して，幼児の心が安らぎ，豊かな感情，好奇心，思考力，表現力の基礎が培われることを踏まえ，幼児が自然との関わりを深めることができるよう工夫すること。
(3) 身近な事象や動植物に対する感動を伝え合い，共感し合うことなどを通して自分から関わろうとする意欲を育てるとともに，様々な関わり方を通してそれらに対する親しみや畏敬の念，生命を大切にする気持ち，公共心，探究心などが養われるようにすること。
(4) 文化や伝統に親しむ際には，正月や節句など我が国の伝統的な行事，国歌，唱歌，わらべうたや我が国の伝統的な遊びに親しんだり，異なる文化に触れる活動に親しんだりすることを通じて，社会とのつながりの意識や国際理解の意識の芽生えなどが養われるようにすること。
(5) 数量や文字などに関しては，日常生活の中で幼児自身の必要感に基づく体験を大切にし，数量や文字などに関する興味や関心，感覚が養われるようにすること。

言 葉

〔経験したことや考えたことなどを自分なりの言葉で表現し，相手の話す言葉を聞こうとする意欲や態度を育て，言葉に対する感覚や言葉で表現する力を養う。〕

1 ねらい
(1) 自分の気持ちを言葉で表現する楽しさを味わう。
(2) 人の言葉や話などをよく聞き，自分の経験したことや考えたことを話し，伝え合う喜びを味わう。
(3) 日常生活に必要な言葉が分かるようになるとともに，絵本や物語などに親しみ，言葉に対する感覚を豊かにし，先生や友達と心を通わせる。

2 内 容
(1) 先生や友達の言葉や話に興味や関心をもち，親しみをもって聞いたり，話したりする。
(2) したり，見たり，聞いたり，感じたり，考えたりなどしたことを自分なりに言葉で表現する。
(3) したいこと，してほしいことを言葉で表現したり，分からないことを尋ねたりする。
(4) 人の話を注意して聞き，相手に分かるように話す。
(5) 生活の中で必要な言葉が分かり，使う。
(6) 親しみをもって日常の挨拶をする。
(7) 生活の中で言葉の楽しさや美しさに気付く。
(8) いろいろな体験を通じてイメージや言葉を豊かにする。
(9) 絵本や物語などに親しみ，興味をもって聞き，想像をする楽しさを味わう。
(10) 日常生活の中で，文字などで伝える楽しさを味わう。

3 内容の取扱い
上記の取扱いに当たっては，次の事項に留意する必要がある。
(1) 言葉は，身近な人に親しみをもって接し，自分の感情や意志などを伝え，それに相手が応答し，その言葉を聞くことを通して次第に獲得されていくものであることを考慮して，幼児が教師や他の幼児と関わることにより心を動かされるような体験をし，言葉を交わす喜びを味わえるようにすること。
(2) 幼児が自分の思いを言葉で伝えるとともに，教師や他の幼児などの話を興味をもって注意して聞くことを通して次第に話を理解するようになっていき，言葉による伝え合いができるようにすること。
(3) 絵本や物語などで，その内容と自分の経験とを結び付けたり，想像を巡らせたりするなど，楽しみを十分に味わうことによって，次第に豊かなイメージをもち，言葉に対する感覚が養われるようにすること。

(4) 幼児が生活の中で，言葉の響きやリズム，新しい言葉や表現などに触れ，これらを使う楽しさを味わえるようにすること。その際，絵本や物語に親しんだり，言葉遊びなどをしたりすることを通して，言葉が豊かになるようにすること。
(5) 幼児が日常生活の中で，文字などを使いながら思ったことや考えたことを伝える喜びや楽しさを味わい，文字に対する興味や関心をもつようにすること。

表現

> 感じたことや考えたことを自分なりに表現することを通して，豊かな感性や表現する力を養い，創造性を豊かにする。

1 ねらい
(1) いろいろなものの美しさなどに対する豊かな感性をもつ。
(2) 感じたことや考えたことを自分なりに表現して楽しむ。
(3) 生活の中でイメージを豊かにし，様々な表現を楽しむ。

2 内容
(1) 生活の中で様々な音，形，色，手触り，動きなどに気付いたり，感じたりするなどして楽しむ。
(2) 生活の中で美しいものや心を動かす出来事に触れ，イメージを豊かにする。
(3) 様々な出来事の中で，感動したことを伝え合う楽しさを味わう。
(4) 感じたこと，考えたことなどを音や動きなどで表現したり，自由にかいたり，つくったりなどする。
(5) いろいろな素材に親しみ，工夫して遊ぶ。
(6) 音楽に親しみ，歌を歌ったり，簡単なリズム楽器を使ったりなどする楽しさを味わう。
(7) かいたり，つくったりすることを楽しみ，遊びに使ったり，飾ったりなどする。
(8) 自分のイメージを動きや言葉などで表現したり，演じて遊んだりするなどの楽しさを味わう。

3 内容の取扱い
上記の取扱いに当たっては，次の事項に留意する必要がある。
(1) 豊かな感性は，身近な環境と十分に関わる中で美しいもの，優れたもの，心を動かす出来事などに出会い，そこから得た感動を他の幼児や教師と共有し，様々に表現することなどを通して養われるようにすること。その際，風の音や雨の音，身近にある草や花の形や色など自然の中にある音，形，色などに気付くようにすること。
(2) 幼児の自己表現は素朴な形で行われることが多いので，教師はそのような表現を受容し，幼児自身の表現しようとする意欲を受け止めて，幼児が生活の中

で幼児らしい様々な表現を楽しむことができるようにすること。
(3) 生活経験や発達に応じ，自ら様々な表現を楽しみ，表現する意欲を十分に発揮させることができるように，遊具や用具などを整えたり，様々な素材や表現の仕方に親しんだり，他の幼児の表現に触れられるよう配慮したりし，表現する過程を大切にして自己表現を楽しめるように工夫すること。

第3章 教育課程に係る教育時間の終了後等に行う教育活動などの留意事項

1 地域の実態や保護者の要請により，教育課程に係る教育時間の終了後等に希望する者を対象に行う教育活動については，幼児の心身の負担に配慮するものとする。また，次の点にも留意するものとする。
　(1) 教育課程に基づく活動を考慮し，幼児期にふさわしい無理のないものとなるようにすること。その際，教育課程に基づく活動を担当する教師と緊密な連携を図るようにすること。
　(2) 家庭や地域での幼児の生活も考慮し，教育課程に係る教育時間の終了後等に行う教育活動の計画を作成するようにすること。その際，地域の人々と連携するなど，地域の様々な資源を活用しつつ，多様な体験ができるようにすること。
　(3) 家庭との緊密な連携を図るようにすること。その際，情報交換の機会を設けたりするなど，保護者が，幼稚園と共に幼児を育てるという意識が高まるようにすること。
　(4) 地域の実態や保護者の事情とともに幼児の生活のリズムを踏まえつつ，例えば実施日数や時間などについて，弾力的な運用に配慮すること。
　(5) 適切な責任体制と指導体制を整備した上で行うようにすること。
2 幼稚園の運営に当たっては，子育ての支援のために保護者や地域の人々に機能や施設を開放して，園内体制の整備や関係機関との連携及び協力に配慮しつつ，幼児期の教育に関する相談に応じたり，情報を提供したり，幼児と保護者との登園を受け入れたり，保護者同士の交流の機会を提供したりするなど，幼稚園と家庭が一体となって幼児と関わる取組を進め，地域における幼児期の教育のセンターとしての役割を果たすよう努めるものとする。その際，心理や保健の専門家，地域の子育て経験者等と連携・協働しながら取り組むよう配慮するものとする。

小学校学習指導要領（抄）

　教育は，教育基本法第1条に定めるとおり，人格の完成を目指し，平和で民主的な国家及び社会の形成者として必要な資質を備えた心身ともに健康な国民の育成を期すという目的のもと，同法第2条に掲げる次の目標を達成するよう行われなければならない。

1　幅広い知識と教養を身に付け，真理を求める態度を養い，豊かな情操と道徳心を培うとともに，健やかな身体を養うこと。
2　個人の価値を尊重して，その能力を伸ばし，創造性を培い，自主及び自律の精神を養うとともに，職業及び生活との関連を重視し，勤労を重んずる態度を養うこと。
3　正義と責任，男女の平等，自他の敬愛と協力を重んずるとともに，公共の精神に基づき，主体的に社会の形成に参画し，その発展に寄与する態度を養うこと。
4　生命を尊び，自然を大切にし，環境の保全に寄与する態度を養うこと。
5　伝統と文化を尊重し，それらをはぐくんできた我が国と郷土を愛するとともに，他国を尊重し，国際社会の平和と発展に寄与する態度を養うこと。

　これからの学校には，こうした教育の目的及び目標の達成を目指しつつ，一人一人の児童が，自分のよさや可能性を認識するとともに，あらゆる他者を価値のある存在として尊重し，多様な人々と協働しながら様々な社会的変化を乗り越え，豊かな人生を切り拓き，持続可能な社会の創り手となることができるようにすることが求められる。このために必要な教育の在り方を具体化するのが，各学校において教育の内容等を組織的かつ計画的に組み立てた教育課程である。

　教育課程を通して，これからの時代に求められる教育を実現していくためには，よりよい学校教育を通してよりよい社会を創るという理念を学校と社会とが共有し，それぞれの学校において，必要な学習内容をどのように学び，どのような資質・能力を身に付けられるようにするのかを教育課程において明確にしながら，社会との連携及び協働によりその実現を図っていくという，社会に開かれた教育課程の実現が重要となる。

　学習指導要領とは，こうした理念の実現に向けて必要となる教育課程の基準を大綱的に定めるものである。学習指導要領が果たす役割の一つは，公の性質を有する学校における教育水準を全国的に確保することである。また，各学校がその特色を生かして創意工夫を重ね，長年にわたり積み重ねられてきた教育実践や学術研究の蓄積を生かしながら，児童や地域の現状や課題を捉え，家庭や地域社会と協力して，学習指導要領を踏まえた教育活動の更なる充実を図っていくことも重要である。

　児童が学ぶことの意義を実感できる環境を整え，一人一人の資質・能力を伸ばせ

るようにしていくことは，教職員をはじめとする学校関係者はもとより，家庭や地域の人々も含め，様々な立場から児童や学校に関わる全ての大人に期待される役割である。幼児期の教育の基礎の上に，中学校以降の教育や生涯にわたる学習とのつながりを見通しながら，児童の学習の在り方を展望していくために広く活用されるものとなることを期待して，ここに小学校学習指導要領を定める。

第1章　総　　則

第1　小学校教育の基本と教育課程の役割

1　各学校においては，教育基本法及び学校教育法その他の法令並びにこの章以下に示すところに従い，児童の人間として調和のとれた育成を目指し，児童の心身の発達の段階や特性及び学校や地域の実態を十分考慮して，適切な教育課程を編成するものとし，これらに掲げる目標を達成するよう教育を行うものとする。

2　学校の教育活動を進めるに当たっては，各学校において，第3の1に示す主体的・対話的で深い学びの実現に向けた授業改善を通して，創意工夫を生かした特色ある教育活動を展開する中で，次の (1) から (3) までに掲げる事項の実現を図り，児童に生きる力を育むことを目指すものとする。

(1) 基礎的・基本的な知識及び技能を確実に習得させ，これらを活用して課題を解決するために必要な思考力，判断力，表現力等を育むとともに，主体的に学習に取り組む態度を養い，個性を生かし多様な人々との協働を促す教育の充実に努めること。その際，児童の発達の段階を考慮して，児童の言語活動など，学習の基盤をつくる活動を充実するとともに，家庭との連携を図りながら，児童の学習習慣が確立するよう配慮すること。

(2) 道徳教育や体験活動，多様な表現や鑑賞の活動等を通して，豊かな心や創造性の涵養を目指した教育の充実に努めること。

学校における道徳教育は，特別の教科である道徳（以下「道徳科」という。）を要として学校の教育活動全体を通じて行うものであり，道徳科はもとより，各教科，外国語活動，総合的な学習の時間及び特別活動のそれぞれの特質に応じて，児童の発達の段階を考慮して，適切な指導を行うこと。

道徳教育は，教育基本法及び学校教育法に定められた教育の根本精神に基づき，自己の生き方を考え，主体的な判断の下に行動し，自立した人間として他者と共によりよく生きるための基盤となる道徳性を養うことを目標とすること。

道徳教育を進めるに当たっては，人間尊重の精神と生命に対する畏敬の念

を家庭，学校，その他社会における具体的な生活の中に生かし，豊かな心をもち，伝統と文化を尊重し，それらを育んできた我が国と郷土を愛し，個性豊かな文化の創造を図るとともに，平和で民主的な国家及び社会の形成者として，公共の精神を尊び，社会及び国家の発展に努め，他国を尊重し，国際社会の平和と発展や環境の保全に貢献し未来を拓(ひら)く主体性のある日本人の育成に資することとなるよう特に留意すること。

(3) 学校における体育・健康に関する指導を，児童の発達の段階を考慮して，学校の教育活動全体を通じて適切に行うことにより，健康で安全な生活と豊かなスポーツライフの実現を目指した教育の充実に努めること。特に，学校における食育の推進並びに体力の向上に関する指導，安全に関する指導及び心身の健康の保持増進に関する指導については，体育科，家庭科及び特別活動の時間はもとより，各教科，道徳科，外国語活動及び総合的な学習の時間などにおいてもそれぞれの特質に応じて適切に行うよう努めること。また，それらの指導を通して，家庭や地域社会との連携を図りながら，日常生活において適切な体育・健康に関する活動の実践を促し，生涯を通じて健康・安全で活力ある生活を送るための基礎が培われるよう配慮すること。

3 2の(1)から(3)までに掲げる事項の実現を図り，豊かな創造性を備え持続可能な社会の創り手となることが期待される児童に，生きる力を育むことを目指すに当たっては，学校教育全体並びに各教科，道徳科，外国語活動，総合的な学習の時間及び特別活動(以下「各教科等」という。ただし，第2の3の(2)のア及びウにおいて，特別活動については学級活動(学校給食に係るものを除く。)に限る。)の指導を通してどのような資質・能力の育成を目指すのかを明確にしながら，教育活動の充実を図るものとする。その際，児童の発達の段階や特性等を踏まえつつ，次に掲げることが偏りなく実現できるようにするものとする。

(1) 知識及び技能が習得されるようにすること。
(2) 思考力，判断力，表現力等を育成すること。
(3) 学びに向かう力，人間性等を涵(かん)養すること。

4 各学校においては，児童や学校，地域の実態を適切に把握し，教育の目的や目標の実現に必要な教育の内容等を教科等横断的な視点で組み立てていくこと，教育課程の実施状況を評価してその改善を図っていくこと，教育課程の実施に必要な人的又は物的な体制を確保するとともにその改善を図っていくことなどを通して，教育課程に基づき組織的かつ計画的に各学校の教育活動の質の向上を図っていくこと(以下「カリキュラム・マネジメント」という。)に努めるものとする。

第2　教育課程の編成
1　各学校の教育目標と教育課程の編成
　　教育課程の編成に当たっては，学校教育全体や各教科等における指導を通して育成を目指す資質・能力を踏まえつつ，各学校の教育目標を明確にするとともに，教育課程の編成についての基本的な方針が家庭や地域とも共有されるよう努めるものとする。その際，第5章総合的な学習の時間の第2の1に基づき定められる目標との関連を図るものとする。
2　教科等横断的な視点に立った資質・能力の育成
　(1)　各学校においては，児童の発達の段階を考慮し，言語能力，情報活用能力（情報モラルを含む。），問題発見・解決能力等の学習の基盤となる資質・能力を育成していくことができるよう，各教科等の特質を生かし，教科等横断的な視点から教育課程の編成を図るものとする。
　(2)　各学校においては，児童や学校，地域の実態及び児童の発達の段階を考慮し，豊かな人生の実現や災害等を乗り越えて次代の社会を形成することに向けた現代的な諸課題に対応して求められる資質・能力を，教科等横断的な視点で育成していくことができるよう，各学校の特色を生かした教育課程の編成を図るものとする。
3　教育課程の編成における共通的事項
　(1)　内容等の取扱い
　　ア　第2章以下に示す各教科，道徳科，外国語活動及び特別活動の内容に関する事項は，特に示す場合を除き，いずれの学校においても取り扱わなければならない。
　　イ　学校において特に必要がある場合には，第2章以下に示していない内容を加えて指導することができる。また，第2章以下に示す内容の取扱いのうち内容の範囲や程度等を示す事項は，全ての児童に対して指導するものとする内容の範囲や程度等を示したものであり，学校において特に必要がある場合には，この事項にかかわらず加えて指導することができる。ただし，これらの場合には，第2章以下に示す各教科，道徳科，外国語活動及び特別活動の目標や内容の趣旨を逸脱したり，児童の負担過重となったりすることのないようにしなければならない。
　　ウ　第2章以下に示す各教科，道徳科，外国語活動及び特別活動の内容に掲げる事項の順序は，特に示す場合を除き，指導の順序を示すものではないので，学校においては，その取扱いについて適切な工夫を加えるものとする。
　　エ　学年の内容を2学年まとめて示した教科及び外国語活動の内容は，2学年間かけて指導する事項を示したものである。各学校においては，これら

の事項を児童や学校,地域の実態に応じ,2学年間を見通して計画的に指導することとし,特に示す場合を除き,いずれかの学年に分けて,又はいずれの学年においても指導するものとする。
- オ 学校において2以上の学年の児童で編制する学級について特に必要がある場合には,各教科及び道徳科の目標の達成に支障のない範囲内で,各教科及び道徳科の目標及び内容について学年別の順序によらないことができる。
- カ 道徳科を要として学校の教育活動全体を通じて行う道徳教育の内容は,第3章特別の教科道徳の第2に示す内容とし,その実施に当たっては,第6に示す道徳教育に関する配慮事項を踏まえるものとする。

(2) 授業時数等の取扱い
- ア 各教科等の授業は,年間35週(第1学年については34週)以上にわたって行うよう計画し,週当たりの授業時数が児童の負担過重にならないようにするものとする。ただし,各教科等や学習活動の特質に応じ効果的な場合には,夏季,冬季,学年末等の休業日の期間に授業日を設定する場合を含め,これらの授業を特定の期間に行うことができる。
- イ 特別活動の授業のうち,児童会活動,クラブ活動及び学校行事については,それらの内容に応じ,年間,学期ごと,月ごとなどに適切な授業時数を充てるものとする。
- ウ 各学校の時間割については,次の事項を踏まえ適切に編成するものとする。
  - (ｱ) 各教科等のそれぞれの授業の1単位時間は,各学校において,各教科等の年間授業時数を確保しつつ,児童の発達の段階及び各教科等や学習活動の特質を考慮して適切に定めること。
  - (ｲ) 各教科等の特質に応じ,10分から15分程度の短い時間を活用して特定の教科等の指導を行う場合において,教師が,単元や題材など内容や時間のまとまりを見通した中で,その指導内容の決定や指導の成果の把握と活用等を責任をもって行う体制が整備されているときは,その時間を当該教科等の年間授業時数に含めることができること。
  - (ｳ) 給食,休憩などの時間については,各学校において工夫を加え,適切に定めること。
  - (ｴ) 各学校において,児童や学校,地域の実態,各教科等や学習活動の特質等に応じて,創意工夫を生かした時間割を弾力的に編成できること。
- エ 総合的な学習の時間における学習活動により,特別活動の学校行事に掲げる各行事の実施と同様の成果が期待できる場合においては,総合的な学

習の時間における学習活動をもって相当する特別活動の学校行事に掲げる各行事の実施に替えることができる。

(3) 指導計画の作成等に当たっての配慮事項

　各学校においては，次の事項に配慮しながら，学校の創意工夫を生かし，全体として，調和のとれた具体的な指導計画を作成するものとする。

　ア　各教科等の指導内容については，(1)のアを踏まえつつ，単元や題材など内容や時間のまとまりを見通しながら，そのまとめ方や重点の置き方に適切な工夫を加え，第3の1に示す主体的・対話的で深い学びの実現に向けた授業改善を通して資質・能力を育む効果的な指導ができるようにすること。

　イ　各教科等及び各学年相互間の関連を図り，系統的，発展的な指導ができるようにすること。

　ウ　学年の内容を2学年まとめて示した教科及び外国語活動については，当該学年間を見通して，児童や学校，地域の実態に応じ，児童の発達の段階を考慮しつつ，効果的，段階的に指導するようにすること。

　エ　児童の実態等を考慮し，指導の効果を高めるため，児童の発達の段階や指導内容の関連性等を踏まえつつ，合科的・関連的な指導を進めること。

4　学校段階等間の接続

　教育課程の編成に当たっては，次の事項に配慮しながら，学校段階等間の接続を図るものとする。

(1) 幼児期の終わりまでに育ってほしい姿を踏まえた指導を工夫することにより，幼稚園教育要領等に基づく幼児期の教育を通して育まれた資質・能力を踏まえて教育活動を実施し，児童が主体的に自己を発揮しながら学びに向かうことが可能となるようにすること。

　また，低学年における教育全体において，例えば生活科において育成する自立し生活を豊かにしていくための資質・能力が，他教科等の学習においても生かされるようにするなど，教科等間の関連を積極的に図り，幼児期の教育及び中学年以降の教育との円滑な接続が図られるよう工夫すること。特に，小学校入学当初においては，幼児期において自発的な活動としての遊びを通して育まれてきたことが，各教科等における学習に円滑に接続されるよう，生活科を中心に，合科的・関連的な指導や弾力的な時間割の設定など，指導の工夫や指導計画の作成を行うこと。

(2) 中学校学習指導要領及び高等学校学習指導要領を踏まえ，中学校教育及びその後の教育との円滑な接続が図られるよう工夫すること。特に，義務教育学校，中学校連携型小学校及び中学校併設型小学校においては，義務教育9

年間を見通した計画的かつ継続的な教育課程を編成すること。

第3 教育課程の実施と学習評価
1 主体的・対話的で深い学びの実現に向けた授業改善
各教科等の指導に当たっては，次の事項に配慮するものとする。
(1) 第1の3の(1)から(3)までに示すことが偏りなく実現されるよう，単元や題材など内容や時間のまとまりを見通しながら，児童の主体的・対話的で深い学びの実現に向けた授業改善を行うこと。

特に，各教科等において身に付けた知識及び技能を活用したり，思考力，判断力，表現力等や学びに向かう力，人間性等を発揮させたりして，学習の対象となる物事を捉え思考することにより，各教科等の特質に応じた物事を捉える視点や考え方（以下「見方・考え方」という。）が鍛えられていくことに留意し，児童が各教科等の特質に応じた見方・考え方を働かせながら，知識を相互に関連付けてより深く理解したり，情報を精査して考えを形成したり，問題を見いだして解決策を考えたり，思いや考えを基に創造したりすることに向かう過程を重視した学習の充実を図ること。
(2) 第2の2の(1)に示す言語能力の育成を図るため，各学校において必要な言語環境を整えるとともに，国語科を要としつつ各教科等の特質に応じて，児童の言語活動を充実すること。あわせて，(7)に示すとおり読書活動を充実すること。
(3) 第2の2の(1)に示す情報活用能力の育成を図るため，各学校において，コンピュータや情報通信ネットワークなどの情報手段を活用するために必要な環境を整え，これらを適切に活用した学習活動の充実を図ること。また，各種の統計資料や新聞，視聴覚教材や教育機器などの教材・教具の適切な活用を図ること。

あわせて，各教科等の特質に応じて，次の学習活動を計画的に実施すること。
ア 児童がコンピュータで文字を入力するなどの学習の基盤として必要となる情報手段の基本的な操作を習得するための学習活動
イ 児童がプログラミングを体験しながら，コンピュータに意図した処理を行わせるために必要な論理的思考力を身に付けるための学習活動
(4) 児童が学習の見通しを立てたり学習したことを振り返ったりする活動を，計画的に取り入れるように工夫すること。
(5) 児童が生命の有限性や自然の大切さ，主体的に挑戦してみることや多様な他者と協働することの重要性などを実感しながら理解することができるよう，各教科等の特質に応じた体験活動を重視し，家庭や地域社会と連携しつつ体

系的・継続的に実施できるよう工夫すること。
(6) 児童が自ら学習課題や学習活動を選択する機会を設けるなど,児童の興味・関心を生かした自主的,自発的な学習が促されるよう工夫すること。
(7) 学校図書館を計画的に利用しその機能の活用を図り,児童の主体的・対話的で深い学びの実現に向けた授業改善に生かすとともに,児童の自主的,自発的な学習活動や読書活動を充実すること。また,地域の図書館や博物館,美術館,劇場,音楽堂等の施設の活用を積極的に図り,資料を活用した情報の収集や鑑賞等の学習活動を充実すること。

2 学習評価の充実

学習評価の実施に当たっては,次の事項に配慮するものとする。
(1) 児童のよい点や進歩の状況などを積極的に評価し,学習したことの意義や価値を実感できるようにすること。また,各教科等の目標の実現に向けた学習状況を把握する観点から,単元や題材など内容や時間のまとまりを見通しながら評価の場面や方法を工夫して,学習の過程や成果を評価し,指導の改善や学習意欲の向上を図り,資質・能力の育成に生かすようにすること。
(2) 創意工夫の中で学習評価の妥当性や信頼性が高められるよう,組織的かつ計画的な取組を推進するとともに,学年や学校段階を越えて児童の学習の成果が円滑に接続されるように工夫すること。

第4 児童の発達の支援

1 児童の発達を支える指導の充実

教育課程の編成及び実施に当たっては,次の事項に配慮するものとする。
(1) 学習や生活の基盤として,教師と児童との信頼関係及び児童相互のよりよい人間関係を育てるため,日頃から学級経営の充実を図ること。また,主に集団の場面で必要な指導や援助を行うガイダンスと,個々の児童の多様な実態を踏まえ,一人一人が抱える課題に個別に対応した指導を行うカウンセリングの双方により,児童の発達を支援すること。

あわせて,小学校の低学年,中学年,高学年の学年の時期の特長を生かした指導の工夫を行うこと。
(2) 児童が,自己の存在感を実感しながら,よりよい人間関係を形成し,有意義で充実した学校生活を送る中で,現在及び将来における自己実現を図っていくことができるよう,児童理解を深め,学習指導と関連付けながら,生徒指導の充実を図ること。
(3) 児童が,学ぶことと自己の将来とのつながりを見通しながら,社会的・職業的自立に向けて必要な基盤となる資質・能力を身に付けていくことができ

るよう，特別活動を要としつつ各教科等の特質に応じて，キャリア教育の充実を図ること。
(4) 児童が，基礎的・基本的な知識及び技能の習得も含め，学習内容を確実に身に付けることができるよう，児童や学校の実態に応じ，個別学習やグループ別学習，繰り返し学習，学習内容の習熟の程度に応じた学習，児童の興味・関心等に応じた課題学習，補充的な学習や発展的な学習などの学習活動を取り入れることや，教師間の協力による指導体制を確保することなど，指導方法や指導体制の工夫改善により，個に応じた指導の充実を図ること。その際，第3の1の(3)に示す情報手段や教材・教具の活用を図ること。
2 特別な配慮を必要とする児童への指導
 (1) 障害のある児童などへの指導
  ア 障害のある児童などについては，特別支援学校等の助言又は援助を活用しつつ，個々の児童の障害の状態等に応じた指導内容や指導方法の工夫を組織的かつ計画的に行うものとする。
  イ 特別支援学級において実施する特別の教育課程については，次のとおり編成するものとする。
   (ｱ) 障害による学習上又は生活上の困難を克服し自立を図るため，特別支援学校小学部・中学部学習指導要領第7章に示す自立活動を取り入れること。
   (ｲ) 児童の障害の程度や学級の実態等を考慮の上，各教科の目標や内容を下学年の教科の目標や内容に替えたり，各教科を，知的障害者である児童に対する教育を行う特別支援学校の各教科に替えたりするなどして，実態に応じた教育課程を編成すること。
  ウ 障害のある児童に対して，通級による指導を行い，特別の教育課程を編成する場合には，特別支援学校小学部・中学部学習指導要領第7章に示す自立活動の内容を参考とし，具体的な目標や内容を定め，指導を行うものとする。その際，効果的な指導が行われるよう，各教科等と通級による指導との関連を図るなど，教師間の連携に努めるものとする。
  エ 障害のある児童などについては，家庭，地域及び医療や福祉，保健，労働等の業務を行う関係機関との連携を図り，長期的な視点で児童への教育的支援を行うために，個別の教育支援計画を作成し活用することに努めるとともに，各教科等の指導に当たって，個々の児童の実態を的確に把握し，個別の指導計画を作成し活用することに努めるものとする。特に，特別支援学級に在籍する児童や通級による指導を受ける児童については，個々の児童の実態を的確に把握し，個別の教育支援計画や個別の指導計画を作成

し，効果的に活用するものとする。
(2) 海外から帰国した児童などの学校生活への適応や，日本語の習得に困難のある児童に対する日本語指導
　　ア　海外から帰国した児童などについては，学校生活への適応を図るとともに，外国における生活経験を生かすなどの適切な指導を行うものとする。
　　イ　日本語の習得に困難のある児童については，個々の児童の実態に応じた指導内容や指導方法の工夫を組織的かつ計画的に行うものとする。特に，通級による日本語指導については，教師間の連携に努め，指導についての計画を個別に作成することなどにより，効果的な指導に努めるものとする。
(3) 不登校児童への配慮
　　ア　不登校児童については，保護者や関係機関と連携を図り，心理や福祉の専門家の助言又は援助を得ながら，社会的自立を目指す観点から，個々の児童の実態に応じた情報の提供その他の必要な支援を行うものとする。
　　イ　相当の期間小学校を欠席し引き続き欠席すると認められる児童を対象として，文部科学大臣が認める特別の教育課程を編成する場合には，児童の実態に配慮した教育課程を編成するとともに，個別学習やグループ別学習など指導方法や指導体制の工夫改善に努めるものとする。

第5　学校運営上の留意事項

1　教育課程の改善と学校評価等
　　ア　各学校においては，校長の方針の下に，校務分掌に基づき教職員が適切に役割を分担しつつ，相互に連携しながら，各学校の特色を生かしたカリキュラム・マネジメントを行うよう努めるものとする。また，各学校が行う学校評価については，教育課程の編成，実施，改善が教育活動や学校運営の中核となることを踏まえ，カリキュラム・マネジメントと関連付けながら実施するよう留意するものとする。
　　イ　教育課程の編成及び実施に当たっては，学校保健計画，学校安全計画，食に関する指導の全体計画，いじめの防止等のための対策に関する基本的な方針など，各分野における学校の全体計画等と関連付けながら，効果的な指導が行われるように留意するものとする。
2　家庭や地域社会との連携及び協働と学校間の連携
　　教育課程の編成及び実施に当たっては，次の事項に配慮するものとする。
　　ア　学校がその目的を達成するため，学校や地域の実態等に応じ，教育活動の実施に必要な人的又は物的な体制を家庭や地域の人々の協力を得ながら整えるなど，家庭や地域社会との連携及び協働を深めること。また，高齢

者や異年齢の子供など，地域における世代を越えた交流の機会を設けること。
    イ　他の小学校や，幼稚園，認定こども園，保育所，中学校，高等学校，特別支援学校などとの間の連携や交流を図るとともに，障害のある幼児児童生徒との交流及び共同学習の機会を設け，共に尊重し合いながら協働して生活していく態度を育むようにすること。

第6　道徳教育に関する配慮事項

　道徳教育を進めるに当たっては，道徳教育の特質を踏まえ，前項までに示す事項に加え，次の事項に配慮するものとする。
1　各学校においては，第1の2の(2)に示す道徳教育の目標を踏まえ，道徳教育の全体計画を作成し，校長の方針の下に，道徳教育の推進を主に担当する教師（以下「道徳教育推進教師」という。）を中心に，全教師が協力して道徳教育を展開すること。なお，道徳教育の全体計画の作成に当たっては，児童や学校，地域の実態を考慮して，学校の道徳教育の重点目標を設定するとともに，道徳科の指導方針，第3章特別の教科道徳の第2に示す内容との関連を踏まえた各教科，外国語活動，総合的な学習の時間及び特別活動における指導の内容及び時期並びに家庭や地域社会との連携の方法を示すこと。
2　各学校においては，児童の発達の段階や特性等を踏まえ，指導内容の重点化を図ること。その際，各学年を通じて，自立心や自律性，生命を尊重する心や他者を思いやる心を育てることに留意すること。また，各学年段階においては，次の事項に留意すること。
  (1)　第1学年及び第2学年においては，挨拶などの基本的な生活習慣を身に付けること，善悪を判断し，してはならないことをしないこと，社会生活上のきまりを守ること。
  (2)　第3学年及び第4学年においては，善悪を判断し，正しいと判断したことを行うこと，身近な人々と協力し助け合うこと，集団や社会のきまりを守ること。
  (3)　第5学年及び第6学年においては，相手の考え方や立場を理解して支え合うこと，法やきまりの意義を理解して進んで守ること，集団生活の充実に努めること，伝統と文化を尊重し，それらを育んできた我が国と郷土を愛するとともに，他国を尊重すること。
3　学校や学級内の人間関係や環境を整えるとともに，集団宿泊活動やボランティア活動，自然体験活動，地域の行事への参加などの豊かな体験を充実すること。また，道徳教育の指導内容が，児童の日常生活に生かされるようにする

こと。その際,いじめの防止や安全の確保等にも資することとなるよう留意すること。
4 学校の道徳教育の全体計画や道徳教育に関する諸活動などの情報を積極的に公表したり,道徳教育の充実のために家庭や地域の人々の積極的な参加や協力を得たりするなど,家庭や地域社会との共通理解を深め,相互の連携を図ること。

第2章　各　教　科

第1節　国　　語
第3　指導計画の作成と内容の取扱い
1 指導計画の作成に当たっては,次の事項に配慮するものとする。
　(7) 低学年においては,第1章総則の第2の4の(1)を踏まえ,他教科等との関連を積極的に図り,指導の効果を高めるようにするとともに,幼稚園教育要領等に示す幼児期の終わりまでに育ってほしい姿との関連を考慮すること。特に,小学校入学当初においては,生活科を中心とした合科的・関連的な指導や,弾力的な時間割の設定を行うなどの工夫をすること。

第3節　算　　数
第3　指導計画の作成と内容の取扱い
1 指導計画の作成に当たっては,次の事項に配慮するものとする。
　(4) 低学年においては,第1章総則の第2の4の(1)を踏まえ,他教科等との関連を積極的に図り,指導の効果を高めるようにするとともに,幼稚園教育要領等に示す幼児期の終わりまでに育ってほしい姿との関連を考慮すること。特に,小学校入学当初においては,生活科を中心とした合科的・関連的な指導や,弾力的な時間割の設定を行うなどの工夫をすること。

第5節　生　　活
第3　指導計画の作成と内容の取扱い
1 指導計画の作成に当たっては,次の事項に配慮するものとする。
　(4) 他教科等との関連を積極的に図り,指導の効果を高め,低学年における教育全体の充実を図り,中学年以降の教育へ円滑に接続できるようにするとともに,幼稚園教育要領等に示す幼児期の終わりまでに育ってほしい姿との関連を考慮すること。特に,小学校入学当初においては,幼児期における遊びを通した総合的な学びから他教科等における学習に円滑に移行し,主体的に

自己を発揮しながら，より自覚的な学びに向かうことが可能となるようにすること。その際，生活科を中心とした合科的・関連的な指導や，弾力的な時間割の設定を行うなどの工夫をすること。

第6節　音　　楽
第3　指導計画の作成と内容の取扱い
1 指導計画の作成に当たっては，次の事項に配慮するものとする。
(6) 低学年においては，第1章総則の第2の4の(1)を踏まえ，他教科等との関連を積極的に図り，指導の効果を高めるようにするとともに，幼稚園教育要領等に示す幼児期の終わりまでに育ってほしい姿との関連を考慮すること。特に，小学校入学当初においては，生活科を中心とした合科的・関連的な指導や，弾力的な時間割の設定を行うなどの工夫をすること。

第7節　図画工作
第3　指導計画の作成と内容の取扱い
1 指導計画の作成に当たっては，次の事項に配慮するものとする。
(7) 低学年においては，第1章総則の第2の4の(1)を踏まえ，他教科等との関連を積極的に図り，指導の効果を高めるようにするとともに，幼稚園教育要領等に示す幼児期の終わりまでに育ってほしい姿との関連を考慮すること。特に，小学校入学当初においては，生活科を中心とした合科的・関連的な指導や，弾力的な時間割の設定を行うなどの工夫をすること。

第9節　体　　育
第3　指導計画の作成と内容の取扱い
1 指導計画の作成に当たっては，次の事項に配慮するものとする。
(5) 低学年においては，第1章総則の第2の4の(1)を踏まえ，他教科等との関連を積極的に図り，指導の効果を高めるようにするとともに，幼稚園教育要領等に示す幼児期の終わりまでに育ってほしい姿との関連を考慮すること。特に，小学校入学当初においては，生活科を中心とした合科的・関連的な指導や，弾力的な時間割の設定を行うなどの工夫をすること。

第6章 特別活動

第3 指導計画の作成と内容の取扱い
1 指導計画の作成に当たっては,次の事項に配慮するものとする。
(4) 低学年においては,第1章総則の第2の4の(1)を踏まえ,他教科等との関連を積極的に図り,指導の効果を高めるようにするとともに,幼稚園教育要領等に示す幼児期の終わりまでに育ってほしい姿との関連を考慮すること。特に,小学校入学当初においては,生活科を中心とした関連的な指導や,弾力的な時間割の設定を行うなどの工夫をすること。

就学前の子どもに関する教育，保育等の総合的な提供の推進に関する法律（抄）

平成十八年六月十五日法律第七十七号
一部改正：平成二十九年三月三十一日法律第五号

第一章　総則

（目的）
第一条　この法律は，幼児期の教育及び保育が生涯にわたる人格形成の基礎を培う重要なものであること並びに我が国における急速な少子化の進行並びに家庭及び地域を取り巻く環境の変化に伴い小学校就学前の子どもの教育及び保育に対する需要が多様なものとなっていることに鑑み，地域における創意工夫を生かしつつ，小学校就学前の子どもに対する教育及び保育並びに保護者に対する子育て支援の総合的な提供を推進するための措置を講じ，もって地域において子どもが健やかに育成される環境の整備に資することを目的とする。
（定義）
第二条　この法律において「子ども」とは，小学校就学の始期に達するまでの者をいう。
2　この法律において「幼稚園」とは，学校教育法（昭和二十二年法律第二十六号）第一条に規定する幼稚園をいう。
3　この法律において「保育所」とは，児童福祉法（昭和二十二年法律第百六十四号）第三十九条第一項に規定する保育所をいう。
4　この法律において「保育機能施設」とは，児童福祉法第五十九条第一項に規定する施設のうち同法第三十九条第一項に規定する業務を目的とするもの（少数の子どもを対象とするものその他の主務省令で定めるものを除く。）をいう。
5　この法律において「保育所等」とは，保育所又は保育機能施設をいう。
6　この法律において「認定こども園」とは，次条第一項又は第三項の認定を受けた施設，同条第九項の規定による公示がされた施設及び幼保連携型認定こども園をいう。
7　この法律において「幼保連携型認定こども園」とは，義務教育及びその後の教育の基礎を培うものとしての満三歳以上の子どもに対する教育並びに保育を必要とする子どもに対する保育を一体的に行い，これらの子どもの健やかな成長が図られるよう適当な環境を与えて，その心身の発達を助長するとともに，保護者に対する子育ての支援を行うことを目的として，この法律の定めるところにより設置される施設をいう。
8　この法律において「教育」とは，教育基本法（平成十八年法律第百二十号）第六条第一項に規定する法律に定める学校（第九条において単に「学校」という。）において行われる教育をいう。
9　この法律において「保育」とは，児童福祉法第六条の三第七項に規定する保育をいう。
10　この法律において「保育を必要とする子ども」とは，児童福祉法第六条の三第九項第一号に規定する保育を必要とする乳児・幼児をいう。
11　この法律において「保護者」とは，児童福祉法第六条に規定する保護者をいう。
12　この法律において「子育て支援事業」とは，地域の子どもの養育に関する各般の問題につき保護者からの相談に応じ必要な情報の提供及び助言を行う事業，保護者の疾病その他の理由により家庭において養育を受けることが一時的に困難となった地域の子どもに対する保育を行う事業，地域の子どもの養育に関する援助を受けることを希望する保護者と当該援助を行うこと

を希望する民間の団体若しくは個人との連絡及び調整を行う事業又は地域の子どもの養育に関する援助を行う民間の団体若しくは個人に対する必要な情報の提供及び助言を行う事業であって主務省令で定めるものをいう。

第二章　幼保連携型認定こども園以外の認定こども園に関する認定手続等

（幼保連携型認定こども園以外の認定こども園の認定等）
第三条　幼稚園又は保育所等の設置者（都道府県を除く。）は，その設置する施設が都道府県の条例で定める要件に適合している旨の都道府県知事（保育所に係る児童福祉法の規定による認可その他の処分をする権限に係る事務を地方自治法（昭和二十二年法律第六十七号）第百八十条の二の規定に基づく都道府県知事の委任を受けて当該都道府県の教育委員会が行う場合その他の主務省令で定める場合にあっては，都道府県の教育委員会。以下この章及び第四章において同じ。）の認定を受けることができる。
2　前項の条例で定める要件は，次に掲げる基準に従い，かつ，主務大臣が定める施設の設備及び運営に関する基準を参酌して定めるものとする。
　一　当該施設が幼稚園である場合にあっては，幼稚園教育要領（学校教育法第二十五条の規定に基づき幼稚園に関して文部科学大臣が定める事項をいう。第十条第二項において同じ。）に従って編成された教育課程に基づく教育を行うほか，当該教育のための時間の終了後，当該幼稚園に在籍している子どものうち保育を必要とする子どもに該当する者に対する教育を行うこと。
（第二号及び第三号　略）

第三章　幼保連携型認定こども園

（教育及び保育の内容）
第十条　幼保連携型認定こども園の教育課程その他の教育及び保育の内容に関する事項は，第二条第七項に規定する目的及び前条に規定する目標に従い，主務大臣が定める。
2　主務大臣が前項の規定により幼保連携型認定こども園の教育課程その他の教育及び保育の内容に関する事項を定めるに当たっては，幼稚園教育要領及び児童福祉法第四十五条第二項の規定に基づき児童福祉施設に関して厚生労働省令で定める基準（同項第三号に規定する保育所における保育の内容に係る部分に限る。）との整合性の確保並びに小学校（学校教育法第一条に規定する小学校をいう。）及び義務教育学校（学校教育法第一条に規定する義務教育学校をいう。）における教育との円滑な接続に配慮しなければならない。
3　幼保連携型認定こども園の設置者は，第一項の教育及び保育の内容に関する事項を遵守しなければならない。

幼保連携型認定こども園教育・保育要領

内　閣　府
〇文部科学省告示第一号
　厚生労働省
　就学前の子どもに関する教育，保育等の総合的な提供の推進に関する法律（平成十八年法律第七十七号）第十条第一項の規定に基づき，幼保連携型認定こども園の教育課程その他の教育及び
　　　　　　　　　　　　　　　　　　　　　　　　　　　　　　　　内　閣　府
保育の内容に関する事項を次のように定めたので，平成二十六年文部科学省告示第一号の全部を
　　　　　　　　　　　　　　　　　　　　　　　　　　　　　　　　厚生労働省
次のように改正し，平成三十年四月一日から施行する。
　平成二十九年三月三十一日

　　　　　　　　　　　　　　　　　　　　　内閣総理大臣　　安倍　晋三
　　　　　　　　　　　　　　　　　　　　　文部科学大臣　　松野　博一
　　　　　　　　　　　　　　　　　　　　　厚生労働大臣　　塩崎　恭久

幼保連携型認定こども園教育・保育要領

目次
　第1章　総則
　　第1　幼保連携型認定こども園における教育及び保育の基本及び目標等
　　第2　教育及び保育の内容並びに子育ての支援等に関する全体的な計画等
　　第3　幼保連携型認定こども園として特に配慮すべき事項
　第2章　ねらい及び内容並びに配慮事項
　　第1　乳児期の園児の保育に関するねらい及び内容
　　　健やかに伸び伸びと育つ
　　　身近な人と気持ちが通じ合う
　　　身近なものと関わり感性が育つ
　　第2　満1歳以上満3歳未満の園児の保育に関するねらい及び内容
　　　健康
　　　人間関係
　　　環境
　　　言葉
　　　表現
　　第3　満3歳以上の園児の教育及び保育に関するねらい及び内容
　　　健康
　　　人間関係
　　　環境
　　　言葉
　　　表現
　　第4　教育及び保育の実施に関する配慮事項

第3章　健康及び安全
　第1　健康支援
　第2　食育の推進
　第3　環境及び衛生管理並びに安全管理
　第4　災害への備え
第4章　子育ての支援
　第1　子育ての支援全般に関わる事項
　第2　幼保連携型認定こども園の園児の保護者に対する子育ての支援
　第3　地域における子育て家庭の保護者等に対する支援

第1章　総　則

第1　幼保連携型認定こども園における教育及び保育の基本及び目標等
1　幼保連携型認定こども園における教育及び保育の基本

　乳幼児期の教育及び保育は，子どもの健全な心身の発達を図りつつ生涯にわたる人格形成の基礎を培う重要なものであり，幼保連携型認定こども園における教育及び保育は，就学前の子どもに関する教育，保育等の総合的な提供の推進に関する法律（平成18年法律第77号。以下「認定こども園法」という。）第2条第7項に規定する目的及び第9条に掲げる目標を達成するため，乳幼児期全体を通して，その特性及び保護者や地域の実態を踏まえ，環境を通して行うものであることを基本とし，家庭や地域での生活を含めた園児の生活全体が豊かなものとなるように努めなければならない。

　このため保育教諭等は，園児との信頼関係を十分に築き，園児が自ら安心して身近な環境に主体的に関わり，環境との関わり方や意味に気付き，これらを取り込もうとして，試行錯誤したり，考えたりするようになる幼児期の教育における見方・考え方を生かし，その活動が豊かに展開されるよう環境を整え，園児と共によりよい教育及び保育の環境を創造するように努めるものとする。これらを踏まえ，次に示す事項を重視して教育及び保育を行わなければならない。

(1) 乳幼児期は周囲への依存を基盤にしつつ自立に向かうものであることを考慮して，周囲との信頼関係に支えられた生活の中で，園児一人一人が安心感と信頼感をもっていろいろな活動に取り組む体験を十分に積み重ねられるようにすること。
(2) 乳幼児期においては生命の保持が図られ安定した情緒の下で自己を十分に発揮することにより発達に必要な体験を得ていくものであることを考慮して，園児の主体的な活動を促し，乳幼児期にふさわしい生活が展開されるようにすること。
(3) 乳幼児期における自発的な活動としての遊びは，心身の調和のとれた発達の基礎を培う重要な学習であることを考慮して，遊びを通しての指導を中心として第2章に示すねらいが総合的に達成されるようにすること。
(4) 乳幼児期における発達は，心身の諸側面が相互に関連し合い，多様な経過をたどって成し遂げられていくものであること，また，園児の生活経験がそれぞれ異なることなどを考慮して，園児一人一人の特性や発達の過程に応じ，発達の課題に即した指導を行うようにすること。

　その際，保育教諭等は，園児の主体的な活動が確保されるよう，園児一人一人の行動の理解と予想に基づき，計画的に環境を構成しなければならない。この場合において，保育教諭等は，園児と人やものとの関わりが重要であることを踏まえ，教材を工夫し，物的・空間的環境を構成しなければならない。また，園児一人一人の活動の場面に応じて，様々な役割を果たし，その活動を豊かにしなければならない。

　なお，幼保連携型認定こども園における教育及び保育は，園児が入園してから修了するまでの在園期間全体を通して行われるものであり，この章の第3に示す幼保連携型認定こども園として特に配慮すべき事項を十分に踏まえて行うものとする。

2　幼保連携型認定こども園における教育及び保育の目標

　幼保連携型認定こども園は，家庭との連携を図りながら，この章の第1の1に示す幼保連携型認定こども園における教育及び保育の基本に基づいて一体的に展開される幼保連携型認定こども園における生活を通して，生きる力の基礎を育成するよう認定こども園法第9条に規定する幼保連携型認定こども園の教育及び保育の目標の達成に努めなければならない。幼保連携型認定こども園は，このことにより，義務教育及びその後の教育の基礎を培うとともに，子どもの最善の利益を考慮しつつ，その生活を保障し，保護者と共に園児を心身ともに

健やかに育成するものとする。

なお，認定こども園法第9条に規定する幼保連携型認定こども園の教育及び保育の目標については，発達や学びの連続性及び生活の連続性の観点から，小学校就学の始期に達するまでの時期を通じ，その達成に向けて努力すべき目当てとなるものであることから，満3歳未満の園児の保育にも当てはまることに留意するものとする。

3 幼保連携型認定こども園の教育及び保育において育みたい資質・能力及び「幼児期の終わりまでに育ってほしい姿」

(1) 幼保連携型認定こども園においては，生きる力の基礎を育むため，この章の1に示す幼保連携型認定こども園の教育及び保育の基本を踏まえ，次に掲げる資質・能力を一体的に育むよう努めるものとする。

　ア 豊かな体験を通じて，感じたり，気付いたり，分かったり，できるようになったりする「知識及び技能の基礎」

　イ 気付いたことや，できるようになったことなどを使い，考えたり，試したり，工夫したり，表現したりする「思考力，判断力，表現力等の基礎」

　ウ 心情，意欲，態度が育つ中で，よりよい生活を営もうとする「学びに向かう力，人間性等」

(2) (1)に示す資質・能力は，第2章に示すねらい及び内容に基づく活動全体によって育むものである。

(3) 次に示す「幼児期の終わりまでに育ってほしい姿」は，第2章に示すねらい及び内容に基づく活動全体を通して資質・能力が育まれている園児の幼保連携型認定こども園修了時の具体的な姿であり，保育教諭等が指導を行う際に考慮するものである。

　ア 健康な心と体
　　幼保連携型認定こども園における生活の中で，充実感をもって自分のやりたいことに向かって心と体を十分に働かせ，見通しをもって行動し，自ら健康で安全な生活をつくり出すようになる。

　イ 自立心
　　身近な環境に主体的に関わり様々な活動を楽しむ中で，しなければならないことを自覚し，自分の力で行うために考えたり，工夫したりしながら，諦めずにやり遂げることで達成感を味わい，自信をもって行動するようになる。

　ウ 協同性
　　友達と関わる中で，互いの思いや考えなどを共有し，共通の目的の実現に向けて，考えたり，工夫したり，協力したりし，充実感をもってやり遂げるようになる。

　エ 道徳性・規範意識の芽生え
　　友達と様々な体験を重ねる中で，してよいことや悪いことが分かり，自分の行動を振り返ったり，友達の気持ちに共感したりし，相手の立場に立って行動するようになる。また，きまりを守る必要性が分かり，自分の気持ちを調整し，友達と折り合いを付けながら，きまりをつくったり，守ったりするようになる。

　オ 社会生活との関わり
　　家族を大切にしようとする気持ちをもつとともに，地域の身近な人と触れ合う中で，人との様々な関わり方に気付き，相手の気持ちを考えて関わり，自分が役に立つ喜びを感じ，地域に親しみをもつようになる。また，幼保連携型認定こども園内外の様々な環境に関わる中で，遊びや生活に必要な情報を取り入れ，情報に基づき判断したり，情報を伝え合ったり，活用したりするなど，情報を役立てながら活動するようになるとともに，公共の施設を大切に利用するなどして，社会とのつながりなどを意識するようになる。

　カ 思考力の芽生え
　　身近な事象に積極的に関わる中で，物の性質や仕組みなどを感じ取ったり，気付いた

りし，考えたり，予想したり，工夫したりするなど，多様な関わりを楽しむようになる。また，友達の様々な考えに触れる中で，自分と異なる考えがあることに気付き，自ら判断したり，考え直したりするなど，新しい考えを生み出す喜びを味わいながら，自分の考えをよりよいものにするようになる。

　キ　自然との関わり・生命尊重

　　自然に触れて感動する体験を通して，自然の変化などを感じ取り，好奇心や探究心をもって考え言葉などで表現しながら，身近な事象への関心が高まるとともに，自然への愛情や畏敬の念をもつようになる。また，身近な動植物に心を動かされる中で，生命の不思議さや尊さに気付き，身近な動植物への接し方を考え，命あるものとしていたわり，大切にする気持ちをもって関わるようになる。

　ク　数量や図形，標識や文字などへの関心・感覚

　　遊びや生活の中で，数量や図形，標識や文字などに親しむ体験を重ねたり，標識や文字の役割に気付いたりし，自らの必要感に基づきこれらを活用し，興味や関心，感覚をもつようになる。

　ケ　言葉による伝え合い

　　保育教諭等や友達と心を通わせる中で，絵本や物語などに親しみながら，豊かな言葉や表現を身に付け，経験したことや考えたことなどを言葉で伝えたり，相手の話を注意して聞いたりし，言葉による伝え合いを楽しむようになる。

　コ　豊かな感性と表現

　　心を動かす出来事などに触れ感性を働かせる中で，様々な素材の特徴や表現の仕方などに気付き，感じたことや考えたことを自分で表現したり，友達同士で表現する過程を楽しんだりし，表現する喜びを味わい，意欲をもつようになる。

第2　教育及び保育の内容並びに子育ての支援等に関する全体的な計画等
1　教育及び保育の内容並びに子育ての支援等に関する全体的な計画の作成等

(1) 教育及び保育の内容並びに子育ての支援等に関する全体的な計画の役割

　各幼保連携型認定こども園においては，教育基本法（平成18年法律第120号），児童福祉法（昭和22年法律第164号）及び認定こども園法その他の法令並びにこの幼保連携型認定こども園教育・保育要領の示すところに従い，教育と保育を一体的に提供するため，創意工夫を生かし，園児の心身の発達と幼保連携型認定こども園，家庭及び地域の実態に即応した適切な教育及び保育の内容並びに子育ての支援等に関する全体的な計画を作成するものとする。

　教育及び保育の内容並びに子育ての支援等に関する全体的な計画とは，教育と保育を一体的に捉え，園児の入園から修了までの在園期間の全体にわたり，幼保連携型認定こども園の目標に向かってどのような過程をたどって教育及び保育を進めていくかを明らかにするものであり，子育ての支援と有機的に連携し，園児の園生活全体を捉え，作成する計画である。

　各幼保連携型認定こども園においては，「幼児期の終わりまでに育ってほしい姿」を踏まえ教育及び保育の内容並びに子育ての支援等に関する全体的な計画を作成すること，その実施状況を評価して改善を図っていくこと，また実施に必要な人的又は物的な体制を確保するとともにその改善を図っていくことなどを通して，教育及び保育の内容並びに子育ての支援等に関する全体的な計画に基づき組織的かつ計画的に各幼保連携型認定こども園の教育及び保育活動の質の向上を図っていくこと（以下「カリキュラム・マネジメント」という。）に努めるものとする。

(2) 各幼保連携型認定こども園の教育及び保育の目標と教育及び保育の内容並びに子育ての

支援等に関する全体的な計画の作成

　　教育及び保育の内容並びに子育ての支援等に関する全体的な計画の作成に当たっては，幼保連携型認定こども園の教育及び保育において育みたい資質・能力を踏まえつつ，各幼保連携型認定こども園の教育及び保育の目標を明確にするとともに，教育及び保育の内容並びに子育ての支援等に関する全体的な計画の作成についての基本的な方針が家庭や地域とも共有されるよう努めるものとする。

(3) 教育及び保育の内容並びに子育ての支援等に関する全体的な計画の作成上の基本的事項

　ア　幼保連携型認定こども園における生活の全体を通して第2章に示すねらいが総合的に達成されるよう，教育課程に係る教育期間や園児の生活経験や発達の過程などを考慮して具体的なねらいと内容を組織するものとする。この場合においては，特に，自我が芽生え，他者の存在を意識し，自己を抑制しようとする気持ちが生まれるなどの乳幼児期の発達の特性を踏まえ，入園から修了に至るまでの長期的な視野をもって充実した生活が展開できるように配慮するものとする。

　イ　幼保連携型認定こども園の満3歳以上の園児の教育課程に係る教育週数は，特別の事情のある場合を除き，39週を下ってはならない。

　ウ　幼保連携型認定こども園の1日の教育課程に係る教育時間は，4時間を標準とする。ただし，園児の心身の発達の程度や季節などに適切に配慮するものとする。

　エ　幼保連携型認定こども園の保育を必要とする子どもに該当する園児に対する教育及び保育の時間（満3歳以上の保育を必要とする子どもに該当する園児については，この章の第2の1の(3)ウに規定する教育時間を含む。）は，1日につき8時間を原則とし，園長がこれを定める。ただし，その地方における園児の保護者の労働時間その他家庭の状況等を考慮するものとする。

(4) 教育及び保育の内容並びに子育ての支援等に関する全体的な計画の実施上の留意事項

　　各幼保連携型認定こども園においては，園長の方針の下に，園務分掌に基づき保育教諭等職員が適切に役割を分担しつつ，相互に連携しながら，教育及び保育の内容並びに子育ての支援等に関する全体的な計画や指導の改善を図るものとする。また，各幼保連携型認定こども園が行う教育及び保育等に係る評価については，教育及び保育の内容並びに子育ての支援等に関する全体的な計画の作成，実施，改善が教育及び保育活動や園運営の中核となることを踏まえ，カリキュラム・マネジメントと関連付けながら実施するよう留意するものとする。

(5) 小学校教育との接続に当たっての留意事項

　ア　幼保連携型認定こども園においては，その教育及び保育が，小学校以降の生活や学習の基盤の育成につながることに配慮し，乳幼児期にふさわしい生活を通して，創造的な思考や主体的な生活態度などの基礎を培うようにするものとする。

　イ　幼保連携型認定こども園の教育及び保育において育まれた資質・能力を踏まえ，小学校教育が円滑に行われるよう，小学校の教師との意見交換や合同の研究の機会などを設け，「幼児期の終わりまでに育ってほしい姿」を共有するなど連携を図り，幼保連携型認定こども園における教育及び保育と小学校教育との円滑な接続を図るよう努めるものとする。

2　指導計画の作成と園児の理解に基づいた評価

(1) 指導計画の考え方

　　幼保連携型認定こども園における教育及び保育は，園児が自ら意欲をもって環境と関わることによりつくり出される具体的な活動を通して，その目標の達成を図るものである。

　　幼保連携型認定こども園においてはこのことを踏まえ，乳幼児期にふさわしい生活が展開され，適切な指導が行われるよう，調和のとれた組織的，発展的な指導計画を作成し，

園児の活動に沿った柔軟な指導を行わなければならない。
(2) 指導計画の作成上の基本的事項
　ア　指導計画は、園児の発達に即して園児一人一人が乳幼児期にふさわしい生活を展開し、必要な体験を得られるようにするために、具体的に作成するものとする。
　イ　指導計画の作成に当たっては、次に示すところにより、具体的なねらい及び内容を明確に設定し、適切な環境を構成することなどにより活動が選択・展開されるようにするものとする。
　　(ｱ)　具体的なねらい及び内容は、幼保連携型認定こども園の生活における園児の発達の過程を見通し、園児の生活の連続性、季節の変化などを考慮して、園児の興味や関心、発達の実情などに応じて設定すること。
　　(ｲ)　環境は、具体的なねらいを達成するために適切なものとなるように構成し、園児が自らその環境に関わることにより様々な活動を展開しつつ必要な体験を得られるようにすること。その際、園児の生活する姿や発想を大切にし、常にその環境が適切なものとなるようにすること。
　　(ｳ)　園児の行う具体的な活動は、生活の流れの中で様々に変化するものであることに留意し、園児が望ましい方向に向かって自ら活動を展開していくことができるよう必要な援助をすること。
　　その際、園児の実態及び園児を取り巻く状況の変化などに即して指導の過程についての評価を適切に行い、常に指導計画の改善を図るものとする。
(3) 指導計画の作成上の留意事項
　　指導計画の作成に当たっては、次の事項に留意するものとする。
　ア　園児の生活は、入園当初の一人一人の遊びや保育教諭等との触れ合いを通して幼保連携型認定こども園の生活に親しみ、安定していく時期から、他の園児との関わりの中で園児の主体的な活動が深まり、園児が互いに必要な存在であることを認識するようになる。その後、園児同士や学級全体で目的をもって協同して幼保連携型認定こども園の生活を展開し、深めていく時期などに至るまでの過程を様々に経ながら広げられていくものである。これらを考慮し、活動がそれぞれの時期にふさわしく展開されるようにすること。
　　また、園児の入園当初の教育及び保育に当たっては、既に在園している園児に不安や動揺を与えないようにしつつ、可能な限り個別的に対応し、園児が安定感を得て、次第に幼保連携型認定こども園の生活になじんでいくよう配慮すること。
　イ　長期的に発達を見通した年、学期、月などにわたる長期の指導計画やこれとの関連を保ちながらより具体的な園児の生活に即した週、日などの短期の指導計画を作成し、適切な指導が行われるようにすること。特に、週、日などの短期の指導計画については、園児の生活のリズムに配慮し、園児の意識や興味の連続性のある活動が相互に関連して幼保連携型認定こども園の生活の自然な流れの中に組み込まれるようにすること。
　ウ　園児が様々な人やものとの関わりを通して、多様な体験をし、心身の調和のとれた発達を促すようにしていくこと。その際、園児の発達に即して主体的・対話的で深い学びが実現するようにするとともに、心を動かされる体験が次の活動を生み出すことを考慮し、一つ一つの体験が相互に結び付き、幼保連携型認定こども園の生活が充実するようにすること。
　エ　言語に関する能力の発達と思考力等の発達が関連していることを踏まえ、幼保連携型認定こども園における生活全体を通して、園児の発達を踏まえた言語環境を整え、言語活動の充実を図ること。

オ　園児が次の活動への期待や意欲をもつことができるよう，園児の実態を踏まえながら，保育教諭等や他の園児と共に遊びや生活の中で見通しをもったり，振り返ったりするよう工夫すること。
カ　行事の指導に当たっては，幼保連携型認定こども園の生活の自然な流れの中で生活に変化や潤いを与え，園児が主体的に楽しく活動できるようにすること。なお，それぞれの行事については教育及び保育における価値を十分検討し，適切なものを精選し，園児の負担にならないようにすること。
キ　乳幼児期は直接的な体験が重要であることを踏まえ，視聴覚教材やコンピュータなど情報機器を活用する際には，幼保連携型認定こども園の生活では得難い体験を補完するなど，園児の体験との関連を考慮すること。
ク　園児の主体的な活動を促すためには，保育教諭等が多様な関わりをもつことが重要であることを踏まえ，保育教諭等は，理解者，共同作業者など様々な役割を果たし，園児の情緒の安定や発達に必要な豊かな体験が得られるよう，活動の場面に応じて，園児の人権や園児一人一人の個人差等に配慮した適切な指導を行うようにすること。
ケ　園児の行う活動は，個人，グループ，学級全体などで多様に展開されるものであることを踏まえ，幼保連携型認定こども園全体の職員による協力体制を作りながら，園児一人一人が興味や欲求を十分に満足させるよう適切な援助を行うようにすること。
コ　園児の生活は，家庭を基盤として地域社会を通じて次第に広がりをもつものであることに留意し，家庭との連携を十分に図るなど，幼保連携型認定こども園における生活が家庭や地域社会と連続性を保ちつつ展開されるようにするものとする。その際，地域の自然，高齢者や異年齢の子どもなどを含む人材，行事や公共施設などの地域の資源を積極的に活用し，園児が豊かな生活体験を得られるように工夫するものとする。また，家庭との連携に当たっては，保護者との情報交換の機会を設けたり，保護者と園児との活動の機会を設けたりなどすることを通じて，保護者の乳幼児期の教育及び保育に関する理解が深まるよう配慮するものとする。
サ　地域や幼保連携型認定こども園の実態等により，幼保連携型認定こども園間に加え，幼稚園，保育所等の保育施設，小学校，中学校，高等学校及び特別支援学校などとの間の連携や交流を図るものとする。特に，小学校教育との円滑な接続のため，幼保連携型認定こども園の園児と小学校の児童との交流の機会を積極的に設けるようにするものとする。また，障害のある園児児童生徒との交流及び共同学習の機会を設け，共に尊重し合いながら協働して生活していく態度を育むよう努めるものとする。

(4) 園児の理解に基づいた評価の実施

園児一人一人の発達の理解に基づいた評価の実施に当たっては，次の事項に配慮するものとする。

ア　指導の過程を振り返りながら園児の理解を進め，園児一人一人のよさや可能性などを把握し，指導の改善に生かすようにすること。その際，他の園児との比較や一定の基準に対する達成度についての評定によって捉えるものではないことに留意すること。
イ　評価の妥当性や信頼性が高められるよう創意工夫を行い，組織的かつ計画的な取組を推進するとともに，次年度又は小学校等にその内容が適切に引き継がれるようにすること。

3　特別な配慮を必要とする園児への指導

(1) 障害のある園児などへの指導

障害のある園児などへの指導に当たっては，集団の中で生活することを通して全体的な発達を促していくことに配慮し，適切な環境の下で，障害のある園児が他の園児との生活を通して共に成長できるよう，特別支援学校などの助言又は援助を活用しつつ，個々の

園児の障害の状態などに応じた指導内容や指導方法の工夫を組織的かつ計画的に行うものとする。また，家庭，地域及び医療や福祉，保健等の業務を行う関係機関との連携を図り，長期的な視点で園児への教育及び保育的支援を行うために，個別の教育及び保育支援計画を作成し活用することに努めるとともに，個々の園児の実態を的確に把握し，個別の指導計画を作成し活用することに努めるものとする。

(2) 海外から帰国した園児や生活に必要な日本語の習得に困難のある園児の幼保連携型認定こども園の生活への適応

海外から帰国した園児や生活に必要な日本語の習得に困難のある園児については，安心して自己を発揮できるよう配慮するなど個々の園児の実態に応じ，指導内容や指導方法の工夫を組織的かつ計画的に行うものとする。

第3 幼保連携型認定こども園として特に配慮すべき事項

幼保連携型認定こども園における教育及び保育を行うに当たっては，次の事項について特に配慮しなければならない。

1. 当該幼保連携型認定こども園に入園した年齢により集団生活の経験年数が異なる園児がいることに配慮する等，０歳から小学校就学前までの一貫した教育及び保育を園児の発達や学びの連続性を考慮して展開していくこと。特に満３歳以上については入園する園児が多いことや同一学年の園児で編制される学級の中で生活することなどを踏まえ，家庭や他の保育施設等との連携や引継ぎを円滑に行うとともに，環境の工夫をすること。

2. 園児の一日の生活の連続性及びリズムの多様性に配慮するとともに，保護者の生活形態を反映した園児の在園時間の長短，入園時期や登園日数の違いを踏まえ，園児一人一人の状況に応じ，教育及び保育の内容やその展開について工夫をすること。特に入園及び年度当初においては，家庭との連携の下，園児一人一人の生活の仕方やリズムに十分に配慮して一日の自然な生活の流れをつくり出していくようにすること。

3. 環境を通して行う教育及び保育の活動の充実を図るため，幼保連携型認定こども園における教育及び保育の環境の構成に当たっては，乳幼児期の特性及び保護者や地域の実態を踏まえ，次の事項に留意すること。

  (1) ０歳から小学校就学前までの様々な年齢の園児の発達の特性を踏まえ，満３歳未満の園児については特に健康，安全や発達の確保を十分に図るとともに，満３歳以上の園児については同一学年の園児で編制される学級による集団活動の中で遊びを中心とする園児の主体的な活動を通して発達や学びを促す経験が得られるよう工夫をすること。特に，満３歳以上の園児同士が共に育ち，学び合いながら，豊かな体験を積み重ねることができるよう工夫をすること。

  (2) 在園時間が異なる多様な園児がいることを踏まえ，園児の生活が安定するよう，家庭や地域，幼保連携型認定こども園における生活の連続性を確保するとともに，一日の生活のリズムを整えるよう工夫をすること。特に満３歳未満の園児については睡眠時間等の個人差に配慮するとともに，満３歳以上の園児については集中して遊ぶ場と家庭的な雰囲気の中でくつろぐ場との適切な調和等の工夫をすること。

  (3) 家庭や地域において異年齢の子どもと関わる機会が減少していることを踏まえ，満３歳以上の園児については，学級による集団活動とともに，満３歳未満の園児を含む異年齢の園児による活動を，園児の発達の状況にも配慮しつつ適切に組み合わせて設定するなどの工夫をすること。

  (4) 満３歳以上の園児については，特に長期的な休業中，園児が過ごす家庭や園などの生活の場が異なることを踏まえ，それぞれの多様な生活経験が長期的な休業などの終了後等の園生活に生かされるよう工夫をすること。

4　指導計画を作成する際には，この章に示す指導計画の作成上の留意事項を踏まえるとともに，次の事項にも特に配慮すること。
　(1) 園児の発達の個人差，入園した年齢の違いなどによる集団生活の経験年数の差，家庭環境等を踏まえ，園児一人一人の発達の特性や課題に十分留意すること。特に満3歳未満の園児については，大人への依存度が極めて高い等の特性があることから，個別的な対応を図ること。また，園児の集団生活への円滑な接続について，家庭等との連携及び協力を図る等十分留意すること。
　(2) 園児の発達の連続性を考慮した教育及び保育を展開する際には，次の事項に留意すること。
　　ア　満3歳未満の園児については，園児一人一人の生育歴，心身の発達，活動の実態等に即して，個別的な計画を作成すること。
　　イ　満3歳以上の園児については，個の成長と，園児相互の関係や協同的な活動が促されるよう考慮すること。
　　ウ　異年齢で構成されるグループ等での指導に当たっては，園児一人一人の生活や経験，発達の過程などを把握し，適切な指導や環境の構成ができるよう考慮すること。
　(3) 一日の生活のリズムや在園時間が異なる園児が共に過ごすことを踏まえ，活動と休息，緊張感と解放感等の調和を図るとともに，園児に不安や動揺を与えないようにする等の配慮を行うこと。その際，担当の保育教諭等が替わる場合には，園児の様子等引継ぎを行い，十分な連携を図ること。
　(4) 午睡は生活のリズムを構成する重要な要素であり，安心して眠ることのできる安全な午睡環境を確保するとともに，在園時間が異なることや，睡眠時間は園児の発達の状況や個人によって差があることから，一律とならないよう配慮すること。
　(5) 長時間にわたる教育及び保育については，園児の発達の過程，生活のリズム及び心身の状態に十分配慮して，保育の内容や方法，職員の協力体制，家庭との連携などを指導計画に位置付けること。
5　生命の保持や情緒の安定を図るなど養護の行き届いた環境の下，幼保連携型認定こども園における教育及び保育を展開すること。
　(1) 園児一人一人が，快適にかつ健康で安全に過ごせるようにするとともに，その生理的欲求が十分に満たされ，健康増進が積極的に図られるようにするため，次の事項に留意すること。
　　ア　園児一人一人の平常の健康状態や発育及び発達の状態を的確に把握し，異常を感じる場合は，速やかに適切に対応すること。
　　イ　家庭との連携を密にし，学校医等との連携を図りながら，園児の疾病や事故防止に関する認識を深め，保健的で安全な環境の維持及び向上に努めること。
　　ウ　清潔で安全な環境を整え，適切な援助や応答的な関わりを通して，園児の生理的欲求を満たしていくこと。また，家庭と協力しながら，園児の発達の過程等に応じた適切な生活のリズムがつくられていくようにすること。
　　エ　園児の発達の過程等に応じて，適度な運動と休息をとることができるようにすること。また，食事，排泄，睡眠，衣類の着脱，身の回りを清潔にすることなどについて，園児が意欲的に生活できるよう適切に援助すること。
　(2) 園児一人一人が安定感をもって過ごし，自分の気持ちを安心して表すことができるようにするとともに，周囲から主体として受け止められ主体として育ち，自分を肯定する気持ちが育まれていくようにし，くつろいで共に過ごし，心身の疲れが癒やされるようにするため，次の事項に留意すること。
　　ア　園児一人一人の置かれている状態や発達の過程などを的確に把握し，園児の欲求を適切に満たしながら，応答的な触れ合いや言葉掛けを行うこと。

イ　園児一人一人の気持ちを受容し，共感しながら，園児との継続的な信頼関係を築いていくこと。
　　ウ　保育教諭等との信頼関係を基盤に，園児一人一人が主体的に活動し，自発性や探索意欲などを高めるとともに，自分への自信をもつことができるよう成長の過程を見守り，適切に働き掛けること。
　　エ　園児一人一人の生活のリズム，発達の過程，在園時間などに応じて，活動内容のバランスや調和を図りながら，適切な食事や休息がとれるようにすること。
６　園児の健康及び安全は，園児の生命の保持と健やかな生活の基本であり，幼保連携型認定こども園の生活全体を通して健康や安全に関する管理や指導，食育の推進等に十分留意すること。
７　保護者に対する子育ての支援に当たっては，この章に示す幼保連携型認定こども園における教育及び保育の基本及び目標を踏まえ，子どもに対する学校としての教育及び児童福祉施設としての保育並びに保護者に対する子育ての支援について相互に有機的な連携が図られるようにすること。また，幼保連携型認定こども園の目的の達成に資するため，保護者が子どもの成長に気付き子育ての喜びが感じられるよう，幼保連携型認定こども園の特性を生かした子育ての支援に努めること。

第２章　ねらい及び内容並びに配慮事項

　この章に示すねらいは，幼保連携型認定こども園の教育及び保育において育みたい資質・能力を園児の生活する姿から捉えたものであり，内容は，ねらいを達成するために指導する事項である。各視点や領域は，この時期の発達の特徴を踏まえ，教育及び保育のねらい及び内容を乳幼児の発達の側面から，乳児は三つの視点として，幼児は五つの領域としてまとめ，示したものである。内容の取扱いは，園児の発達を踏まえた指導を行うに当たって留意すべき事項である。
　各視点や領域に示すねらいは，幼保連携型認定こども園における生活の全体を通じ，園児が様々な体験を積み重ねる中で相互に関連をもちながら次第に達成に向かうものであること，内容は，園児が環境に関わって展開する具体的な活動を通して総合的に指導されるものであることに留意しなければならない。
　また，「幼児期の終わりまでに育ってほしい姿」が，ねらい及び内容に基づく活動全体を通して資質・能力が育まれている園児の幼保連携型認定こども園修了時の具体的な姿であることを踏まえ，指導を行う際に考慮するものとする。
　なお，特に必要な場合には，各視点や領域に示すねらいの趣旨に基づいて適切な，具体的な内容を工夫し，それを加えても差し支えないが，その場合には，それが第１章の第１に示す幼保連携型認定こども園の教育及び保育の基本及び目標を逸脱しないよう慎重に配慮する必要がある。

第１　乳児期の園児の保育に関するねらい及び内容
基本的事項
１　乳児期の発達については，視覚，聴覚などの感覚や，座る，はう，歩くなどの運動機能が著しく発達し，特定の大人との応答的な関わりを通じて，情緒的な絆(きずな)が形成されるといった特徴がある。これらの発達の特徴を踏まえて，乳児期の園児の保育は，愛情豊かに，応答的に行われることが特に必要である。
２　本項においては，この時期の発達の特徴を踏まえ，乳児期の園児の保育のねらい及び内容については，身体的発達に関する視点「健やかに伸び伸びと育つ」，社会的発達に関する視点「身近な人と気持ちが通じ合う」及び精神的発達に関する視点「身近なものと関わり感性

が育つ」としてまとめ，示している。
ねらい及び内容
健やかに伸び伸びと育つ
〔健康な心と体を育て，自ら健康で安全な生活をつくり出す力の基盤を培う。〕
1　ねらい
(1) 身体感覚が育ち，快適な環境に心地よさを感じる。
(2) 伸び伸びと体を動かし，はう，歩くなどの運動をしようとする。
(3) 食事，睡眠等の生活のリズムの感覚が芽生える。
2　内容
(1) 保育教諭等の愛情豊かな受容の下で，生理的・心理的欲求を満たし，心地よく生活をする。
(2) 一人一人の発育に応じて，はう，立つ，歩くなど，十分に体を動かす。
(3) 個人差に応じて授乳を行い，離乳を進めていく中で，様々な食品に少しずつ慣れ，食べることを楽しむ。
(4) 一人一人の生活のリズムに応じて，安全な環境の下で十分に午睡をする。
(5) おむつ交換や衣服の着脱などを通じて，清潔になることの心地よさを感じる。
3　内容の取扱い
上記の取扱いに当たっては，次の事項に留意する必要がある。
(1) 心と体の健康は，相互に密接な関連があるものであることを踏まえ，温かい触れ合いの中で，心と体の発達を促すこと。特に，寝返り，お座り，はいはい，つかまり立ち，伝い歩きなど，発育に応じて，遊びの中で体を動かす機会を十分に確保し，自ら体を動かそうとする意欲が育つようにすること。
(2) 健康な心と体を育てるためには望ましい食習慣の形成が重要であることを踏まえ，離乳食が完了期へと徐々に移行する中で，様々な食品に慣れるようにするとともに，和やかな雰囲気の中で食べる喜びや楽しさを味わい，進んで食べようとする気持ちが育つようにすること。なお，食物アレルギーのある園児への対応については，学校医等の指示や協力の下に適切に対応すること。

身近な人と気持ちが通じ合う
〔受容的・応答的な関わりの下で，何かを伝えようとする意欲や身近な大人との信頼関係を育て，人と関わる力の基盤を培う。〕
1　ねらい
(1) 安心できる関係の下で，身近な人と共に過ごす喜びを感じる。
(2) 体の動きや表情，発声等により，保育教諭等と気持ちを通わせようとする。
(3) 身近な人と親しみ，関わりを深め，愛情や信頼感が芽生える。
2　内容
(1) 園児からの働き掛けを踏まえた，応答的な触れ合いや言葉掛けによって，欲求が満たされ，安定感をもって過ごす。
(2) 体の動きや表情，発声や喃語等を優しく受け止めてもらい，保育教諭等とのやり取りを楽しむ。
(3) 生活や遊びの中で，自分の身近な人の存在に気付き，親しみの気持ちを表す。
(4) 保育教諭等による語り掛けや歌い掛け，発声や喃語等への応答を通じて，言葉の理解や発語の意欲が育つ。
(5) 温かく，受容的な関わりを通じて，自分を肯定する気持ちが芽生える。
3　内容の取扱い
上記の取扱いに当たっては，次の事項に留意する必要がある。
(1) 保育教諭等との信頼関係に支えられて生活を確立していくことが人と関わる基盤となる

ことを考慮して，園児の多様な感情を受け止め，温かく受容的・応答的に関わり，一人一人に応じた適切な援助を行うようにすること。
(2) 身近な人に親しみをもって接し，自分の感情などを表し，それに相手が応答する言葉を聞くことを通して，次第に言葉が獲得されていくことを考慮して，楽しい雰囲気の中での保育教諭等との関わり合いを大切にし，ゆっくりと優しく話し掛けるなど，積極的に言葉のやり取りを楽しむことができるようにすること。

身近なものと関わり感性が育つ
〔身近な環境に興味や好奇心をもって関わり，感じたことや考えたことを表現する力の基盤を培う。〕

1 ねらい
(1) 身の回りのものに親しみ，様々なものに興味や関心をもつ。
(2) 見る，触れる，探索するなど，身近な環境に自分から関わろうとする。
(3) 身体の諸感覚による認識が豊かになり，表情や手足，体の動き等で表現する。

2 内容
(1) 身近な生活用具，玩具や絵本などが用意された中で，身の回りのものに対する興味や好奇心をもつ。
(2) 生活や遊びの中で様々なものに触れ，音，形，色，手触りなどに気付き，感覚の働きを豊かにする。
(3) 保育教諭等と一緒に様々な色彩や形のものや絵本などを見る。
(4) 玩具や身の回りのものを，つまむ，つかむ，たたく，引っ張るなど，手や指を使って遊ぶ。
(5) 保育教諭等のあやし遊びに機嫌よく応じたり，歌やリズムに合わせて手足や体を動かして楽しんだりする。

3 内容の取扱い
上記の取扱いに当たっては，次の事項に留意する必要がある。
(1) 玩具などは，音質，形，色，大きさなど園児の発達状態に応じて適切なものを選び，その時々の園児の興味や関心を踏まえるなど，遊びを通して感覚の発達が促されるものとなるように工夫すること。なお，安全な環境の下で，園児が探索意欲を満たして自由に遊べるよう，身の回りのものについては常に十分な点検を行うこと。
(2) 乳児期においては，表情，発声，体の動きなどで，感情を表現することが多いことから，これらの表現しようとする意欲を積極的に受け止めて，園児が様々な活動を楽しむことを通して表現が豊かになるようにすること。

第2 満1歳以上満3歳未満の園児の保育に関するねらい及び内容
基本的事項
1 この時期においては，歩き始めから，歩く，走る，跳ぶなどへと，基本的な運動機能が次第に発達し，排泄の自立のための身体的機能も整うようになる。つまむ，めくるなどの指先の機能も発達し，食事，衣類の着脱なども，保育教諭等の援助の下で自分で行うようになる。発声も明瞭になり，語彙も増加し，自分の意思や欲求を言葉で表出できるようになる。このように自分でできることが増えてくる時期であることから，保育教諭等は，園児の生活の安定を図りながら，自分でしようとする気持ちを尊重し，温かく見守るとともに，愛情豊かに，応答的に関わることが必要である。

2 本項においては，この時期の発達の特徴を踏まえ，保育のねらい及び内容について，心身の健康に関する領域「健康」，人との関わりに関する領域「人間関係」，身近な環境との関わりに関する領域「環境」，言葉の獲得に関する領域「言葉」及び感性と表現に関する領域「表現」としてまとめ，示している。

ねらい及び内容
健康
〔健康な心と体を育て，自ら健康で安全な生活をつくり出す力を養う。〕
1　ねらい
　(1)　明るく伸び伸びと生活し，自分から体を動かすことを楽しむ。
　(2)　自分の体を十分に動かし，様々な動きをしようとする。
　(3)　健康，安全な生活に必要な習慣に気付き，自分でしてみようとする気持ちが育つ。
2　内容
　(1)　保育教諭等の愛情豊かな受容の下で，安定感をもって生活をする。
　(2)　食事や午睡，遊びと休息など，幼保連携型認定こども園における生活のリズムが形成される。
　(3)　走る，跳ぶ，登る，押す，引っ張るなど全身を使う遊びを楽しむ。
　(4)　様々な食品や調理形態に慣れ，ゆったりとした雰囲気の中で食事や間食を楽しむ。
　(5)　身の回りを清潔に保つ心地よさを感じ，その習慣が少しずつ身に付く。
　(6)　保育教諭等の助けを借りながら，衣類の着脱を自分でしようとする。
　(7)　便器での排泄に慣れ，自分で排泄ができるようになる。
3　内容の取扱い
　　上記の取扱いに当たっては，次の事項に留意する必要がある。
　(1)　心と体の健康は，相互に密接な関連があるものであることを踏まえ，園児の気持ちに配慮した温かい触れ合いの中で，心と体の発達を促すこと。特に，一人一人の発育に応じて，体を動かす機会を十分に確保し，自ら体を動かそうとする意欲が育つようにすること。
　(2)　健康な心と体を育てるためには望ましい食習慣の形成が重要であることを踏まえ，ゆったりとした雰囲気の中で食べる喜びや楽しさを味わい，進んで食べようとする気持ちが育つようにすること。なお，食物アレルギーのある園児への対応については，学校医等の指示や協力の下に適切に対応すること。
　(3)　排泄の習慣については，一人一人の排尿間隔等を踏まえ，おむつが汚れていないときに便器に座らせるなどにより，少しずつ慣れさせるようにすること。
　(4)　食事，排泄，睡眠，衣類の着脱，身の回りを清潔にすることなど，生活に必要な基本的な習慣については，一人一人の状態に応じ，落ち着いた雰囲気の中で行うようにし，園児が自分でしようとする気持ちを尊重すること。また，基本的な生活習慣の形成に当たっては，家庭での生活経験に配慮し，家庭との適切な連携の下で行うようにすること。

人間関係
〔他の人々と親しみ，支え合って生活するために，自立心を育て，人と関わる力を養う。〕
1　ねらい
　(1)　幼保連携型認定こども園での生活を楽しみ，身近な人と関わる心地よさを感じる。
　(2)　周囲の園児等への興味・関心が高まり，関わりをもとうとする。
　(3)　幼保連携型認定こども園の生活の仕方に慣れ，きまりの大切さに気付く。
2　内容
　(1)　保育教諭等や周囲の園児等との安定した関係の中で，共に過ごす心地よさを感じる。
　(2)　保育教諭等の受容的・応答的な関わりの中で，欲求を適切に満たし，安定感をもって過ごす。
　(3)　身の回りに様々な人がいることに気付き，徐々に他の園児と関わりをもって遊ぶ。
　(4)　保育教諭等の仲立ちにより，他の園児との関わり方を少しずつ身につける。
　(5)　幼保連携型認定こども園の生活の仕方に慣れ，きまりがあることや，その大切さに気付く。
　(6)　生活や遊びの中で，年長児や保育教諭等の真似をしたり，ごっこ遊びを楽しんだりする。

3 内容の取扱い
上記の取扱いに当たっては，次の事項に留意する必要がある。
(1) 保育教諭等との信頼関係に支えられて生活を確立するとともに，自分で何かをしようとする気持ちが旺盛になる時期であることに鑑み，そのような園児の気持ちを尊重し，温かく見守るとともに，愛情豊かに，応答的に関わり，適切な援助を行うようにすること。
(2) 思い通りにいかない場合等の園児の不安定な感情の表出については，保育教諭等が受容的に受け止めるとともに，そうした気持ちから立ち直る経験や感情をコントロールすることへの気付き等につなげていけるように援助すること。
(3) この時期は自己と他者との違いの認識がまだ十分ではないことから，園児の自我の育ちを見守るとともに，保育教諭等が仲立ちとなって，自分の気持ちを相手に伝えることや相手の気持ちに気付くことの大切さなど，友達の気持ちや友達との関わり方を丁寧に伝えていくこと。

環境
〔周囲の様々な環境に好奇心や探究心をもって関わり，それらを生活に取り入れていこうとする力を養う。〕
1 ねらい
(1) 身近な環境に親しみ，触れ合う中で，様々なものに興味や関心をもつ。
(2) 様々なものに関わる中で，発見を楽しんだり，考えたりしようとする。
(3) 見る，聞く，触るなどの経験を通して，感覚の働きを豊かにする。
2 内容
(1) 安全で活動しやすい環境での探索活動等を通して，見る，聞く，触れる，嗅ぐ，味わうなどの感覚の働きを豊かにする。
(2) 玩具，絵本，遊具などに興味をもち，それらを使った遊びを楽しむ。
(3) 身の回りの物に触れる中で，形，色，大きさ，量などの物の性質や仕組みに気付く。
(4) 自分の物と人の物の区別や，場所的感覚など，環境を捉える感覚が育つ。
(5) 身近な生き物に気付き，親しみをもつ。
(6) 近隣の生活や季節の行事などに興味や関心をもつ。
3 内容の取扱い
上記の取扱いに当たっては，次の事項に留意する必要がある。
(1) 玩具などは，音質，形，色，大きさなど園児の発達状態に応じて適切なものを選び，遊びを通して感覚の発達が促されるように工夫すること。
(2) 身近な生き物との関わりについては，園児が命を感じ，生命の尊さに気付く経験へとつながるものであることから，そうした気付きを促すような関わりとなるようにすること。
(3) 地域の生活や季節の行事などに触れる際には，社会とのつながりや地域社会の文化への気付きにつながるものとなることが望ましいこと。その際，幼保連携型認定こども園内外の行事や地域の人々との触れ合いなどを通して行うこと等も考慮すること。

言葉
〔経験したことや考えたことなどを自分なりの言葉で表現し，相手の話す言葉を聞こうとする意欲や態度を育て，言葉に対する感覚や言葉で表現する力を養う。〕
1 ねらい
(1) 言葉遊びや言葉で表現する楽しさを感じる。
(2) 人の言葉や話などを聞き，自分でも思ったことを伝えようとする。
(3) 絵本や物語等に親しむとともに，言葉のやり取りを通じて身近な人と気持ちを通わせる。
2 内容
(1) 保育教諭等の応答的な関わりや話し掛けにより，自ら言葉を使おうとする。

(2) 生活に必要な簡単な言葉に気付き，聞き分ける。
(3) 親しみをもって日常の挨拶に応じる。
(4) 絵本や紙芝居を楽しみ，簡単な言葉を繰り返したり，模倣をしたりして遊ぶ。
(5) 保育教諭等とごっこ遊びをする中で，言葉のやり取りを楽しむ。
(6) 保育教諭等を仲立ちとして，生活や遊びの中で友達との言葉のやり取りを楽しむ。
(7) 保育教諭等や友達の言葉や話に興味や関心をもって，聞いたり，話したりする。

3　内容の取扱い
　上記の取扱いに当たっては，次の事項に留意する必要がある。
(1) 身近な人に親しみをもって接し，自分の感情などを伝え，それに相手が応答し，その言葉を聞くことを通して，次第に言葉が獲得されていくものであることを考慮して，楽しい雰囲気の中で保育教諭等との言葉のやり取りができるようにすること。
(2) 園児が自分の思いを言葉で伝えるとともに，他の園児の話などを聞くことを通して，次第に話を理解し，言葉による伝え合いができるようになるよう，気持ちや経験等の言語化を行うことを援助するなど，園児同士の関わりの仲立ちを行うようにすること。
(3) この時期は，片言から，二語文，ごっこ遊びでのやり取りができる程度へと，大きく言葉の習得が進む時期であることから，それぞれの園児の発達の状況に応じて，遊びや関わりの工夫など，保育の内容を適切に展開することが必要であること。

表現
〔感じたことや考えたことを自分なりに表現することを通して，豊かな感性や表現する力を養い，創造性を豊かにする。〕

1　ねらい
(1) 身体の諸感覚の経験を豊かにし，様々な感覚を味わう。
(2) 感じたことや考えたことなどを自分なりに表現しようとする。
(3) 生活や遊びの様々な体験を通して，イメージや感性が豊かになる。

2　内容
(1) 水，砂，土，紙，粘土など様々な素材に触れて楽しむ。
(2) 音楽，リズムやそれに合わせた体の動きを楽しむ。
(3) 生活の中で様々な音，形，色，手触り，動き，味，香りなどに気付いたり，感じたりして楽しむ。
(4) 歌を歌ったり，簡単な手遊びや全身を使う遊びを楽しんだりする。
(5) 保育教諭等からの話や，生活や遊びの中での出来事を通して，イメージを豊かにする。
(6) 生活や遊びの中で，興味のあることや経験したことなどを自分なりに表現する。

3　内容の取扱い
　上記の取扱いに当たっては，次の事項に留意する必要がある。
(1) 園児の表現は，遊びや生活の様々な場面で表出されているものであることから，それらを積極的に受け止め，様々な表現の仕方や感性を豊かにする経験となるようにすること。
(2) 園児が試行錯誤しながら様々な表現を楽しむことや，自分の力でやり遂げる充実感などに気付くよう，温かく見守るとともに，適切に援助を行うようにすること。
(3) 様々な感情の表現等を通じて，園児が自分の感情や気持ちに気付くようになる時期であることに鑑み，受容的な関わりの中で自信をもって表現をすることや，諦めずに続けた後の達成感等を感じられるような経験が蓄積されるようにすること。
(4) 身近な自然や身の回りの事物に関わる中で，発見や心が動く経験が得られるよう，諸感覚を働かせることを楽しむ遊びや素材を用意するなど保育の環境を整えること。

第3　満3歳以上の園児の教育及び保育に関するねらい及び内容

基本的事項

1　この時期においては，運動機能の発達により，基本的な動作が一通りできるようになるとともに，基本的な生活習慣もほぼ自立できるようになる。理解する語彙数が急激に増加し，知的興味や関心も高まってくる。仲間と遊び，仲間の中の一人という自覚が生じ，集団的な遊びや協同的な活動も見られるようになる。これらの発達の特徴を踏まえて，この時期の教育及び保育においては，個の成長と集団としての活動の充実が図られるようにしなければならない。

2　本項においては，この時期の発達の特徴を踏まえ，教育及び保育のねらい及び内容について，心身の健康に関する領域「健康」，人との関わりに関する領域「人間関係」，身近な環境との関わりに関する領域「環境」，言葉の獲得に関する領域「言葉」及び感性と表現に関する領域「表現」としてまとめ，示している。

ねらい及び内容

健康

〔健康な心と体を育て，自ら健康で安全な生活をつくり出す力を養う。〕

1　ねらい
(1) 明るく伸び伸びと行動し，充実感を味わう。
(2) 自分の体を十分に動かし，進んで運動しようとする。
(3) 健康，安全な生活に必要な習慣や態度を身に付け，見通しをもって行動する。

2　内容
(1) 保育教諭等や友達と触れ合い，安定感をもって行動する。
(2) いろいろな遊びの中で十分に体を動かす。
(3) 進んで戸外で遊ぶ。
(4) 様々な活動に親しみ，楽しんで取り組む。
(5) 保育教諭等や友達と食べることを楽しみ，食べ物への興味や関心をもつ。
(6) 健康な生活のリズムを身に付ける。
(7) 身の回りを清潔にし，衣服の着脱，食事，排泄などの生活に必要な活動を自分でする。
(8) 幼保連携型認定こども園における生活の仕方を知り，自分たちで生活の場を整えながら見通しをもって行動する。
(9) 自分の健康に関心をもち，病気の予防などに必要な活動を進んで行う。
(10) 危険な場所，危険な遊び方，災害時などの行動の仕方が分かり，安全に気を付けて行動する。

3　内容の取扱い
上記の取扱いに当たっては，次の事項に留意する必要がある。
(1) 心と体の健康は，相互に密接な関連があるものであることを踏まえ，園児が保育教諭等や他の園児との温かい触れ合いの中で自己の存在感や充実感を味わうことなどを基盤として，しなやかな心と体の発達を促すこと。特に，十分に体を動かす気持ちよさを体験し，自ら体を動かそうとする意欲が育つようにすること。
(2) 様々な遊びの中で，園児が興味や関心，能力に応じて全身を使って活動することにより，体を動かす楽しさを味わい，自分の体を大切にしようとする気持ちが育つようにすること。その際，多様な動きを経験する中で，体の動きを調整するようにすること。
(3) 自然の中で伸び伸びと体を動かして遊ぶことにより，体の諸機能の発達が促されることに留意し，園児の興味や関心が戸外にも向くようにすること。その際，園児の動線に配慮した園庭や遊具の配置などを工夫すること。
(4) 健康な心と体を育てるためには食育を通じた望ましい食習慣の形成が大切であることを

踏まえ，園児の食生活の実情に配慮し，和やかな雰囲気の中で保育教諭等や他の園児と食べる喜びや楽しさを味わったり，様々な食べ物への興味や関心をもったりするなどし，食の大切さに気付き，進んで食べようとする気持ちが育つようにすること。
　(5) 基本的な生活習慣の形成に当たっては，家庭での生活経験に配慮し，園児の自立心を育て，園児が他の園児と関わりながら主体的な活動を展開する中で，生活に必要な習慣を身に付け，次第に見通しをもって行動できるようにすること。
　(6) 安全に関する指導に当たっては，情緒の安定を図り，遊びを通して安全についての構えを身に付け，危険な場所や事物などが分かり，安全についての理解を深めるようにすること。また，交通安全の習慣を身に付けるようにするとともに，避難訓練などを通して，災害などの緊急時に適切な行動がとれるようにすること。

人間関係
〔他の人々と親しみ，支え合って生活するために，自立心を育て，人と関わる力を養う。〕
1　ねらい
　(1) 幼保連携型認定こども園の生活を楽しみ，自分の力で行動することの充実感を味わう。
　(2) 身近な人と親しみ，関わりを深め，工夫したり，協力したりして一緒に活動する楽しさを味わい，愛情や信頼感をもつ。
　(3) 社会生活における望ましい習慣や態度を身に付ける。
2　内容
　(1) 保育教諭等や友達と共に過ごすことの喜びを味わう。
　(2) 自分で考え，自分で行動する。
　(3) 自分でできることは自分でする。
　(4) いろいろな遊びを楽しみながら物事をやり遂げようとする気持ちをもつ。
　(5) 友達と積極的に関わりながら喜びや悲しみを共感し合う。
　(6) 自分の思ったことを相手に伝え，相手の思っていることに気付く。
　(7) 友達のよさに気付き，一緒に活動する楽しさを味わう。
　(8) 友達と楽しく活動する中で，共通の目的を見いだし，工夫したり，協力したりなどする。
　(9) よいことや悪いことがあることに気付き，考えながら行動する。
　(10) 友達との関わりを深め，思いやりをもつ。
　(11) 友達と楽しく生活する中できまりの大切さに気付き，守ろうとする。
　(12) 共同の遊具や用具を大切にし，皆で使う。
　(13) 高齢者をはじめ地域の人々などの自分の生活に関係の深いいろいろな人に親しみをもつ。
3　内容の取扱い
　上記の取扱いに当たっては，次の事項に留意する必要がある。
　(1) 保育教諭等との信頼関係に支えられて自分自身の生活を確立していくことが人と関わる基盤となることを考慮し，園児が自ら周囲に働き掛けることにより多様な感情を体験し，試行錯誤しながら諦めずにやり遂げることの達成感や，前向きな見通しをもって自分の力で行うことの充実感を味わうことができるよう，園児の行動を見守りながら適切な援助を行うようにすること。
　(2) 一人一人を生かした集団を形成しながら人と関わる力を育てていくようにすること。その際，集団の生活の中で，園児が自己を発揮し，保育教諭等や他の園児に認められる体験をし，自分のよさや特徴に気付き，自信をもって行動できるようにすること。
　(3) 園児が互いに関わりを深め，協同して遊ぶようになるため，自ら行動する力を育てるようにするとともに，他の園児と試行錯誤しながら活動を展開する楽しさや共通の目的が実現する喜びを味わうことができるようにすること。
　(4) 道徳性の芽生えを培うに当たっては，基本的な生活習慣の形成を図るとともに，園児が

他の園児との関わりの中で他人の存在に気付き，相手を尊重する気持ちをもって行動できるようにし，また，自然や身近な動植物に親しむことなどを通して豊かな心情が育つようにすること。特に，人に対する信頼感や思いやりの気持ちは，葛藤やつまずきをも体験し，それらを乗り越えることにより次第に芽生えてくることに配慮すること。
  (5) 集団の生活を通して，園児が人との関わりを深め，規範意識の芽生えが培われることを考慮し，園児が保育教諭等との信頼関係に支えられて自己を発揮する中で，互いに思いを主張し，折り合いを付ける体験をし，きまりの必要性などに気付き，自分の気持ちを調整する力が育つようにすること。
  (6) 高齢者をはじめ地域の人々などの自分の生活に関係の深いいろいろな人と触れ合い，自分の感情や意志を表現しながら共に楽しみ，共感し合う体験を通して，これらの人々などに親しみをもち，人と関わることの楽しさや人の役に立つ喜びを味わうことができるようにすること。また，生活を通して親や祖父母などの家族の愛情に気付き，家族を大切にしようとする気持ちが育つようにすること。

環境
〔周囲の様々な環境に好奇心や探究心をもって関わり，それらを生活に取り入れていこうとする力を養う。〕
1 ねらい
  (1) 身近な環境に親しみ，自然と触れ合う中で様々な事象に興味や関心をもつ。
  (2) 身近な環境に自分から関わり，発見を楽しんだり，考えたりし，それを生活に取り入れようとする。
  (3) 身近な事象を見たり，考えたり，扱ったりする中で，物の性質や数量，文字などに対する感覚を豊かにする。
2 内容
  (1) 自然に触れて生活し，その大きさ，美しさ，不思議さなどに気付く。
  (2) 生活の中で，様々な物に触れ，その性質や仕組みに興味や関心をもつ。
  (3) 季節により自然や人間の生活に変化のあることに気付く。
  (4) 自然などの身近な事象に関心をもち，取り入れて遊ぶ。
  (5) 身近な動植物に親しみをもって接し，生命の尊さに気付き，いたわったり，大切にしたりする。
  (6) 日常生活の中で，我が国や地域社会における様々な文化や伝統に親しむ。
  (7) 身近な物を大切にする。
  (8) 身近な物や遊具に興味をもって関わり，自分なりに比べたり，関連付けたりしながら考えたり，試したりして工夫して遊ぶ。
  (9) 日常生活の中で数量や図形などに関心をもつ。
  (10) 日常生活の中で簡単な標識や文字などに関心をもつ。
  (11) 生活に関係の深い情報や施設などに興味や関心をもつ。
  (12) 幼保連携型認定こども園内外の行事において国旗に親しむ。
3 内容の取扱い
  上記の取扱いに当たっては，次の事項に留意する必要がある。
  (1) 園児が，遊びの中で周囲の環境と関わり，次第に周囲の世界に好奇心を抱き，その意味や操作の仕方に関心をもち，物事の法則性に気付き，自分なりに考えることができるようになる過程を大切にすること。また，他の園児の考えなどに触れて新しい考えを生み出す喜びや楽しさを味わい，自分の考えをよりよいものにしようとする気持ちが育つようにすること。
  (2) 幼児期において自然のもつ意味は大きく，自然の大きさ，美しさ，不思議さなどに直接

触れる体験を通して，園児の心が安らぎ，豊かな感情，好奇心，思考力，表現力の基礎が培われることを踏まえ，園児が自然との関わりを深めることができるよう工夫すること。
  (3) 身近な事象や動植物に対する感動を伝え合い，共感し合うことなどを通して自分から関わろうとする意欲を育てるとともに，様々な関わり方を通してそれらに対する親しみや畏敬の念，生命を大切にする気持ち，公共心，探究心などが養われるようにすること。
  (4) 文化や伝統に親しむ際には，正月や節句など我が国の伝統的な行事，国歌，唱歌，わらべうたや我が国の伝統的な遊びに親しんだり，異なる文化に触れる活動に親しんだりすることを通じて，社会とのつながりの意識や国際理解の意識の芽生えなどが養われるようにすること。
  (5) 数量や文字などに関しては，日常生活の中で園児自身の必要感に基づく体験を大切にし，数量や文字などに関する興味や関心，感覚が養われるようにすること。

言葉

〔経験したことや考えたことなどを自分なりの言葉で表現し，相手の話す言葉を聞こうとする意欲や態度を育て，言葉に対する感覚や言葉で表現する力を養う。〕

1 ねらい
  (1) 自分の気持ちを言葉で表現する楽しさを味わう。
  (2) 人の言葉や話などをよく聞き，自分の経験したことや考えたことを話し，伝え合う喜びを味わう。
  (3) 日常生活に必要な言葉が分かるようになるとともに，絵本や物語などに親しみ，言葉に対する感覚を豊かにし，保育教諭等や友達と心を通わせる。

2 内容
  (1) 保育教諭等や友達の言葉や話に興味や関心をもち，親しみをもって聞いたり，話したりする。
  (2) したり，見たり，聞いたり，感じたり，考えたりなどしたことを自分なりに言葉で表現する。
  (3) したいこと，してほしいことを言葉で表現したり，分からないことを尋ねたりする。
  (4) 人の話を注意して聞き，相手に分かるように話す。
  (5) 生活の中で必要な言葉が分かり，使う。
  (6) 親しみをもって日常の挨拶をする。
  (7) 生活の中で言葉の楽しさや美しさに気付く。
  (8) いろいろな体験を通じてイメージや言葉を豊かにする。
  (9) 絵本や物語などに親しみ，興味をもって聞き，想像をする楽しさを味わう。
  (10) 日常生活の中で，文字などで伝える楽しさを味わう。

3 内容の取扱い
  上記の取扱いに当たっては，次の事項に留意する必要がある。
  (1) 言葉は，身近な人に親しみをもって接し，自分の感情や意志などを伝え，それに相手が応答し，その言葉を聞くことを通して次第に獲得されていくものであることを考慮して，園児が保育教諭等や他の園児と関わることにより心を動かされるような体験をし，言葉を交わす喜びを味わえるようにすること。
  (2) 園児が自分の思いを言葉で伝えるとともに，保育教諭等や他の園児などの話を興味をもって注意して聞くことを通して次第に話を理解するようになっていき，言葉による伝え合いができるようにすること。
  (3) 絵本や物語などで，その内容と自分の経験とを結び付けたり，想像を巡らせたりするなど，楽しみを十分に味わうことによって，次第に豊かなイメージをもち，言葉に対する感覚が養われるようにすること。
  (4) 園児が生活の中で，言葉の響きやリズム，新しい言葉や表現などに触れ，これらを使う

楽しさを味わえるようにすること。その際，絵本や物語に親しんだり，言葉遊びなどをしたりすることを通して，言葉が豊かになるようにすること。
(5) 園児が日常生活の中で，文字などを使いながら思ったことや考えたことを伝える喜びや楽しさを味わい，文字に対する興味や関心をもつようにすること。

表現

〔感じたことや考えたことを自分なりに表現することを通して，豊かな感性や表現する力を養い，創造性を豊かにする。〕

1 ねらい
(1) いろいろなものの美しさなどに対する豊かな感性をもつ。
(2) 感じたことや考えたことを自分なりに表現して楽しむ。
(3) 生活の中でイメージを豊かにし，様々な表現を楽しむ。

2 内容
(1) 生活の中で様々な音，形，色，手触り，動きなどに気付いたり，感じたりするなどして楽しむ。
(2) 生活の中で美しいものや心を動かす出来事に触れ，イメージを豊かにする。
(3) 様々な出来事の中で，感動したことを伝え合う楽しさを味わう。
(4) 感じたこと，考えたことなどを音や動きなどで表現したり，自由にかいたり，つくったりなどする。
(5) いろいろな素材に親しみ，工夫して遊ぶ。
(6) 音楽に親しみ，歌を歌ったり，簡単なリズム楽器を使ったりなどする楽しさを味わう。
(7) かいたり，つくったりすることを楽しみ，遊びに使ったり，飾ったりなどする。
(8) 自分のイメージを動きや言葉などで表現したり，演じて遊んだりするなどの楽しさを味わう。

3 内容の取扱い
上記の取扱いに当たっては，次の事項に留意する必要がある。
(1) 豊かな感性は，身近な環境と十分に関わる中で美しいもの，優れたもの，心を動かす出来事などに出会い，そこから得た感動を他の園児や保育教諭等と共有し，様々に表現することなどを通して養われるようにすること。その際，風の音や雨の音，身近にある草や花の形や色など自然の中にある音，形，色などに気付くようにすること。
(2) 幼児期の自己表現は素朴な形で行われることが多いので，保育教諭等はそのような表現を受容し，園児自身の表現しようとする意欲を受け止めて，園児が生活の中で園児らしい様々な表現を楽しむことができるようにすること。
(3) 生活経験や発達に応じ，自ら様々な表現を楽しみ，表現する意欲を十分に発揮させることができるように，遊具や用具などを整えたり，様々な素材や表現の仕方に親しんだり，他の園児の表現に触れられるよう配慮したりし，表現する過程を大切にして自己表現を楽しめるように工夫すること。

第4 教育及び保育の実施に関する配慮事項

1 満3歳未満の園児の保育の実施については，以下の事項に配慮するものとする。
(1) 乳児は疾病への抵抗力が弱く，心身の機能の未熟さに伴う疾病の発生が多いことから，一人一人の発育及び発達状態や健康状態についての適切な判断に基づく保健的な対応を行うこと。また，一人一人の園児の生育歴の違いに留意しつつ，欲求を適切に満たし，特定の保育教諭等が応答的に関わるように努めること。更に，乳児期の園児の保育に関わる職員間の連携や学校医との連携を図り，第3章に示す事項を踏まえ，適切に対応すること。栄養士及び看護師等が配置されている場合は，その専門性を生かした対応を図ること。乳

児期の園児の保育においては特に，保護者との信頼関係を築きながら保育を進めるとともに，保護者からの相談に応じ支援に努めていくこと。なお，担当の保育教諭等が替わる場合には，園児のそれまでの生育歴や発達の過程に留意し，職員間で協力して対応すること。
  (2) 満1歳以上満3歳未満の園児は，特に感染症にかかりやすい時期であるので，体の状態，機嫌，食欲などの日常の状態の観察を十分に行うとともに，適切な判断に基づく保健的な対応を心掛けること。また，探索活動が十分できるように，事故防止に努めながら活動しやすい環境を整え，全身を使う遊びなど様々な遊びを取り入れること。更に，自我が形成され，園児が自分の感情や気持ちに気付くようになる重要な時期であることに鑑み，情緒の安定を図りながら，園児の自発的な活動を尊重するとともに促していくこと。なお，担当の保育教諭等が替わる場合には，園児のそれまでの経験や発達の過程に留意し，職員間で協力して対応すること。
2 幼保連携型認定こども園における教育及び保育の全般において以下の事項に配慮するものとする。
  (1) 園児の心身の発達及び活動の実態などの個人差を踏まえるとともに，一人一人の園児の気持ちを受け止め，援助すること。
  (2) 園児の健康は，生理的・身体的な育ちとともに，自主性や社会性，豊かな感性の育ちとがあいまってもたらされることに留意すること。
  (3) 園児が自ら周囲に働き掛け，試行錯誤しつつ自分の力で行う活動を見守りながら，適切に援助すること。
  (4) 園児の入園時の教育及び保育に当たっては，できるだけ個別的に対応し，園児が安定感を得て，次第に幼保連携型認定こども園の生活になじんでいくようにするとともに，既に入園している園児に不安や動揺を与えないようにすること。
  (5) 園児の国籍や文化の違いを認め，互いに尊重する心を育てるようにすること。
  (6) 園児の性差や個人差にも留意しつつ，性別などによる固定的な意識を植え付けることがないようにすること。

第3章　健康及び安全

　幼保連携型認定こども園における園児の健康及び安全は，園児の生命の保持と健やかな生活の基本となるものであり，第1章及び第2章の関連する事項と併せ，次に示す事項について適切に対応するものとする。その際，養護教諭や看護師，栄養教諭や栄養士等が配置されている場合には，学校医等と共に，これらの者がそれぞれの専門性を生かしながら，全職員が相互に連携し，組織的かつ適切な対応を行うことができるような体制整備や研修を行うことが必要である。

第1 健康支援
1 健康状態や発育及び発達の状態の把握
  (1) 園児の心身の状態に応じた教育及び保育を行うために，園児の健康状態や発育及び発達の状態について，定期的・継続的に，また，必要に応じて随時，把握すること。
  (2) 保護者からの情報とともに，登園時及び在園時に園児の状態を観察し，何らかの疾病が疑われる状態や傷害が認められた場合には，保護者に連絡するとともに，学校医と相談するなど適切な対応を図ること。
  (3) 園児の心身の状態等を観察し，不適切な養育の兆候が見られる場合には，市町村（特別区を含む。以下同じ。）や関係機関と連携し，児童福祉法第25条に基づき，適切な対応を図ること。また，虐待が疑われる場合には，速やかに市町村又は児童相談所に通告し，適切な対応を図ること。

2　健康増進
　(1) 認定こども園法第27条において準用する学校保健安全法（昭和33年法律第56号）第5条の学校保健計画を作成する際は，教育及び保育の内容並びに子育ての支援等に関する全体的な計画に位置づくものとし，全ての職員がそのねらいや内容を踏まえ，園児一人一人の健康の保持及び増進に努めていくこと。
　(2) 認定こども園法第27条において準用する学校保健安全法第13条第1項の健康診断を行ったときは，認定こども園法第27条において準用する学校保健安全法第14条の措置を行い，教育及び保育に活用するとともに，保護者が園児の状態を理解し，日常生活に活用できるようにすること。

3　疾病等への対応
　(1) 在園時に体調不良や傷害が発生した場合には，その園児の状態等に応じて，保護者に連絡するとともに，適宜，学校医やかかりつけ医等と相談し，適切な処置を行うこと。
　(2) 感染症やその他の疾病の発生予防に努め，その発生や疑いがある場合には必要に応じて学校医，市町村，保健所等に連絡し，その指示に従うとともに，保護者や全ての職員に連絡し，予防等について協力を求めること。また，感染症に関する幼保連携型認定こども園の対応方法等について，あらかじめ関係機関の協力を得ておくこと。
　(3) アレルギー疾患を有する園児に関しては，保護者と連携し，医師の診断及び指示に基づき，適切な対応を行うこと。また，食物アレルギーに関して，関係機関と連携して，当該幼保連携型認定こども園の体制構築など，安全な環境の整備を行うこと。
　(4) 園児の疾病等の事態に備え，保健室の環境を整え，救急用の薬品，材料等を適切な管理の下に常備し，全ての職員が対応できるようにしておくこと。

第2　食育の推進
1　幼保連携型認定こども園における食育は，健康な生活の基本としての食を営む力の育成に向け，その基礎を培うことを目標とすること。
2　園児が生活と遊びの中で，意欲をもって食に関わる体験を積み重ね，食べることを楽しみ，食事を楽しみ合う園児に成長していくことを期待するものであること。
3　乳幼児期にふさわしい食生活が展開され，適切な援助が行われるよう，教育及び保育の内容並びに子育ての支援等に関する全体的な計画に基づき，食事の提供を含む食育の計画を作成し，指導計画に位置付けるとともに，その評価及び改善に努めること。
4　園児が自らの感覚や体験を通して，自然の恵みとしての食材や食の循環・環境への意識，調理する人への感謝の気持ちが育つように，園児と調理員等との関わりや，調理室など食に関する環境に配慮すること。
5　保護者や地域の多様な関係者との連携及び協働の下で，食に関する取組が進められること。また，市町村の支援の下に，地域の関係機関等との日常的な連携を図り，必要な協力が得られるよう努めること。
6　体調不良，食物アレルギー，障害のある園児など，園児一人一人の心身の状態等に応じ，学校医，かかりつけ医等の指示や協力の下に適切に対応すること。

第3　環境及び衛生管理並びに安全管理
1　環境及び衛生管理
　(1) 認定こども園法第27条において準用する学校保健安全法第6条の学校環境衛生基準に基づき幼保連携型認定こども園の適切な環境の維持に努めるとともに，施設内外の設備，用具等の衛生管理に努めること。
　(2) 認定こども園法第27条において準用する学校保健安全法第6条の学校環境衛生基準に基

づき幼保連携型認定こども園の施設内外の適切な環境の維持に努めるとともに，園児及び全職員が清潔を保つようにすること。また，職員は衛生知識の向上に努めること。

2 事故防止及び安全対策
(1) 在園時の事故防止のために，園児の心身の状態等を踏まえつつ，認定こども園法第27条において準用する学校保健安全法第27条の学校安全計画の策定等を通じ，全職員の共通理解や体制づくりを図るとともに，家庭や地域の関係機関の協力の下に安全指導を行うこと。
(2) 事故防止の取組を行う際には，特に，睡眠中，プール活動・水遊び中，食事中等の場面では重大事故が発生しやすいことを踏まえ，園児の主体的な活動を大切にしつつ，施設内外の環境の配慮や指導の工夫を行うなど，必要な対策を講じること。
(3) 認定こども園法第27条において準用する学校保健安全法第29条の危険等発生時対処要領に基づき，事故の発生に備えるとともに施設内外の危険箇所の点検や訓練を実施すること。また，外部からの不審者等の侵入防止のための措置や訓練など不測の事態に備え必要な対応を行うこと。更に，園児の精神保健面における対応に留意すること。

第4 災害への備え
1 施設・設備等の安全確保
(1) 認定こども園法第27条において準用する学校保健安全法第29条の危険等発生時対処要領に基づき，災害等の発生に備えるとともに，防火設備，避難経路等の安全性が確保されるよう，定期的にこれらの安全点検を行うこと。
(2) 備品，遊具等の配置，保管を適切に行い，日頃から，安全環境の整備に努めること。

2 災害発生時の対応体制及び避難への備え
(1) 火災や地震などの災害の発生に備え，認定こども園法第27条において準用する学校保健安全法第29条の危険等発生時対処要領を作成する際には，緊急時の対応の具体的内容及び手順，職員の役割分担，避難訓練計画等の事項を盛り込むこと。
(2) 定期的に避難訓練を実施するなど，必要な対応を図ること。
(3) 災害の発生時に，保護者等への連絡及び子どもの引渡しを円滑に行うため，日頃から保護者との密接な連携に努め，連絡体制や引渡し方法等について確認をしておくこと。

3 地域の関係機関等との連携
(1) 市町村の支援の下に，地域の関係機関との日常的な連携を図り，必要な協力が得られるよう努めること。
(2) 避難訓練については，地域の関係機関や保護者との連携の下に行うなど工夫すること。

第4章　子育ての支援

　幼保連携型認定こども園における保護者に対する子育ての支援は，子どもの利益を最優先して行うものとし，第1章及び第2章等の関連する事項を踏まえ，子どもの育ちを家庭と連携して支援していくとともに，保護者及び地域が有する子育てを自ら実践する力の向上に資するよう，次の事項に留意するものとする。

第1 子育ての支援全般に関わる事項
1 保護者に対する子育ての支援を行う際には，各地域や家庭の実態等を踏まえるとともに，保護者の気持ちを受け止め，相互の信頼関係を基本に，保護者の自己決定を尊重すること。
2 教育及び保育並びに子育ての支援に関する知識や技術など，保育教諭等の専門性や，園児が常に存在する環境など，幼保連携型認定こども園の特性を生かし，保護者が子どもの成長

に気付き子育ての喜びを感じられるように努めること。
3　保護者に対する子育ての支援における地域の関係機関等との連携及び協働を図り，園全体の体制構築に努めること。
4　子どもの利益に反しない限りにおいて，保護者や子どものプライバシーを保護し，知り得た事柄の秘密を保持すること。

第2　幼保連携型認定こども園の園児の保護者に対する子育ての支援

1　日常の様々な機会を活用し，園児の日々の様子の伝達や収集，教育及び保育の意図の説明などを通じて，保護者との相互理解を図るよう努めること。
2　教育及び保育の活動に対する保護者の積極的な参加は，保護者の子育てを自ら実践する力の向上に寄与するだけでなく，地域社会における家庭や住民の子育てを自ら実践する力の向上及び子育ての経験の継承につながるきっかけとなる。これらのことから，保護者の参加を促すとともに，参加しやすいよう工夫すること。
3　保護者の生活形態が異なることを踏まえ，全ての保護者の相互理解が深まるように配慮すること。その際，保護者同士が子育てに対する新たな考えに出会い気付き合えるよう工夫すること。
4　保護者の就労と子育ての両立等を支援するため，保護者の多様化した教育及び保育の需要に応じて病児保育事業など多様な事業を実施する場合には，保護者の状況に配慮するとともに，園児の福祉が尊重されるよう努め，園児の生活の連続性を考慮すること。
5　地域の実態や保護者の要請により，教育を行う標準的な時間の終了後等に希望する園児を対象に一時預かり事業などとして行う活動については，保育教諭間及び家庭との連携を密にし，園児の心身の負担に配慮すること。その際，地域の実態や保護者の事情とともに園児の生活のリズムを踏まえつつ，必要に応じて，弾力的な運用を行うこと。
6　園児に障害や発達上の課題が見られる場合には，市町村や関係機関と連携及び協力を図りつつ，保護者に対する個別の支援を行うよう努めること。
7　外国籍家庭など，特別な配慮を必要とする家庭の場合には，状況等に応じて個別の支援を行うよう努めること。
8　保護者に育児不安等が見られる場合には，保護者の希望に応じて個別の支援を行うよう努めること。
9　保護者に不適切な養育等が疑われる場合には，市町村や関係機関と連携し，要保護児童対策地域協議会で検討するなど適切な対応を図ること。また，虐待が疑われる場合には，速やかに市町村又は児童相談所に通告し，適切な対応を図ること。

第3　地域における子育て家庭の保護者等に対する支援

1　幼保連携型認定こども園において，認定こども園法第2条第12項に規定する子育て支援事業を実施する際には，当該幼保連携型認定こども園がもつ地域性や専門性などを十分に考慮して当該地域において必要と認められるものを適切に実施すること。また，地域の子どもに対する一時預かり事業などの活動を行う際には，一人一人の子どもの心身の状態などを考慮するとともに，教育及び保育との関連に配慮するなど，柔軟に活動を展開できるようにすること。
2　市町村の支援を得て，地域の関係機関等との積極的な連携及び協働を図るとともに，子育ての支援に関する地域の人材の積極的な活用を図るよう努めること。また，地域の要保護児童への対応など，地域の子どもを巡る諸課題に対し，要保護児童対策地域協議会など関係機関等と連携及び協力して取り組むよう努めること。
3　幼保連携型認定こども園は，地域の子どもが健やかに育成される環境を提供し，保護者に

対する総合的な子育ての支援を推進するため，地域における乳幼児期の教育及び保育の中心的な役割を果たすよう努めること。

保育所保育指針

○厚生労働省告示第百十七号

　児童福祉施設の設備及び運営に関する基準（昭和二十三年厚生省令第六十三号）第三十五条の規定に基づき、保育所保育指針（平成二十年厚生労働省告示第百四十一号）の全部を次のように改正し、平成三十年四月一日から適用する。

　平成二十九年三月三十一日

厚生労働大臣　塩崎　恭久

保育所保育指針

目次
　第1章　総則
　第2章　保育の内容
　第3章　健康及び安全
　第4章　子育て支援
　第5章　職員の資質向上

第1章　総　則

　この指針は，児童福祉施設の設備及び運営に関する基準（昭和23年厚生省令第63号。以下「設備運営基準」という。）第35条の規定に基づき，保育所における保育の内容に関する事項及びこれに関連する運営に関する事項を定めるものである。各保育所は，この指針において規定される保育の内容に係る基本原則に関する事項等を踏まえ，各保育所の実情に応じて創意工夫を図り，保育所の機能及び質の向上に努めなければならない。

1　保育所保育に関する基本原則
　(1) 保育所の役割
　　ア　保育所は，児童福祉法（昭和22年法律第164号）第39条の規定に基づき，保育を必要とする子どもの保育を行い，その健全な心身の発達を図ることを目的とする児童福祉施設であり，入所する子どもの最善の利益を考慮し，その福祉を積極的に増進することに最もふさわしい生活の場でなければならない。
　　イ　保育所は，その目的を達成するために，保育に関する専門性を有する職員が，家庭との緊密な連携の下に，子どもの状況や発達過程を踏まえ，保育所における環境を通して，養護及び教育を一体的に行うことを特性としている。
　　ウ　保育所は，入所する子どもを保育するとともに，家庭や地域の様々な社会資源との連携を図りながら，入所する子どもの保護者に対する支援及び地域の子育て家庭に対する支援等を行う役割を担うものである。
　　エ　保育所における保育士は，児童福祉法第18条の4の規定を踏まえ，保育所の役割及び機能が適切に発揮されるように，倫理観に裏付けられた専門的知識，技術及び判断をもって，子どもを保育するとともに，子どもの保護者に対する保育に関する指導を行うものであり，その職責を遂行するための専門性の向上に絶えず努めなければならない。
　(2) 保育の目標
　　ア　保育所は，子どもが生涯にわたる人間形成にとって極めて重要な時期に，その生活時間の大半を過ごす場である。このため，保育所の保育は，子どもが現在を最も良く生き，望ましい未来をつくり出す力の基礎を培うために，次の目標を目指して行わなければならない。
　　　(ｱ)　十分に養護の行き届いた環境の下に，くつろいだ雰囲気の中で子どもの様々な欲求を満たし，生命の保持及び情緒の安定を図ること。
　　　(ｲ)　健康，安全など生活に必要な基本的な習慣や態度を養い，心身の健康の基礎を培うこと。
　　　(ｳ)　人との関わりの中で，人に対する愛情と信頼感，そして人権を大切にする心を育てるとともに，自主，自立及び協調の態度を養い，道徳性の芽生えを培うこと。
　　　(ｴ)　生命，自然及び社会の事象についての興味や関心を育て，それらに対する豊かな心情や思考力の芽生えを培うこと。
　　　(ｵ)　生活の中で，言葉への興味や関心を育て，話したり，聞いたり，相手の話を理解しようとするなど，言葉の豊かさを養うこと。
　　　(ｶ)　様々な体験を通して，豊かな感性や表現力を育み，創造性の芽生えを培うこと。
　　イ　保育所は，入所する子どもの保護者に対し，その意向を受け止め，子どもと保護者の安定した関係に配慮し，保育所の特性や保育士等の専門性を生かして，その援助に当たらなければならない。
　(3) 保育の方法
　　　保育の目標を達成するために，保育士等は，次の事項に留意して保育しなければならない。
　　ア　一人一人の子どもの状況や家庭及び地域社会での生活の実態を把握するとともに，子どもが安心感と信頼感をもって活動できるよう，子どもの主体としての思いや願いを受け止

めること。
イ 子どもの生活のリズムを大切にし，健康，安全で情緒の安定した生活ができる環境や，自己を十分に発揮できる環境を整えること。
ウ 子どもの発達について理解し，一人一人の発達過程に応じて保育すること。その際，子どもの個人差に十分配慮すること。
エ 子ども相互の関係づくりや互いに尊重する心を大切にし，集団における活動を効果あるものにするよう援助すること。
オ 子どもが自発的・意欲的に関われるような環境を構成し，子どもの主体的な活動や子ども相互の関わりを大切にすること。特に，乳幼児期にふさわしい体験が得られるように，生活や遊びを通して総合的に保育すること。
カ 一人一人の保護者の状況やその意向を理解，受容し，それぞれの親子関係や家庭生活等に配慮しながら，様々な機会をとらえ，適切に援助すること。

(4) 保育の環境

保育の環境には，保育士等や子どもなどの人的環境，施設や遊具などの物的環境，更には自然や社会の事象などがある。保育所は，こうした人，物，場などの環境が相互に関連し合い，子どもの生活が豊かなものとなるよう，次の事項に留意しつつ，計画的に環境を構成し，工夫して保育しなければならない。
ア 子ども自らが環境に関わり，自発的に活動し，様々な経験を積んでいくことができるよう配慮すること。
イ 子どもの活動が豊かに展開されるよう，保育所の設備や環境を整え，保育所の保健的環境や安全の確保などに努めること。
ウ 保育室は，温かな親しみとくつろぎの場となるとともに，生き生きと活動できる場となるように配慮すること。
エ 子どもが人と関わる力を育てていくため，子ども自らが周囲の子どもや大人と関わっていくことができる環境を整えること。

(5) 保育所の社会的責任

ア 保育所は，子どもの人権に十分配慮するとともに，子ども一人一人の人格を尊重して保育を行わなければならない。
イ 保育所は，地域社会との交流や連携を図り，保護者や地域社会に，当該保育所が行う保育の内容を適切に説明するよう努めなければならない。
ウ 保育所は，入所する子ども等の個人情報を適切に取り扱うとともに，保護者の苦情などに対し，その解決を図るよう努めなければならない。

2 養護に関する基本的事項

(1) 養護の理念

保育における養護とは，子どもの生命の保持及び情緒の安定を図るために保育士等が行う援助や関わりであり，保育所における保育は，養護及び教育を一体的に行うことをその特性とするものである。保育所における保育全体を通じて，養護に関するねらい及び内容を踏まえた保育が展開されなければならない。

(2) 養護に関わるねらい及び内容

ア 生命の保持
　(ア) ねらい
　　① 一人一人の子どもが，快適に生活できるようにする。
　　② 一人一人の子どもが，健康で安全に過ごせるようにする。
　　③ 一人一人の子どもの生理的欲求が，十分に満たされるようにする。
　　④ 一人一人の子どもの健康増進が，積極的に図られるようにする。

(イ) 内容
① 一人一人の子どもの平常の健康状態や発育及び発達状態を的確に把握し，異常を感じる場合は，速やかに適切に対応する。
② 家庭との連携を密にし，嘱託医等との連携を図りながら，子どもの疾病や事故防止に関する認識を深め，保健的で安全な保育環境の維持及び向上に努める。
③ 清潔で安全な環境を整え，適切な援助や応答的な関わりを通して子どもの生理的欲求を満たしていく。また，家庭と協力しながら，子どもの発達過程等に応じた適切な生活のリズムがつくられていくようにする。
④ 子どもの発達過程等に応じて，適度な運動と休息を取ることができるようにする。また，食事，排泄，衣類の着脱，身の回りを清潔にすることなどについて，子どもが意欲的に生活できるよう適切に援助する。

イ 情緒の安定
(ア) ねらい
① 一人一人の子どもが，安定感をもって過ごせるようにする。
② 一人一人の子どもが，自分の気持ちを安心して表すことができるようにする。
③ 一人一人の子どもが，周囲から主体として受け止められ，主体として育ち，自分を肯定する気持ちが育まれていくようにする。
④ 一人一人の子どもがくつろいで共に過ごし，心身の疲れが癒されるようにする。

(イ) 内容
① 一人一人の子どもの置かれている状態や発達過程などを的確に把握し，子どもの欲求を適切に満たしながら，応答的な触れ合いや言葉がけを行う。
② 一人一人の子どもの気持ちを受容し，共感しながら，子どもとの継続的な信頼関係を築いていく。
③ 保育士等との信頼関係を基盤に，一人一人の子どもが主体的に活動し，自発性や探索意欲などを高めるとともに，自分への自信をもつことができるよう成長の過程を見守り，適切に働きかける。
④ 一人一人の子どもの生活のリズム，発達過程，保育時間などに応じて，活動内容のバランスや調和を図りながら，適切な食事や休息が取れるようにする。

3 保育の計画及び評価
(1) 全体的な計画の作成
ア 保育所は，1の(2)に示した保育の目標を達成するために，各保育所の保育の方針や目標に基づき，子どもの発達過程を踏まえて，保育の内容が組織的・計画的に構成され，保育所の生活の全体を通して，総合的に展開されるよう，全体的な計画を作成しなければならない。
イ 全体的な計画は，子どもや家庭の状況，地域の実態，保育時間などを考慮し，子どもの育ちに関する長期的見通しをもって適切に作成されなければならない。
ウ 全体的な計画は，保育所保育の全体像を包括的に示すものとし，これに基づく指導計画，保健計画，食育計画等を通じて，各保育所が創意工夫して保育できるよう，作成されなければならない。

(2) 指導計画の作成
ア 保育所は，全体的な計画に基づき，具体的な保育が適切に展開されるよう，子どもの生活や発達を見通した長期的な指導計画と，それに関連しながら，より具体的な子どもの日々の生活に即した短期的な指導計画を作成しなければならない。
イ 指導計画の作成に当たっては，第2章及びその他の関連する章に示された事項のほか，子ども一人一人の発達過程や状況を十分に踏まえるとともに，次の事項に留意しなければ

ならない。
- (ア) 3歳未満児については，一人一人の子どもの生育歴，心身の発達，活動の実態等に即して，個別的な計画を作成すること。
- (イ) 3歳以上児については，個の成長と，子ども相互の関係や協同的な活動が促されるよう配慮すること。
- (ウ) 異年齢で構成される組やグループでの保育においては，一人一人の子どもの生活や経験，発達過程などを把握し，適切な援助や環境構成ができるよう配慮すること。
- ウ 指導計画においては，保育所の生活における子どもの発達過程を見通し，生活の連続性，季節の変化などを考慮し，子どもの実態に即した具体的なねらい及び内容を設定すること。また，具体的なねらいが達成されるよう，子どもの生活する姿や発想を大切にして適切な環境を構成し，子どもが主体的に活動できるようにすること。
- エ 一日の生活のリズムや在園時間が異なる子どもが共に過ごすことを踏まえ，活動と休息，緊張感と解放感等の調和を図るよう配慮すること。
- オ 午睡は生活のリズムを構成する重要な要素であり，安心して眠ることのできる安全な睡眠環境を確保するとともに，在園時間が異なることや，睡眠時間は子どもの発達の状況や個人によって差があることから，一律とならないよう配慮すること。
- カ 長時間にわたる保育については，子どもの発達過程，生活のリズム及び心身の状態に十分配慮して，保育の内容や方法，職員の協力体制，家庭との連携などを指導計画に位置付けること。
- キ 障害のある子どもの保育については，一人一人の子どもの発達過程や障害の状態を把握し，適切な環境の下で，障害のある子どもが他の子どもとの生活を通して共に成長できるよう，指導計画の中に位置付けること。また，子どもの状況に応じた保育を実施する観点から，家庭や関係機関と連携した支援のための計画を個別に作成するなど適切な対応を図ること。

(3) 指導計画の展開

指導計画に基づく保育の実施に当たっては，次の事項に留意しなければならない。
- ア 施設長，保育士など，全職員による適切な役割分担と協力体制を整えること。
- イ 子どもが行う具体的な活動は，生活の中で様々に変化することに留意して，子どもが望ましい方向に向かって自ら活動を展開できるよう必要な援助を行うこと。
- ウ 子どもの主体的な活動を促すためには，保育士等が多様な関わりをもつことが重要であることを踏まえ，子どもの情緒の安定や発達に必要な豊かな体験が得られるよう援助すること。
- エ 保育士等は，子どもの実態や子どもを取り巻く状況の変化などに即して保育の過程を記録するとともに，これらを踏まえ，指導計画に基づく保育の内容の見直しを行い，改善を図ること。

(4) 保育内容等の評価

- ア 保育士等の自己評価
  - (ア) 保育士等は，保育の計画や保育の記録を通して，自らの保育実践を振り返り，自己評価することを通して，その専門性の向上や保育実践の改善に努めなければならない。
  - (イ) 保育士等による自己評価に当たっては，子どもの活動内容やその結果だけでなく，子どもの心の育ちや意欲，取り組む過程などにも十分配慮するよう留意すること。
  - (ウ) 保育士等は，自己評価における自らの保育実践の振り返りや職員相互の話し合い等を通じて，専門性の向上及び保育の質の向上のための課題を明確にするとともに，保育所全体の保育の内容に関する認識を深めること。

イ　保育所の自己評価
　　　(ｱ)　保育所は，保育の質の向上を図るため，保育の計画の展開や保育士等の自己評価を踏まえ，当該保育所の保育の内容等について，自ら評価を行い，その結果を公表するよう努めなければならない。
　　　(ｲ)　保育所が自己評価を行うに当たっては，地域の実情や保育所の実態に即して，適切に評価の観点や項目等を設定し，全職員による共通理解をもって取り組むよう留意すること。
　　　(ｳ)　設備運営基準第36条の趣旨を踏まえ，保育の内容等の評価に関し，保護者及び地域住民等の意見を聴くことが望ましいこと。
　(5)　評価を踏まえた計画の改善
　　ア　保育所は，評価の結果を踏まえ，当該保育所の保育の内容等の改善を図ること。
　　イ　保育の計画に基づく保育，保育の内容の評価及びこれに基づく改善という一連の取組により，保育の質の向上が図られるよう，全職員が共通理解をもって取り組むことに留意すること。
4　幼児教育を行う施設として共有すべき事項
　(1)　育みたい資質・能力
　　ア　保育所においては，生涯にわたる生きる力の基礎を培うため，1の(2)に示す保育の目標を踏まえ，次に掲げる資質・能力を一体的に育むよう努めるものとする。
　　　(ｱ)　豊かな体験を通じて，感じたり，気付いたり，分かったり，できるようになったりする「知識及び技能の基礎」
　　　(ｲ)　気付いたことや，できるようになったことなどを使い，考えたり，試したり，工夫したり，表現したりする「思考力，判断力，表現力等の基礎」
　　　(ｳ)　心情，意欲，態度が育つ中で，よりよい生活を営もうとする「学びに向かう力，人間性等」
　　イ　アに示す資質・能力は，第2章に示すねらい及び内容に基づく保育活動全体によって育むものである。
　(2)　幼児期の終わりまでに育ってほしい姿
　　　次に示す「幼児期の終わりまでに育ってほしい姿」は，第2章に示すねらい及び内容に基づく保育活動全体を通して資質・能力が育まれている子どもの小学校就学時の具体的な姿であり，保育士等が指導を行う際に考慮するものである。
　　ア　健康な心と体
　　　　保育所の生活の中で，充実感をもって自分のやりたいことに向かって心と体を十分に働かせ，見通しをもって行動し，自ら健康で安全な生活をつくり出すようになる。
　　イ　自立心
　　　　身近な環境に主体的に関わり様々な活動を楽しむ中で，しなければならないことを自覚し，自分の力で行うために考えたり，工夫したりしながら，諦めずにやり遂げることで達成感を味わい，自信をもって行動するようになる。
　　ウ　協同性
　　　　友達と関わる中で，互いの思いや考えなどを共有し，共通の目的の実現に向けて，考えたり，工夫したり，協力したりし，充実感をもってやり遂げるようになる。
　　エ　道徳性・規範意識の芽生え
　　　　友達と様々な体験を重ねる中で，してよいことや悪いことが分かり，自分の行動を振り返ったり，友達の気持ちに共感したりし，相手の立場に立って行動するようになる。また，きまりを守る必要性が分かり，自分の気持ちを調整し，友達と折り合いを付けながら，きまりをつくったり，守ったりするようになる。

オ 社会生活との関わり
　家族を大切にしようとする気持ちをもつとともに，地域の身近な人と触れ合う中で，人との様々な関わり方に気付き，相手の気持ちを考えて関わり，自分が役に立つ喜びを感じ，地域に親しみをもつようになる。また，保育所内外の様々な環境に関わる中で，遊びや生活に必要な情報を取り入れ，情報に基づき判断したり，情報を伝え合ったり，活用したりするなど，情報を役立てながら活動するようになるとともに，公共の施設を大切に利用するなどして，社会とのつながりなどを意識するようになる。

カ 思考力の芽生え
　身近な事象に積極的に関わる中で，物の性質や仕組みなどを感じ取ったり，気付いたりし，考えたり，予想したり，工夫したりするなど，多様な関わりを楽しむようになる。また，友達の様々な考えに触れる中で，自分と異なる考えがあることに気付き，自ら判断したり，考え直したりするなど，新しい考えを生み出す喜びを味わいながら，自分の考えをよりよいものにするようになる。

キ 自然との関わり・生命尊重
　自然に触れて感動する体験を通して，自然の変化などを感じ取り，好奇心や探究心をもって考え言葉などで表現しながら，身近な事象への関心が高まるとともに，自然への愛情や畏敬の念をもつようになる。また，身近な動植物に心を動かされる中で，生命の不思議さや尊さに気付き，身近な動植物への接し方を考え，命あるものとしていたわり，大切にする気持ちをもって関わるようになる。

ク 数量や図形，標識や文字などへの関心・感覚
　遊びや生活の中で，数量や図形，標識や文字などに親しむ体験を重ねたり，標識や文字の役割に気付いたりし，自らの必要感に基づきこれらを活用し，興味や関心，感覚をもつようになる。

ケ 言葉による伝え合い
　保育士等や友達と心を通わせる中で，絵本や物語などに親しみながら，豊かな言葉や表現を身に付け，経験したことや考えたことなどを言葉で伝えたり，相手の話を注意して聞いたりし，言葉による伝え合いを楽しむようになる。

コ 豊かな感性と表現
　心を動かす出来事などに触れ感性を働かせる中で，様々な素材の特徴や表現の仕方などに気付き，感じたことや考えたことを自分で表現したり，友達同士で表現する過程を楽しんだりし，表現する喜びを味わい，意欲をもつようになる。

第2章　保育の内容

　この章に示す「ねらい」は，第1章の1の(2)に示された保育の目標をより具体化したものであり，子どもが保育所において，安定した生活を送り，充実した活動ができるように，保育を通じて育みたい資質・能力を，子どもの生活する姿から捉えたものである。また，「内容」は，「ねらい」を達成するために，子どもの生活やその状況に応じて保育士等が適切に行う事項と，保育士等が援助して子どもが環境に関わって経験する事項を示したものである。
　保育における「養護」とは，子どもの生命の保持及び情緒の安定を図るために保育士等が行う援助や関わりであり，「教育」とは，子どもが健やかに成長し，その活動がより豊かに展開されるための発達の援助である。本章では，保育士等が，「ねらい」及び「内容」を具体的に把握するため，主に教育に関わる側面からの視点を示しているが，実際の保育においては，養護と教育が一体となって展開されることに留意する必要がある。

1 乳児保育に関わるねらい及び内容
 (1) 基本的事項
　ア　乳児期の発達については，視覚，聴覚などの感覚や，座る，はう，歩くなどの運動機能が著しく発達し，特定の大人との応答的な関わりを通じて，情緒的な絆（きずな）が形成されるといった特徴がある。これらの発達の特徴を踏まえて，乳児保育は，愛情豊かに，応答的に行われることが特に必要である。
　イ　本項においては，この時期の発達の特徴を踏まえ，乳児保育の「ねらい」及び「内容」については，身体的発達に関する視点「健やかに伸び伸びと育つ」，社会的発達に関する視点「身近な人と気持ちが通じ合う」及び精神的発達に関する視点「身近なものと関わり感性が育つ」としてまとめ，示している。
　ウ　本項の各視点において示す保育の内容は，第1章の2に示された養護における「生命の保持」及び「情緒の安定」に関わる保育の内容と，一体となって展開されるものであることに留意が必要である。
 (2) ねらい及び内容
　ア　健やかに伸び伸びと育つ
　　健康な心と体を育て，自ら健康で安全な生活をつくり出す力の基盤を培う。
　　(ア) ねらい
　　　① 身体感覚が育ち，快適な環境に心地よさを感じる。
　　　② 伸び伸びと体を動かし，はう，歩くなどの運動をしようとする。
　　　③ 食事，睡眠等の生活のリズムの感覚が芽生える。
　　(イ) 内容
　　　① 保育士等の愛情豊かな受容の下で，生理的・心理的欲求を満たし，心地よく生活をする。
　　　② 一人一人の発育に応じて，はう，立つ，歩くなど，十分に体を動かす。
　　　③ 個人差に応じて授乳を行い，離乳を進めていく中で，様々な食品に少しずつ慣れ，食べることを楽しむ。
　　　④ 一人一人の生活のリズムに応じて，安全な環境の下で十分に午睡をする。
　　　⑤ おむつ交換や衣服の着脱などを通じて，清潔になることの心地よさを感じる。
　　(ウ) 内容の取扱い
　　　上記の取扱いに当たっては，次の事項に留意する必要がある。
　　　① 心と体の健康は，相互に密接な関連があるものであることを踏まえ，温かい触れ合いの中で，心と体の発達を促すこと。特に，寝返り，お座り，はいはい，つかまり立ち，伝い歩きなど，発育に応じて，遊びの中で体を動かす機会を十分に確保し，自ら体を動かそうとする意欲が育つようにすること。
　　　② 健康な心と体を育てるためには望ましい食習慣の形成が重要であることを踏まえ，離乳食が完了期へと徐々に移行する中で，様々な食品に慣れるようにするとともに，和やかな雰囲気の中で食べる喜びや楽しさを味わい，進んで食べようとする気持ちが育つようにすること。なお，食物アレルギーのある子どもへの対応については，嘱託医等の指示や協力の下に適切に対応すること。
　イ　身近な人と気持ちが通じ合う
　　受容的・応答的な関わりの下で，何かを伝えようとする意欲や身近な大人との信頼関係を育て，人と関わる力の基盤を培う。
　　(ア) ねらい
　　　① 安心できる関係の下で，身近な人と共に過ごす喜びを感じる。
　　　② 体の動きや表情，発声等により，保育士等と気持ちを通わせようとする。

③　身近な人と親しみ，関わりを深め，愛情や信頼感が芽生える。
　(イ)　**内容**
　　　①　子どもからの働きかけを踏まえた，応答的な触れ合いや言葉がけによって，欲求が満たされ，安定感をもって過ごす。
　　　②　体の動きや表情，発声，喃語(なん)等を優しく受け止めてもらい，保育士等とのやり取りを楽しむ。
　　　③　生活や遊びの中で，自分の身近な人の存在に気付き，親しみの気持ちを表す。
　　　④　保育士等による語りかけや歌いかけ，発声や喃語(なん)等への応答を通じて，言葉の理解や発語の意欲が育つ。
　　　⑤　温かく，受容的な関わりを通じて，自分を肯定する気持ちが芽生える。
　(ウ)　**内容の取扱い**
　　　上記の取扱いに当たっては，次の事項に留意する必要がある。
　　　①　保育士等との信頼関係に支えられて生活を確立していくことが人と関わる基盤となることを考慮して，子どもの多様な感情を受け止め，温かく受容的・応答的に関わり，一人一人に応じた適切な援助を行うようにすること。
　　　②　身近な人に親しみをもって接し，自分の感情などを表し，それに相手が応答する言葉を聞くことを通して，次第に言葉が獲得されていくことを考慮して，楽しい雰囲気の中での保育士等との関わり合いを大切にし，ゆっくりと優しく話しかけるなど，積極的に言葉のやり取りを楽しむことができるようにすること。
　ウ　**身近なものと関わり感性が育つ**
　　　身近な環境に興味や好奇心をもって関わり，感じたことや考えたことを表現する力の基盤を培う。
　(ア)　**ねらい**
　　　①　身の回りのものに親しみ，様々なものに興味や関心をもつ。
　　　②　見る，触れる，探索するなど，身近な環境に自分から関わろうとする。
　　　③　身体の諸感覚による認識が豊かになり，表情や手足，体の動き等で表現する。
　(イ)　**内容**
　　　①　身近な生活用具，玩具や絵本などが用意された中で，身の回りのものに対する興味や好奇心をもつ。
　　　②　生活や遊びの中で様々なものに触れ，音，形，色，手触りなどに気付き，感覚の働きを豊かにする。
　　　③　保育士等と一緒に様々な色彩や形のものや絵本などを見る。
　　　④　玩具や身の回りのものを，つまむ，つかむ，たたく，引っ張るなど，手や指を使って遊ぶ。
　　　⑤　保育士等のあやし遊びに機嫌よく応じたり，歌やリズムに合わせて手足や体を動かして楽しんだりする。
　(ウ)　**内容の取扱い**
　　　上記の取扱いに当たっては，次の事項に留意する必要がある。
　　　①　玩具などは，音質，形，色，大きさなど子どもの発達状態に応じて適切なものを選び，その時々の子どもの興味や関心を踏まえるなど，遊びを通して感覚の発達が促されるものとなるように工夫すること。なお，安全な環境の下で，子どもが探索意欲を満たして自由に遊べるよう，身の回りのものについては，常に十分な点検を行うこと。
　　　②　乳児期においては，表情，発声，体の動きなどで，感情を表現することが多いことから，これらの表現しようとする意欲を積極的に受け止めて，子どもが様々な活動を楽しむことを通して表現が豊かになるようにすること。

(3) 保育の実施に関わる配慮事項
　ア　乳児は疾病への抵抗力が弱く，心身の機能の未熟さに伴う疾病の発生が多いことから，一人一人の発育及び発達状態や健康状態についての適切な判断に基づく保健的な対応を行うこと。
　イ　一人一人の子どもの生育歴の違いに留意しつつ，欲求を適切に満たし，特定の保育士が応答的に関わるように努めること。
　ウ　乳児保育に関わる職員間の連携や嘱託医との連携を図り，第3章に示す事項を踏まえ，適切に対応すること。栄養士及び看護師等が配置されている場合は，その専門性を生かした対応を図ること。
　エ　保護者との信頼関係を築きながら保育を進めるとともに，保護者からの相談に応じ，保護者への支援に努めていくこと。
　オ　担当の保育士が替わる場合には，子どものそれまでの生育歴や発達過程に留意し，職員間で協力して対応すること。

2　1歳以上3歳未満児の保育に関わるねらい及び内容
(1) 基本的事項
　ア　この時期においては，歩き始めから，歩く，走る，跳ぶなどへと，基本的な運動機能が次第に発達し，排泄（せつ）の自立のための身体的機能も整うようになる。つまむ，めくるなどの指先の機能も発達し，食事，衣類の着脱なども，保育士等の援助の下で自分で行うようになる。発声も明瞭になり，語彙も増加し，自分の意思や欲求を言葉で表出できるようになる。このように自分でできることが増えてくる時期であることから，保育士等は，子どもの生活の安定を図りながら，自分でしようとする気持ちを尊重し，温かく見守るとともに，愛情豊かに，応答的に関わることが必要である。
　イ　本項においては，この時期の発達の特徴を踏まえ，保育の「ねらい」及び「内容」について，心身の健康に関する領域「健康」，人との関わりに関する領域「人間関係」，身近な環境との関わりに関する領域「環境」，言葉の獲得に関する領域「言葉」及び感性と表現に関する領域「表現」としてまとめ，示している。
　ウ　本項の各領域において示す保育の内容は，第1章の2に示された養護における「生命の保持」及び「情緒の安定」に関わる保育の内容と，一体となって展開されるものであることに留意が必要である。

(2) ねらい及び内容
　ア　健康
　　健康な心と体を育て，自ら健康で安全な生活をつくり出す力を養う。
　　(ア) ねらい
　　　① 明るく伸び伸びと生活し，自分から体を動かすことを楽しむ。
　　　② 自分の体を十分に動かし，様々な動きをしようとする。
　　　③ 健康，安全な生活に必要な習慣に気付き，自分でしてみようとする気持ちが育つ。
　　(イ) 内容
　　　① 保育士等の愛情豊かな受容の下で，安定感をもって生活をする。
　　　② 食事や午睡，遊びと休息など，保育所における生活のリズムが形成される。
　　　③ 走る，跳ぶ，登る，押す，引っ張るなど全身を使う遊びを楽しむ。
　　　④ 様々な食品や調理形態に慣れ，ゆったりとした雰囲気の中で食事や間食を楽しむ。
　　　⑤ 身の回りを清潔に保つ心地よさを感じ，その習慣が少しずつ身に付く。
　　　⑥ 保育士等の助けを借りながら，衣類の着脱を自分でしようとする。
　　　⑦ 便器での排泄（せつ）に慣れ，自分で排泄ができるようになる。

(ウ) 内容の取扱い

上記の取扱いに当たっては，次の事項に留意する必要がある。
① 心と体の健康は，相互に密接な関連があるものであることを踏まえ，子どもの気持ちに配慮した温かい触れ合いの中で，心と体の発達を促すこと。特に，一人一人の発育に応じて，体を動かす機会を十分に確保し，自ら体を動かそうとする意欲が育つようにすること。
② 健康な心と体を育てるためには望ましい食習慣の形成が重要であることを踏まえ，ゆったりとした雰囲気の中で食べる喜びや楽しさを味わい，進んで食べようとする気持ちが育つようにすること。なお，食物アレルギーのある子どもへの対応については，嘱託医等の指示や協力の下に適切に対応すること。
③ 排泄の習慣については，一人一人の排尿間隔等を踏まえ，おむつが汚れていないときに便器に座らせるなどにより，少しずつ慣れさせるようにすること。
④ 食事，排泄，睡眠，衣類の着脱，身の回りを清潔にすることなど，生活に必要な基本的な習慣については，一人一人の状態に応じ，落ち着いた雰囲気の中で行うようにし，子どもが自分でしようとする気持ちを尊重すること。また，基本的な生活習慣の形成に当たっては，家庭での生活経験に配慮し，家庭との適切な連携の下で行うようにすること。

イ 人間関係

他の人々と親しみ，支え合って生活するために，自立心を育て，人と関わる力を養う。

(ア) ねらい
① 保育所での生活を楽しみ，身近な人と関わる心地よさを感じる。
② 周囲の子ども等への興味や関心が高まり，関わりをもとうとする。
③ 保育所の生活の仕方に慣れ，きまりの大切さに気付く。

(イ) 内容
① 保育士等や周囲の子ども等との安定した関係の中で，共に過ごす心地よさを感じる。
② 保育士等の受容的・応答的な関わりの中で，欲求を適切に満たし，安定感をもって過ごす。
③ 身の回りに様々な人がいることに気付き，徐々に他の子どもと関わりをもって遊ぶ。
④ 保育士等の仲立ちにより，他の子どもとの関わり方を少しずつ身につける。
⑤ 保育所の生活の仕方に慣れ，きまりがあることや，その大切さに気付く。
⑥ 生活や遊びの中で，年長児や保育士等の真似をしたり，ごっこ遊びを楽しんだりする。

(ウ) 内容の取扱い

上記の取扱いに当たっては，次の事項に留意する必要がある。
① 保育士等との信頼関係に支えられて生活を確立するとともに，自分で何かをしようとする気持ちが旺盛になる時期であることに鑑み，そのような子どもの気持ちを尊重し，温かく見守るとともに，愛情豊かに，応答的に関わり，適切な援助を行うようにすること。
② 思い通りにいかない場合等の子どもの不安定な感情の表出については，保育士等が受容的に受け止めるとともに，そうした気持ちから立ち直る経験や感情をコントロールすることへの気付き等につなげていけるように援助すること。
③ この時期は自己と他者との違いの認識がまだ十分ではないことから，子どもの自我の育ちを見守るとともに，保育士等が仲立ちとなって，自分の気持ちを相手に伝えることや相手の気持ちに気付くことの大切さなど，友達の気持ちや友達との関わり方を丁寧に伝えていくこと。

ウ 環境
周囲の様々な環境に好奇心や探究心をもって関わり,それらを生活に取り入れていこうとする力を養う。
(ア) ねらい
① 身近な環境に親しみ,触れ合う中で,様々なものに興味や関心をもつ。
② 様々なものに関わる中で,発見を楽しんだり,考えたりしようとする。
③ 見る,聞く,触るなどの経験を通して,感覚の働きを豊かにする。
(イ) 内容
① 安全で活動しやすい環境での探索活動等を通して,見る,聞く,触れる,嗅ぐ,味わうなどの感覚の働きを豊かにする。
② 玩具,絵本,遊具などに興味をもち,それらを使った遊びを楽しむ。
③ 身の回りの物に触れる中で,形,色,大きさ,量などの物の性質や仕組みに気付く。
④ 自分の物と人の物の区別や,場所的感覚など,環境を捉える感覚が育つ。
⑤ 身近な生き物に気付き,親しみをもつ。
⑥ 近隣の生活や季節の行事などに興味や関心をもつ。
(ウ) 内容の取扱い
上記の取扱いに当たっては,次の事項に留意する必要がある。
① 玩具などは,音質,形,色,大きさなど子どもの発達状態に応じて適切なものを選び,遊びを通して感覚の発達が促されるように工夫すること。
② 身近な生き物との関わりについては,子どもが命を感じ,生命の尊さに気付く経験へとつながるものであることから,そうした気付きを促すような関わりとなるようにすること。
③ 地域の生活や季節の行事などに触れる際には,社会とのつながりや地域社会の文化への気付きにつながるものとなることが望ましいこと。その際,保育所内外の行事や地域の人々との触れ合いなどを通して行うこと等も考慮すること。

エ 言葉
経験したことや考えたことなどを自分なりの言葉で表現し,相手の話す言葉を聞こうとする意欲や態度を育て,言葉に対する感覚や言葉で表現する力を養う。
(ア) ねらい
① 言葉遊びや言葉で表現する楽しさを感じる。
② 人の言葉や話などを聞き,自分でも思ったことを伝えようとする。
③ 絵本や物語等に親しむとともに,言葉のやり取りを通じて身近な人と気持ちを通わせる。
(イ) 内容
① 保育士等の応答的な関わりや話しかけにより,自ら言葉を使おうとする。
② 生活に必要な簡単な言葉に気付き,聞き分ける。
③ 親しみをもって日常の挨拶に応じる。
④ 絵本や紙芝居を楽しみ,簡単な言葉を繰り返したり,模倣をしたりして遊ぶ。
⑤ 保育士等とごっこ遊びをする中で,言葉のやり取りを楽しむ。
⑥ 保育士等を仲立ちとして,生活や遊びの中で友達との言葉のやり取りを楽しむ。
⑦ 保育士等や友達の言葉や話に興味や関心をもって,聞いたり,話したりする。
(ウ) 内容の取扱い
上記の取扱いに当たっては,次の事項に留意する必要がある。
① 身近な人に親しみをもって接し,自分の感情などを伝え,それに相手が応答し,その言葉を聞くことを通して,次第に言葉が獲得されていくものであることを考慮して,

楽しい雰囲気の中で保育士等との言葉のやり取りができるようにすること。
　② 子どもが自分の思いを言葉で伝えるとともに，他の子どもの話などを聞くことを通して，次第に話を理解し，言葉による伝え合いができるようになるよう，気持ちや経験等の言語化を行うことを援助するなど，子ども同士の関わりの仲立ちを行うようにすること。
　③ この時期は，片言から，二語文，ごっこ遊びでのやり取りができる程度へと，大きく言葉の習得が進む時期であることから，それぞれの子どもの発達の状況に応じて，遊びや関わりの工夫など，保育の内容を適切に展開することが必要であること。

オ　表現
　感じたことや考えたことを自分なりに表現することを通して，豊かな感性や表現する力を養い，創造性を豊かにする。
　(ア) ねらい
　　① 身体の諸感覚の経験を豊かにし，様々な感覚を味わう。
　　② 感じたことや考えたことなどを自分なりに表現しようとする。
　　③ 生活や遊びの様々な体験を通して，イメージや感性が豊かになる。
　(イ) 内容
　　① 水，砂，土，紙，粘土など様々な素材に触れて楽しむ。
　　② 音楽，リズムやそれに合わせた体の動きを楽しむ。
　　③ 生活の中で様々な音，形，色，手触り，動き，味，香りなどに気付いたり，感じたりして楽しむ。
　　④ 歌を歌ったり，簡単な手遊びや全身を使う遊びを楽しんだりする。
　　⑤ 保育士等からの話や，生活や遊びの中での出来事を通して，イメージを豊かにする。
　　⑥ 生活や遊びの中で，興味のあることや経験したことなどを自分なりに表現する。
　(ウ) 内容の取扱い
　　上記の取扱いに当たっては，次の事項に留意する必要がある。
　　① 子どもの表現は，遊びや生活の様々な場面で表出されているものであることから，それらを積極的に受け止め，様々な表現の仕方や感性を豊かにする経験となるようにすること。
　　② 子どもが試行錯誤しながら様々な表現を楽しむことや，自分の力でやり遂げる充実感などに気付くよう，温かく見守るとともに，適切に援助を行うようにすること。
　　③ 様々な感情の表現等を通じて，子どもが自分の感情や気持ちに気付くようになる時期であることに鑑み，受容的な関わりの中で自信をもって表現することや，諦めずに続けた後の達成感等を感じられるような経験が蓄積されるようにすること。
　　④ 身近な自然や身の回りの事物に関わる中で，発見や心が動く経験が得られるよう，諸感覚を働かせることを楽しむ遊びや素材を用意するなど保育の環境を整えること。

(3) 保育の実施に関わる配慮事項
　ア　特に感染症にかかりやすい時期であるので，体の状態，機嫌，食欲などの日常の状態の観察を十分に行うとともに，適切な判断に基づく保健的な対応を心がけること。
　イ　探索活動が十分できるように，事故防止に努めながら活動しやすい環境を整え，全身を使う遊びなど様々な遊びを取り入れること。
　ウ　自我が形成され，子どもが自分の感情や気持ちに気付くようになる重要な時期であることに鑑み，情緒の安定を図りながら，子どもの自発的な活動を尊重するとともに促していくこと。
　エ　担当の保育士が替わる場合には，子どものそれまでの経験や発達過程に留意し，職員間で協力して対応すること。

3 3歳以上児の保育に関するねらい及び内容
(1) 基本的事項
　ア　この時期においては，運動機能の発達により，基本的な動作が一通りできるようになるとともに，基本的な生活習慣もほぼ自立できるようになる。理解する語彙数が急激に増加し，知的興味や関心も高まってくる。仲間と遊び，仲間の中の一人という自覚が生じ，集団的な遊びや協同的な活動も見られるようになる。これらの発達の特徴を踏まえて，この時期の保育においては，個の成長と集団としての活動の充実が図られるようにしなければならない。
　イ　本項においては，この時期の発達の特徴を踏まえ，保育の「ねらい」及び「内容」について，心身の健康に関する領域「健康」，人との関わりに関する領域「人間関係」，身近な環境との関わりに関する領域「環境」，言葉の獲得に関する領域「言葉」及び感性と表現に関する領域「表現」としてまとめ，示している。
　ウ　本項の各領域において示す保育の内容は，第1章の2に示された養護における「生命の保持」及び「情緒の安定」に関わる保育の内容と，一体となって展開されるものであることに留意が必要である。

(2) ねらい及び内容
　ア　健康
　　　健康な心と体を育て，自ら健康で安全な生活をつくり出す力を養う。
　　(ア)　ねらい
　　　① 明るく伸び伸びと行動し，充実感を味わう。
　　　② 自分の体を十分に動かし，進んで運動しようとする。
　　　③ 健康，安全な生活に必要な習慣や態度を身に付け，見通しをもって行動する。
　　(イ)　内容
　　　① 保育士等や友達と触れ合い，安定感をもって行動する。
　　　② いろいろな遊びの中で十分に体を動かす。
　　　③ 進んで戸外で遊ぶ。
　　　④ 様々な活動に親しみ，楽しんで取り組む。
　　　⑤ 保育士等や友達と食べることを楽しみ，食べ物への興味や関心をもつ。
　　　⑥ 健康な生活のリズムを身に付ける。
　　　⑦ 身の回りを清潔にし，衣服の着脱，食事，排泄などの生活に必要な活動を自分でする。
　　　⑧ 保育所における生活の仕方を知り，自分たちで生活の場を整えながら見通しをもって行動する。
　　　⑨ 自分の健康に関心をもち，病気の予防などに必要な活動を進んで行う。
　　　⑩ 危険な場所，危険な遊び方，災害時などの行動の仕方が分かり，安全に気を付けて行動する。
　　(ウ)　内容の取扱い
　　　　上記の取扱いに当たっては，次の事項に留意する必要がある。
　　　① 心と体の健康は，相互に密接な関連があるものであることを踏まえ，子どもが保育士等や他の子どもとの温かい触れ合いの中で自己の存在感や充実感を味わうことなどを基盤として，しなやかな心と体の発達を促すこと。特に，十分に体を動かす気持ちよさを体験し，自ら体を動かそうとする意欲が育つようにすること。
　　　② 様々な遊びの中で，子どもが興味や関心，能力に応じて全身を使って活動することにより，体を動かす楽しさを味わい，自分の体を大切にしようとする気持ちが育つようにすること。その際，多様な動きを経験する中で，体の動きを調整するようにすること。

③ 自然の中で伸び伸びと体を動かして遊ぶことにより，体の諸機能の発達が促されることに留意し，子どもの興味や関心が戸外にも向くようにすること。その際，子どもの動線に配慮した園庭や遊具の配置などを工夫すること。
④ 健康な心と体を育てるためには食育を通じた望ましい食習慣の形成が大切であることを踏まえ，子どもの食生活の実情に配慮し，和やかな雰囲気の中で保育士等や他の子どもと食べる喜びや楽しさを味わったり，様々な食べ物への興味や関心をもったりするなどし，食の大切さに気付き，進んで食べようとする気持ちが育つようにすること。
⑤ 基本的な生活習慣の形成に当たっては，家庭での生活経験に配慮し，子どもの自立心を育て，子どもが他の子どもと関わりながら主体的な活動を展開する中で，生活に必要な習慣を身に付け，次第に見通しをもって行動できるようにすること。
⑥ 安全に関する指導に当たっては，情緒の安定を図り，遊びを通して安全についての構えを身に付け，危険な場所や事物などが分かり，安全についての理解を深めるようにすること。また，交通安全の習慣を身に付けるようにするとともに，避難訓練などを通して，災害などの緊急時に適切な行動がとれるようにすること。

イ 人間関係
　他の人々と親しみ，支え合って生活するために，自立心を育て，人と関わる力を養う。
　(ア) ねらい
　　① 保育所の生活を楽しみ，自分の力で行動することの充実感を味わう。
　　② 身近な人と親しみ，関わりを深め，工夫したり，協力したりして一緒に活動する楽しさを味わい，愛情や信頼感をもつ。
　　③ 社会生活における望ましい習慣や態度を身に付ける。
　(イ) 内容
　　① 保育士等や友達と共に過ごすことの喜びを味わう。
　　② 自分で考え，自分で行動する。
　　③ 自分でできることは自分でする。
　　④ いろいろな遊びを楽しみながら物事をやり遂げようとする気持ちをもつ。
　　⑤ 友達と積極的に関わりながら喜びや悲しみを共感し合う。
　　⑥ 自分の思ったことを相手に伝え，相手の思っていることに気付く。
　　⑦ 友達のよさに気付き，一緒に活動する楽しさを味わう。
　　⑧ 友達と楽しく活動する中で，共通の目的を見いだし，工夫したり，協力したりなどする。
　　⑨ よいことや悪いことがあることに気付き，考えながら行動する。
　　⑩ 友達との関わりを深め，思いやりをもつ。
　　⑪ 友達と楽しく生活する中できまりの大切さに気付き，守ろうとする。
　　⑫ 共同の遊具や用具を大切にし，皆で使う。
　　⑬ 高齢者をはじめ地域の人々などの自分の生活に関係の深いいろいろな人に親しみをもつ。
　(ウ) 内容の取扱い
　　上記の取扱いに当たっては，次の事項に留意する必要がある。
　　① 保育士等との信頼関係に支えられて自分自身の生活を確立していくことが人と関わる基盤となることを考慮し，子どもが自ら周囲に働き掛けることにより多様な感情を体験し，試行錯誤しながら諦めずにやり遂げることの達成感や，前向きな見通しをもって自分の力で行うことの充実感を味わうことができるよう，子どもの行動を見守りながら適切な援助を行うようにすること。
　　② 一人一人を生かした集団を形成しながら人と関わる力を育てていくようにすること。

その際，集団の生活の中で，子どもが自己を発揮し，保育士等や他の子どもに認められる体験をし，自分のよさや特徴に気付き，自信をもって行動できるようにすること。
③ 子どもが互いに関わりを深め，協同して遊ぶようになるため，自ら行動する力を育てるとともに，他の子どもと試行錯誤しながら活動を展開する楽しさや共通の目的が実現する喜びを味わうことができるようにすること。
④ 道徳性の芽生えを培うに当たっては，基本的な生活習慣の形成を図るとともに，子どもが他の子どもとの関わりの中で他人の存在に気付き，相手を尊重する気持ちをもって行動できるようにし，また，自然や身近な動植物に親しむことなどを通して豊かな心情が育つようにすること。特に，人に対する信頼感や思いやりの気持ちは，葛藤やつまずきをも体験し，それらを乗り越えることにより次第に芽生えてくることに配慮すること。
⑤ 集団の生活を通して，子どもが人との関わりを深め，規範意識の芽生えが培われることを考慮し，子どもが保育士等との信頼関係に支えられて自己を発揮する中で，互いに思いを主張し，折り合いを付ける体験をし，きまりの必要性などに気付き，自分の気持ちを調整する力が育つようにすること。
⑥ 高齢者をはじめ地域の人々などの自分の生活に関係の深いいろいろな人と触れ合い，自分の感情や意志を表現しながら共に楽しみ，共感し合う体験を通して，これらの人々などに親しみをもち，人と関わることの楽しさや人の役に立つ喜びを味わうことができるようにすること。また，生活を通して親や祖父母などの家族の愛情に気付き，家族を大切にしようとする気持ちが育つようにすること。

ウ 環境
　周囲の様々な環境に好奇心や探究心をもって関わり，それらを生活に取り入れていこうとする力を養う。
　(ｱ) ねらい
　　① 身近な環境に親しみ，自然と触れ合う中で様々な事象に興味や関心をもつ。
　　② 身近な環境に自分から関わり，発見を楽しんだり，考えたりし，それを生活に取り入れようとする。
　　③ 身近な事象を見たり，考えたり，扱ったりする中で，物の性質や数量，文字などに対する感覚を豊かにする。
　(ｲ) 内容
　　① 自然に触れて生活し，その大きさ，美しさ，不思議さなどに気付く。
　　② 生活の中で，様々な物に触れ，その性質や仕組みに興味や関心をもつ。
　　③ 季節により自然や人間の生活に変化のあることに気付く。
　　④ 自然などの身近な事象に関心をもち，取り入れて遊ぶ。
　　⑤ 身近な動植物に親しみをもって接し，生命の尊さに気付き，いたわったり，大切にしたりする。
　　⑥ 日常生活の中で，我が国や地域社会における様々な文化や伝統に親しむ。
　　⑦ 身近な物を大切にする。
　　⑧ 身近な物や遊具に興味をもって関わり，自分なりに比べたり，関連付けたりしながら考えたり，試したりして工夫して遊ぶ。
　　⑨ 日常生活の中で数量や図形などに関心をもつ。
　　⑩ 日常生活の中で簡単な標識や文字などに関心をもつ。
　　⑪ 生活に関係の深い情報や施設などに興味や関心をもつ。
　　⑫ 保育所内外の行事において国旗に親しむ。

(ウ) **内容の取扱い**
上記の取扱いに当たっては，次の事項に留意する必要がある。
① 子どもが，遊びの中で周囲の環境と関わり，次第に周囲の世界に好奇心を抱き，その意味や操作の仕方に関心をもち，物事の法則性に気付き，自分なりに考えることができるようになる過程を大切にすること。また，他の子どもの考えなどに触れて新しい考えを生み出す喜びや楽しさを味わい，自分の考えをよりよいものにしようとする気持ちが育つようにすること。
② 幼児期において自然のもつ意味は大きく，自然の大きさ，美しさ，不思議さなどに直接触れる体験を通して，子どもの心が安らぎ，豊かな感情，好奇心，思考力，表現力の基礎が培われることを踏まえ，子どもが自然との関わりを深めることができるよう工夫すること。
③ 身近な事象や動植物に対する感動を伝え合い，共感し合うことなどを通して自分から関わろうとする意欲を育てるとともに，様々な関わり方を通してそれらに対する親しみや畏敬の念，生命を大切にする気持ち，公共心，探究心などが養われるようにすること。
④ 文化や伝統に親しむ際には，正月や節句など我が国の伝統的な行事，国歌，唱歌，わらべうたや我が国の伝統的な遊びに親しんだり，異なる文化に触れる活動に親しんだりすることを通じて，社会とのつながりの意識や国際理解の意識の芽生えなどが養われるようにすること。
⑤ 数量や文字などに関しては，日常生活の中で子ども自身の必要感に基づく体験を大切にし，数量や文字などに関する興味や関心，感覚が養われるようにすること。

エ **言葉**
経験したことや考えたことなどを自分なりの言葉で表現し，相手の話す言葉を聞こうとする意欲や態度を育て，言葉に対する感覚や言葉で表現する力を養う。

(ア) **ねらい**
① 自分の気持ちを言葉で表現する楽しさを味わう。
② 人の言葉や話などをよく聞き，自分の経験したことや考えたことを話し，伝え合う喜びを味わう。
③ 日常生活に必要な言葉が分かるようになるとともに，絵本や物語などに親しみ，言葉に対する感覚を豊かにし，保育士等や友達と心を通わせる。

(イ) **内容**
① 保育士等や友達の言葉や話に興味や関心をもち，親しみをもって聞いたり，話したりする。
② したり，見たり，聞いたり，感じたり，考えたりなどしたことを自分なりに言葉で表現する。
③ したいこと，してほしいことを言葉で表現したり，分からないことを尋ねたりする。
④ 人の話を注意して聞き，相手に分かるように話す。
⑤ 生活の中で必要な言葉が分かり，使う。
⑥ 親しみをもって日常の挨拶をする。
⑦ 生活の中で言葉の楽しさや美しさに気付く。
⑧ いろいろな体験を通じてイメージや言葉を豊かにする。
⑨ 絵本や物語などに親しみ，興味をもって聞き，想像をする楽しさを味わう。
⑩ 日常生活の中で，文字などで伝える楽しさを味わう。

(ウ) **内容の取扱い**
上記の取扱いに当たっては，次の事項に留意する必要がある。

① 言葉は，身近な人に親しみをもって接し，自分の感情や意志などを伝え，それに相手が応答し，その言葉を聞くことを通して次第に獲得されていくものであることを考慮して，子どもが保育士等や他の子どもと関わることにより心を動かされるような体験をし，言葉を交わす喜びを味わえるようにすること。
② 子どもが自分の思いを言葉で伝えるとともに，保育士等や他の子どもなどの話を興味をもって注意して聞くことを通して次第に話を理解するようになっていき，言葉による伝え合いができるようにすること。
③ 絵本や物語などで，その内容と自分の経験とを結び付けたり，想像を巡らせたりするなど，楽しみを十分に味わうことによって，次第に豊かなイメージをもち，言葉に対する感覚が養われるようにすること。
④ 子どもが生活の中で，言葉の響きやリズム，新しい言葉や表現などに触れ，これらを使う楽しさを味わえるようにすること。その際，絵本や物語に親しんだり，言葉遊びなどをしたりすることを通して，言葉が豊かになるようにすること。
⑤ 子どもが日常生活の中で，文字などを使いながら思ったことや考えたことを伝える喜びや楽しさを味わい，文字に対する興味や関心をもつようにすること。

オ 表現
　感じたことや考えたことを自分なりに表現することを通して，豊かな感性や表現する力を養い，創造性を豊かにする。
　(ア) ねらい
　　① いろいろなものの美しさなどに対する豊かな感性をもつ。
　　② 感じたことや考えたことを自分なりに表現して楽しむ。
　　③ 生活の中でイメージを豊かにし，様々な表現を楽しむ。
　(イ) 内容
　　① 生活の中で様々な音，形，色，手触り，動きなどに気付いたり，感じたりするなどして楽しむ。
　　② 生活の中で美しいものや心を動かす出来事に触れ，イメージを豊かにする。
　　③ 様々な出来事の中で，感動したことを伝え合う楽しさを味わう。
　　④ 感じたこと，考えたことなどを音や動きなどで表現したり，自由にかいたり，つくったりなどする。
　　⑤ いろいろな素材に親しみ，工夫して遊ぶ。
　　⑥ 音楽に親しみ，歌を歌ったり，簡単なリズム楽器を使ったりなどする楽しさを味わう。
　　⑦ かいたり，つくったりすることを楽しみ，遊びに使ったり，飾ったりなどする。
　　⑧ 自分のイメージを動きや言葉などで表現したり，演じて遊んだりするなどの楽しさを味わう。
　(ウ) 内容の取扱い
　　上記の取扱いに当たっては，次の事項に留意する必要がある。
　　① 豊かな感性は，身近な環境と十分に関わる中で美しいもの，優れたもの，心を動かす出来事などに出会い，そこから得た感動を他の子どもや保育士等と共有し，様々に表現することなどを通して養われるようにすること。その際，風の音や雨の音，身近にある草や花の形や色など自然の中にある音，形，色などに気付くようにすること。
　　② 子どもの自己表現は素朴な形で行われることが多いので，保育士等はそのような表現を受容し，子ども自身の表現しようとする意欲を受け止めて，子どもが生活の中で子どもらしい様々な表現を楽しむことができるようにすること。
　　③ 生活経験や発達に応じ，自ら様々な表現を楽しみ，表現する意欲を十分に発揮させることができるように，遊具や用具などを整えたり，様々な素材や表現の仕方に親し

んだり，他の子どもの表現に触れられるよう配慮したりし，表現する過程を大切にして自己表現を楽しめるように工夫すること。

(3) 保育の実施に関わる配慮事項
ア 第1章の4の(2)に示す「幼児期の終わりまでに育ってほしい姿」が，ねらい及び内容に基づく活動全体を通して資質・能力が育まれている子どもの小学校就学時の具体的な姿であることを踏まえ，指導を行う際には適宜考慮すること。

イ 子どもの発達や成長の援助をねらいとした活動の時間については，意識的に保育の計画等において位置付けて，実施することが重要であること。なお，そのような活動の時間については，保護者の就労状況等に応じて子どもが保育所で過ごす時間がそれぞれ異なることに留意して設定すること。

ウ 特に必要な場合には，各領域に示すねらいの趣旨に基づいて，具体的な内容を工夫し，それを加えても差し支えないが，その場合には，それが第1章の1に示す保育所保育に関する基本原則を逸脱しないよう慎重に配慮する必要があること。

4 保育の実施に関して留意すべき事項
(1) 保育全般に関わる配慮事項
ア 子どもの心身の発達及び活動の実態などの個人差を踏まえるとともに，一人一人の子どもの気持ちを受け止め，援助すること。

イ 子どもの健康は，生理的・身体的な育ちとともに，自主性や社会性，豊かな感性の育ちとがあいまってもたらされることに留意すること。

ウ 子どもが自ら周囲に働きかけ，試行錯誤しつつ自分の力で行う活動を見守りながら，適切に援助すること。

エ 子どもの入所時の保育に当たっては，できるだけ個別的に対応し，子どもが安定感を得て，次第に保育所の生活になじんでいくようにするとともに，既に入所している子どもに不安や動揺を与えないようにすること。

オ 子どもの国籍や文化の違いを認め，互いに尊重する心を育てるようにすること。

カ 子どもの性差や個人差にも留意しつつ，性別などによる固定的な意識を植え付けることがないようにすること。

(2) 小学校との連携
ア 保育所においては，保育所保育が，小学校以降の生活や学習の基盤の育成につながることに配慮し，幼児期にふさわしい生活を通じて，創造的な思考や主体的な生活態度などの基礎を培うようにすること。

イ 保育所保育において育まれた資質・能力を踏まえ，小学校教育が円滑に行われるよう，小学校教師との意見交換や合同の研究の機会などを設け，第1章の4の(2)に示す「幼児期の終わりまでに育って欲しい姿」を共有するなど連携を図り，保育所保育と小学校教育との円滑な接続を図るよう努めること。

ウ 子どもに関する情報共有に関して，保育所に入所している子どもの就学に際し，市町村の支援の下に，子どもの育ちを支えるための資料が保育所から小学校へ送付されるようにすること。

(3) 家庭及び地域社会との連携
子どもの生活の連続性を踏まえ，家庭及び地域社会と連携して保育が展開されるよう配慮すること。その際，家庭や地域の機関及び団体の協力を得て，地域の自然，高齢者や異年齢の子ども等を含む人材，行事，施設等の地域の資源を積極的に活用し，豊かな生活体験をはじめ保育内容の充実が図られるよう配慮すること。

第3章　健康及び安全

　保育所保育において，子どもの健康及び安全の確保は，子どもの生命の保持と健やかな生活の基本であり，一人一人の子どもの健康の保持及び増進並びに安全の確保とともに，保育所全体における健康及び安全の確保に努めることが重要となる。
　また，子どもが，自らの体や健康に関心をもち，心身の機能を高めていくことが大切である。
　このため，第1章及び第2章等の関連する事項に留意し，次に示す事項を踏まえ，保育を行うこととする。

1　子どもの健康支援

(1) 子どもの健康状態並びに発育及び発達状態の把握

ア　子どもの心身の状態に応じて保育するために，子どもの健康状態並びに発育及び発達状態について，定期的・継続的に，また，必要に応じて随時，把握すること。

イ　保護者からの情報とともに，登所時及び保育中を通じて子どもの状態を観察し，何らかの疾病が疑われる状態や傷害が認められた場合には，保護者に連絡するとともに，嘱託医と相談するなど適切な対応を図ること。看護師等が配置されている場合には，その専門性を生かした対応を図ること。

ウ　子どもの心身の状態等を観察し，不適切な養育の兆候が見られる場合には，市町村や関係機関と連携し，児童福祉法第25条に基づき，適切な対応を図ること。また，虐待が疑われる場合には，速やかに市町村又は児童相談所に通告し，適切な対応を図ること。

(2) 健康増進

ア　子どもの健康に関する保健計画を全体的な計画に基づいて作成し，全職員がそのねらいや内容を踏まえ，一人一人の子どもの健康の保持及び増進に努めていくこと。

イ　子どもの心身の健康状態や疾病等の把握のために，嘱託医等により定期的に健康診断を行い，その結果を記録し，保育に活用するとともに，保護者が子どもの状態を理解し，日常生活に活用できるようにすること。

(3) 疾病等への対応

ア　保育中に体調不良や傷害が発生した場合には，その子どもの状態等に応じて，保護者に連絡するとともに，適宜，嘱託医や子どものかかりつけ医等と相談し，適切な処置を行うこと。看護師等が配置されている場合には，その専門性を生かした対応を図ること。

イ　感染症やその他の疾病の発生予防に努め，その発生や疑いがある場合には，必要に応じて嘱託医，市町村，保健所等に連絡し，その指示に従うとともに，保護者や全職員に連絡し，予防等について協力を求めること。また，感染症に関する保育所の対応方法等について，あらかじめ関係機関の協力を得ておくこと。看護師等が配置されている場合には，その専門性を生かした対応を図ること。

ウ　アレルギー疾患を有する子どもの保育については，保護者と連携し，医師の診断及び指示に基づき，適切な対応を行うこと。また，食物アレルギーに関して，関係機関と連携して，当該保育所の体制構築など，安全な環境の整備を行うこと。看護師や栄養士等が配置されている場合には，その専門性を生かした対応を図ること。

エ　子どもの疾病等の事態に備え，医務室等の環境を整え，救急用の薬品，材料等を適切な管理の下に常備し，全職員が対応できるようにしておくこと。

2　食育の推進

(1) 保育所の特性を生かした食育

ア　保育所における食育は，健康な生活の基本としての「食を営む力」の育成に向け，その基礎を培うことを目標とすること。

イ　子どもが生活と遊びの中で，意欲をもって食に関わる体験を積み重ね，食べることを楽

しみ，食事を楽しみ合う子どもに成長していくことを期待するものであること。
  ウ　乳幼児期にふさわしい食生活が展開され，適切な援助が行われるよう，食事の提供を含む食育計画を全体的な計画に基づいて作成し，その評価及び改善に努めること。栄養士が配置されている場合は，専門性を生かした対応を図ること。
 (2) 食育の環境の整備等
  ア　子どもが自らの感覚や体験を通して，自然の恵みとしての食材や食の循環・環境への意識，調理する人への感謝の気持ちが育つように，子どもと調理員等との関わりや，調理室など食に関わる保育環境に配慮すること。
  イ　保護者や地域の多様な関係者との連携及び協働の下で，食に関する取組が進められること。また，市町村の支援の下に，地域の関係機関等との日常的な連携を図り，必要な協力が得られるよう努めること。
  ウ　体調不良，食物アレルギー，障害のある子どもなど，一人一人の子どもの心身の状態等に応じ，嘱託医，かかりつけ医等の指示や協力の下に適切に対応すること。栄養士が配置されている場合は，専門性を生かした対応を図ること。
3　環境及び衛生管理並びに安全管理
 (1) 環境及び衛生管理
  ア　施設の温度，湿度，換気，採光，音などの環境を常に適切な状態に保持するとともに，施設内外の設備及び用具等の衛生管理に努めること。
  イ　施設内外の適切な環境の維持に努めるとともに，子ども及び全職員が清潔を保つようにすること。また，職員は衛生知識の向上に努めること。
 (2) 事故防止及び安全対策
  ア　保育中の事故防止のために，子どもの心身の状態等を踏まえつつ，施設内外の安全点検に努め，安全対策のために全職員の共通理解や体制づくりを図るとともに，家庭や地域の関係機関の協力の下に安全指導を行うこと。
  イ　事故防止の取組を行う際には，特に，睡眠中，プール活動・水遊び中，食事中等の場面では重大事故が発生しやすいことを踏まえ，子どもの主体的な活動を大切にしつつ，施設内外の環境の配慮や指導の工夫を行うなど，必要な対策を講じること。
  ウ　保育中の事故の発生に備え，施設内外の危険箇所の点検や訓練を実施するとともに，外部からの不審者等の侵入防止のための措置や訓練など不測の事態に備えて必要な対応を行うこと。また，子どもの精神保健面における対応に留意すること。
4　災害への備え
 (1) 施設・設備等の安全確保
  ア　防火設備，避難経路等の安全性が確保されるよう，定期的にこれらの安全点検を行うこと。
  イ　備品，遊具等の配置，保管を適切に行い，日頃から，安全環境の整備に努めること。
 (2) 災害発生時の対応体制及び避難への備え
  ア　火災や地震などの災害の発生に備え，緊急時の対応の具体的内容及び手順，職員の役割分担，避難訓練計画等に関するマニュアルを作成すること。
  イ　定期的に避難訓練を実施するなど，必要な対応を図ること。
  ウ　災害の発生時に，保護者等への連絡及び子どもの引渡しを円滑に行うため，日頃から保護者との密接な連携に努め，連絡体制や引渡し方法等について確認をしておくこと。
 (3) 地域の関係機関等との連携
  ア　市町村の支援の下に，地域の関係機関との日常的な連携を図り，必要な協力が得られるよう努めること。
  イ　避難訓練については，地域の関係機関や保護者との連携の下に行うなど工夫すること。

第4章　子育て支援

　保育所における保護者に対する子育て支援は，全ての子どもの健やかな育ちを実現することができるよう，第1章及び第2章等の関連する事項を踏まえ，子どもの育ちを家庭と連携して支援していくとともに，保護者及び地域が有する子育てを自ら実践する力の向上に資するよう，次の事項に留意するものとする。

1　保育所における子育て支援に関する基本的事項
(1)　保育所の特性を生かした子育て支援
　　ア　保護者に対する子育て支援を行う際には，各地域や家庭の実態等を踏まえるとともに，保護者の気持ちを受け止め，相互の信頼関係を基本に，保護者の自己決定を尊重すること。
　　イ　保育及び子育てに関する知識や技術など，保育士等の専門性や，子どもが常に存在する環境など，保育所の特性を生かし，保護者が子どもの成長に気付き子育ての喜びを感じられるように努めること。

(2)　子育て支援に関して留意すべき事項
　　ア　保護者に対する子育て支援における地域の関係機関等との連携及び協働を図り，保育所全体の体制構築に努めること。
　　イ　子どもの利益に反しない限りにおいて，保護者や子どものプライバシーを保護し，知り得た事柄の秘密を保持すること。

2　保育所を利用している保護者に対する子育て支援
(1)　保護者との相互理解
　　ア　日常の保育に関連した様々な機会を活用し子どもの日々の様子の伝達や収集，保育所保育の意図の説明などを通じて，保護者との相互理解を図るよう努めること。
　　イ　保育の活動に対する保護者の積極的な参加は，保護者の子育てを自ら実践する力の向上に寄与することから，これを促すこと。

(2)　保護者の状況に配慮した個別の支援
　　ア　保護者の就労と子育ての両立等を支援するため，保護者の多様化した保育の需要に応じ，病児保育事業など多様な事業を実施する場合には，保護者の状況に配慮するとともに，子どもの福祉が尊重されるよう努め，子どもの生活の連続性を考慮すること。
　　イ　子どもに障害や発達上の課題が見られる場合には，市町村や関係機関と連携及び協力を図りつつ，保護者に対する個別の支援を行うよう努めること。
　　ウ　外国籍家庭など，特別な配慮を必要とする家庭の場合には，状況等に応じて個別の支援を行うよう努めること。

(3)　不適切な養育等が疑われる家庭への支援
　　ア　保護者に育児不安等が見られる場合には，保護者の希望に応じて個別の支援を行うよう努めること。
　　イ　保護者に不適切な養育等が疑われる場合には，市町村や関係機関と連携し，要保護児童対策地域協議会で検討するなど適切な対応を図ること。また，虐待が疑われる場合には，速やかに市町村又は児童相談所に通告し，適切な対応を図ること。

3　地域の保護者等に対する子育て支援
(1)　地域に開かれた子育て支援
　　ア　保育所は，児童福祉法第48条の4の規定に基づき，その行う保育に支障がない限りにおいて，地域の実情や当該保育所の体制等を踏まえ，地域の保護者等に対して，保育所保育の専門性を生かした子育て支援を積極的に行うよう努めること。
　　イ　地域の子どもに対する一時預かり事業などの活動を行う際には，一人一人の子どもの心身の状態などを考慮するとともに，日常の保育との関連に配慮するなど，柔軟に活動を展

開できるようにすること。
(2) 地域の関係機関等との連携
　ア　市町村の支援を得て、地域の関係機関等との積極的な連携及び協働を図るとともに、子育て支援に関する地域の人材と積極的に連携を図るよう努めること。
　イ　地域の要保護児童への対応など、地域の子どもを巡る諸課題に対し、要保護児童対策地域協議会など関係機関等と連携及び協力して取り組むよう努めること。

第5章　職員の資質向上

第1章から前章までに示された事項を踏まえ、保育所は、質の高い保育を展開するため、絶えず、一人一人の職員についての資質向上及び職員全体の専門性の向上を図るよう努めなければならない。

1　職員の資質向上に関する基本的事項
(1) 保育所職員に求められる専門性
　　子どもの最善の利益を考慮し、人権に配慮した保育を行うためには、職員一人一人の倫理観、人間性並びに保育所職員としての職務及び責任の理解と自覚が基盤となる。
　　各職員は、自己評価に基づく課題等を踏まえ、保育所内外の研修等を通じて、保育士・看護師・調理員・栄養士等、それぞれの職務内容に応じた専門性を高めるため、必要な知識及び技術の修得、維持及び向上に努めなければならない。
(2) 保育の質の向上に向けた組織的な取組
　　保育所においては、保育の内容等に関する自己評価等を通じて把握した、保育の質の向上に向けた課題に組織的に対応するため、保育内容の改善や保育士等の役割分担の見直し等に取り組むとともに、それぞれの職位や職務内容等に応じて、各職員が必要な知識及び技能を身につけられるよう努めなければならない。

2　施設長の責務
(1) 施設長の責務と専門性の向上
　　施設長は、保育所の役割や社会的責任を遂行するために、法令等を遵守し、保育所を取り巻く社会情勢等を踏まえ、施設長としての専門性等の向上に努め、当該保育所における保育の質及び職員の専門性向上のために必要な環境の確保に努めなければならない。
(2) 職員の研修機会の確保等
　　施設長は、保育所の全体的な計画や、各職員の研修の必要性等を踏まえて、体系的・計画的な研修機会を確保するとともに、職員の勤務体制の工夫等により、職員が計画的に研修等に参加し、その専門性の向上が図られるよう努めなければならない。

3　職員の研修等
(1) 職場における研修
　　職員が日々の保育実践を通じて、必要な知識及び技術の修得、維持及び向上を図るとともに、保育の課題等への共通理解や協働性を高め、保育所全体としての保育の質の向上を図っていくためには、日常的に職員同士が主体的に学び合う姿勢と環境が重要であり、職場内での研修の充実が図られなければならない。
(2) 外部研修の活用
　　各保育所における保育の課題への的確な対応や、保育士等の専門性の向上を図るためには、職場内での研修に加え、関係機関等による研修の活用が有効であることから、必要に応じて、こうした外部研修への参加機会が確保されるよう努めなければならない。

4 研修の実施体制等
 (1) 体系的な研修計画の作成
　　保育所においては，当該保育所における保育の課題や各職員のキャリアパス等も見据えて，初任者から管理職員までの職位や職務内容等を踏まえた体系的な研修計画を作成しなければならない。
 (2) 組織内での研修成果の活用
　　外部研修に参加する職員は，自らの専門性の向上を図るとともに，保育所における保育の課題を理解し，その解決を実践できる力を身に付けることが重要である。また，研修で得た知識及び技能を他の職員と共有することにより，保育所全体としての保育実践の質及び専門性の向上につなげていくことが求められる。
 (3) 研修の実施に関する留意事項
　　施設長等は保育所全体としての保育実践の質及び専門性の向上のために，研修の受講は特定の職員に偏ることなく行われるよう，配慮する必要がある。また，研修を修了した職員については，その職務内容等において，当該研修の成果等が適切に勘案されることが望ましい。

付録

幼稚園教育要領解説作成協力者（五十音順）（職名は平成30年3月1日現在）

東　　重　満	美晴幼稚園長
安　達　　譲	認定こども園せんりひじり幼稚園・ひじりにじいろ保育園長
阿　部　宏　行	北海道教育大学岩見沢校美術文化専攻教授
遠　藤　貴　広	福井大学教育・人文社会系部門准教授
大　方　美　香	大阪総合保育大学児童保育学部教授
桶　田　ゆかり	文京区立第一幼稚園長
柿　沼　芳　枝	東京家政大学家政学部児童学科准教授
加　藤　篤　彦	武蔵野東第一・第二幼稚園長
神　長　美津子	國學院大學人間開発学部教授
北　村　友　人	東京大学大学院教育学研究科准教授
小　枝　達　也	国立成育医療研究センター副院長　こころの診療部長
古　賀　松　香	京都教育大学教育学部准教授
榊　原　知　美	東京学芸大学国際教育センター准教授
貞　方　功太郎	江東区立小名木川幼稚園副園長
志　民　一　成	静岡大学学術院教育学領域教授
嶋　田　弘　之	草加市教育委員会教育総務部子ども教育連携推進室長
白　旗　和　也	日本体育大学体育学部教授
鈴　木　みゆき	独立行政法人国立青少年教育振興機構理事長
砂　上　史　子	千葉大学教育学部教授
田　中　孝　尚	神戸大学附属幼稚園副園長
田　中　雅　道	光明幼稚園長
奈　須　正　裕	上智大学総合人間科学部教授
松　井　剛　太	香川大学教育学部准教授
箕　輪　恵　美	中央区立京橋朝海幼稚園長
無　藤　　隆	白梅学園大学大学院特任教授
本　山　方　子	奈良女子大学研究院人文科学系准教授
山　下　文　一	松蔭大学コミュニケーション文化学部・子ども学科教授
横　山　真貴子	奈良教育大学教育学部教授
吉　田　伊津美	東京学芸大学教育学部教授
渡　邉　英　則	認定こども園ゆうゆうのもり幼保園長

(オブザーバー)
　横澤　峰紀子　　内閣府子ども・子育て本部教育・保育専門官
　鎮目　健太　　　厚生労働省子ども家庭局保育課保育指導専門官
　高辻　千恵　　　厚生労働省子ども家庭局保育課保育指導専門官
　馬場　耕一郎　　社会福祉法人友愛福祉会理事長
　　　　　　　　　（前厚生労働省雇用均等・児童家庭局保育課保育指導専門官）

なお，文部科学省においては，次の者が本書の編集に当たった。
　先﨑　卓歩　　　初等中等教育局幼児教育課長
　伊藤　学司　　　大臣官房付（公益財団法人東京オリンピック・パラリンピック競技大会組織委員会ナショナル・ガバメント・リレーションズ・オフィサー）
　　　　　　　　　（前初等中等教育局幼児教育課長）
　湯川　秀樹　　　初等中等教育局視学官
　　　　　　　　　（併）幼児教育課教科調査官
　河合　優子　　　初等中等教育局幼児教育課幼児教育調査官

幼稚園教育要領解説　MEXT1-1729

平成30年3月23日	初版第1刷発行
令和6年9月10日	初版第8刷発行

著作権保有　文部科学省

発行者	株式会社フレーベル館
	代表者　吉川隆樹
発行所	株式会社フレーベル館
	〒113-8611　東京都文京区本駒込6-14-9
電　話	（営業）03-5395-6613　（編集）03-5395-6604
	（振替）00190-2-19640
印　刷	TOPPAN株式会社
	〒112-8531　東京都文京区水道1-3-3

Printed in Japan
ISBN978-4-577-81447-5　NDC376　384P/21×15cm
落丁本・乱丁本はお取替えいたします。

フレーベル館のホームページ　https://www.froebel-kan.co.jp

＊この著作物の全部または一部を権利者に無断で複写複製（コピー）することは、
　著作権の侵害にあたり著作権法上禁止されています。

表紙絵・扉カット/株式会社アイフィス
デザイン/クラップス